中国における大学奨学金制度と評価

王 帥

東信堂

はしがき

　一般に高等教育のマス化、ユニバーサル化に伴って、その費用をどのように負担するかは高等教育における最も重要な問題の一つである。そのため、高等教育の拡大による費用増を、私的負担と奨学金制度の組み合わせによってまかなう政策が各国においてとられている。また、政府の財政状況が逼迫し、これ以上教育に対する財政支出を増加させることは困難である中で、家計を圧迫する重い私的負担を軽減するために、貸与奨学金の拡充などの経済支援策が各国でとられている（OECD 2012）。中国でも1999年の高等教育の拡大政策をきっかけに、奨学金制度、特に貸与奨学金制度の改善と充実に取り組み、その利用者が急速に増加している。しかし、経済情勢の低迷や就職市場の不況など先行きが不透明の中、貸与奨学金の返済リスクを負って大学に進学することが、学生の生活にいかなる効果を与えるかは必ずしも明らかになっていない。そうした観点から本書は、中国における大学奨学金制度の実態と効果を実証的に分析することによって明らかにしようとする試みである。

　中国の高等教育は1999年の拡大政策への転換を経て、マス段階に突入した。それに合わせて高等教育機会を拡大させてきたが、これは授業料の大幅な増額を伴うものであった。貸与奨学金と給付奨学金を含めた奨学金制度が、高い授業料を補う対策である一方、それがどのように配分され、また教育機会均等にどこまで寄与するかは必ずしも明確になっていない。奨学金の教育機会均等への効果を検討するためには、経済的に困難な学生が進学できるか否かという大学進学前と、進学後に経済面で学業継続ができるか否かという大学在学中の二時点に着目した研究が不可欠である。しかし、それを総合的

に実証したものは少なく、その重要性の指摘にとどまっている。また、中国における従来の研究では、奨学金利用の全国調査データが十分に蓄積されていないため、奨学金の本来の政策効果が十分確認されないのが現状である。研究対象は中央政府から経費を配られる中央所属大学より、地方政府の財源に依存し、かつ高等教育拡大の担い手である地方大学に着目したほうが、奨学金制度をより総合的に評価できると考えられる。

　以上の問題関心から、本書は地方大学に着目し、奨学金制度の実施実態及び機能の考察を具体的な研究課題とする。高校生と大学生を対象に質問票調査を行い、大学進学前と大学在学中の二つの時点に焦点を当て、奨学金の種類を考慮した上で考察を行った。この研究課題の実証研究を行う上での最大の制約は、調査データの不備である。本書は中国における奨学金制度の配分実態と効果に関する分析と評価を行い得るデータを取得することで、詳細な分析に取り組んできた。また、実証研究を通して、奨学金制度の実施実態を把握し、欧米や日本と異なる奨学金政策の中国的特性を描き出すことも本書の特徴である。

　本書は全部で7章からなっている。序章では、奨学金をめぐる問題と研究課題を明らかにし、奨学金についての研究の意義を述べている。第1章では、マクロ的な視点から中国における奨学金制度に関する歴史的変遷を振り返ったうえで、現段階において奨学金政策の概要と実施状況、各プログラムの説明、給付奨学金と貸与奨学金の申請や受給に関するプロセスを概観した。そして第2章は大学進学前の進学選択に焦点を当て、貸与奨学金が進学選択希望に与える影響を統計的に検討した。第3章では、奨学金の申請、採用と受給の状況を明らかにし、奨学金がどのように配分されているのかを考察した。続いて第4章では、奨学金が学生生活の収入と支出、また時間配分にどう影響するか、を統計的に検証した。さらに第5章は、政策の観点から給付奨学金と貸与奨学金の役割と位置づけを検討し、中国の奨学金政策を総括した。

　本書が、現代中国における教育問題を高等教育の奨学金の視点から考察するだけでなく、広く中国社会の背景及び近代化の過程が抱える構造的問題を、日本が理解するために実証分析を行っている点で、学術的・社会的に貢献す

ることができれば幸いである。また、本書の発行をきっかけに、皆様から忌憚のないご意見を頂ければ幸甚である。

目次／中国における大学奨学金制度と評価

はしがき ……………………………………………………………………… i

図表一覧（x）

序章　中国の奨学金をめぐる問題と研究枠組み　3

第1節　問題の所在 ………………………………………………………… 3

第2節　中国高等教育の発展と問題関心 ………………………………… 4

　1　中国の教育制度と高等教育の拡大（4）

　2　奨学金の概念（9）

　3　問題関心（10）

第3節　先行研究のレビュー ……………………………………………… 13

　1　奨学金をめぐる研究の推移（13）

　2　奨学金制度のマクロ効率性（16）

　3　機会均等と奨学金（19）

　4　教育効果の促進と奨学金（26）

　5　先行研究の問題と本研究の課題設定（30）

第4節　分析枠組みと構成 ………………………………………………… 34

　1　分析枠組みの設定（35）

　2　論文の構成（36）

第5節　調査の概要 ………………………………………………………… 37

　1　調査地域（37）

2　調査の概要 (40)

【注】(42)

第1章　中国奨学金政策の変遷と概要　　45

第1節　奨学金政策の変遷　　45

　　1　第1段階(1952年〜1982年) (45)

　　2　第2段階(1983年〜1998年) (47)

　　3　第3段階(1999年〜2013年) (51)

第2節　奨学金制度の概要　　61

　　1　奨学金制度の構成 (61)

　　2　給付奨学金の受給の流れ (67)

　　3　貸与奨学金の利用及び返済の流れ (73)

第3節　奨学金実施のマクロ的な推移　　79

　　1　給付奨学金 (80)

　　2　貸与奨学金 (82)

小　括　　85

【注】(87)

第2章　奨学金の進路選択に与える影響　　91

第1節　進路選択分析視点の構築　　91

　　1　分析の留意点 (91)

　　2　高校生の進学選択 (93)

　　3　進学選択の理論モデル (94)

4　分析の課題〈99〉

　第2節　高校生の進路希望の構造 ……………………………………… 100

　　　1　調査対象の特性〈100〉

　　　2　進学選択〈106〉

　第3節　貸与奨学金の認知、ニードと利用 ……………………………… 112

　　　1　貸与奨学金の認知〈113〉

　　　2　貸与奨学金のニード〈119〉

　　　3　貸与奨学金の利用〈122〉

　第4節　進路選択における貸与奨学金の役割 ………………………… 126

　　　1　進学対就職〈126〉

　　　2　進学先の選択〈127〉

小　括 …………………………………………………………………………… 132

【注】〈134〉

第3章　奨学金の配分と選択　　137

　第1節　分析の枠組みとデータ ………………………………………… 137

　　　1　奨学金の配分・選択メカニズム〈137〉

　　　2　調査対象の特性〈139〉

　　　3　受給の概況〈141〉

　第2節　給付奨学金 ……………………………………………………… 144

　　　1　学生の属性と受給率〈144〉

　　　2　受給の規定要因分析〈145〉

　　　3　申請と採用との関係〈153〉

　第3節　貸与奨学金 ……………………………………………………… 160

1　貸与奨学金の利用（160）

　　2　申請と採用（164）

　　3　申請の動機と背景（169）

　　4　給料への見込み（172）

　　5　貸与奨学金への意見（173）

小　括 ……………………………………………………………………… 176

【注】（178）

第4章　入学後の奨学金の効果　　179

第1節　分析の視点 …………………………………………………… 179

　　1　奨学金の効果の経路（179）

　　2　収入と支出（185）

　　3　生活時間の概要（191）

第2節　給付タイプ①・②奨学金の効果 ……………………………… 193

　　1　収入構造への影響（193）

　　2　支出構造への影響（199）

　　3　生活時間への影響（205）

第3節　給付タイプ③奨学金の効果 …………………………………… 209

　　1　収入構造への影響（209）

　　2　支出構造への影響（214）

　　3　生活時間への影響（218）

第4節　貸与奨学金の効果 ……………………………………………… 221

　　1　収入構造への影響（222）

　　2　支出構造への影響（225）

3　生活時間への影響（228）

第5節　将来期待への影響 ………………………………………… 231

小　括 …………………………………………………………………… 234

【注】（237）

第5章　奨学金政策の評価　　239

第1節　給付奨学金 ………………………………………………… 239

　　　1　大学（239）

　　　2　独立学院（242）

第2節　貸与奨学金 ………………………………………………… 245

第3節　奨学金額の水準 …………………………………………… 247

　　　1　給付奨学金（247）

　　　2　貸与奨学金（251）

第4節　中国の奨学金政策の特性 ………………………………… 252

小　括 …………………………………………………………………… 255

【注】（256）

終章　結論と課題　　259

第1節　実証分析の結果 …………………………………………… 259

　　　1　高校生の進学希望への奨学金効果（260）

　　　2　奨学金の配分と選択（261）

　　　3　家計負担と学生生活への奨学金効果（262）

第2節　地方教育機関における奨学金の ················ 264
　　　　　政策的インプリケーション

　第3節　残された課題 ································ 266
　　　1　実証研究の蓄積（266）
　　　2　国際比較研究の可能性（267）
　　　3　奨学金政策の体系的評価（268）

参考文献　269

　英　語 ··· 269
　日本語 ··· 272
　中国語 ··· 274

付表1　中国における主な奨学金の実証研究 ············· 277
付表2　授業料政策文書の変遷 ························· 280
付表3　個人信用情報データベース ····················· 282

　あとがき ··· 285

　　索引（287）

図表一覧

●序章

図0-1-1	中国の教育制度	5
図0-1-2	中国における高等教育粗就学率の時系列	6
表0-1-1	普通大学の在学者数(2012年)	7
図0-1-3	中国における国立大学授業料と消費者物価指数の推移(指数化後)	8
表0-1-2	奨学金概念の表現	10
図0-1-4	普通高等教育機関の所属別に見る学生数の推移(本科)	11
図0-1-5	中国と日本における授業料対家計年間所得の比率(2010年)	12
図0-2-1	中国の奨学金に関する主な実証研究	33
図0-3-1	分析枠組みと論文構成	34
図0-4-1	中央政府による東部・中部・西部地域への教育費配分(2007年)	38
図0-4-2	調査地域	39
図0-4-3	河北省における大学の年間平均授業料(2007〜2011年)	40
図0-4-4	省政府所在地と調査校所在地別の授業料対年間収入比率の推移	41
表0-4-1	質問票調査の概要	41

●第1章

表1-1-1	第1段階(1952〜1982年)の主な政策文書	46
表1-1-2	第2段階(1983〜1998年)の主な政策文書	48
表1-1-3	第3段階(1999〜2013年)の主な政策文書	52
表1-1-4	国家助学ローンの実施状況(1999年〜2006年)	57
図1-1-1	授業料の徴収に伴う奨学金政策関連文書の推移	60
表1-2-1	現行の主な奨学金プログラムの概要(2012年)	63
表1-2-2	給付奨学金受給の流れ	68
図1-2-1	国家奨学金受給の流れ	70
図1-2-2	国家励志奨学金受給の流れ	71
図1-2-3	国家助学金受給の流れ	72

図1-2-4	国家助学ローン受給の流れ	74
図1-2-5	生源地助学ローン受給の流れ	75
図1-2-6	国家助学ローン返済の流れ	77
図1-2-7	生源地助学ローン返済の流れ	78
表1-3-1	給付奨学金の受給人数及び学生総数に占める割合(2007〜2011年)	80
表1-3-2	給付奨学金の支給総額(2007〜2011年)	81
表1-3-3	貸与奨学金の利用人数及び学生総数に占める割合(2007〜2011年)	82
表1-3-4	貸与奨学金の利用総額(2007〜2011年)	83
図1-3-1	奨学金の支給総額の比較(2007〜2011年)	84
図1-3-2	1人当たりの奨学金支給額の比較(2007〜2011年)	85

●第2章

図2-1-1	河北省における大学類型別の全国統一入試合格最低点数(2012年)	93
表2-1-1	調査対象者の進路希望	94
図2-1-2	進学の制度的制約	95
図2-1-3	進学の可能性(本科Ⅰの場合)	96
図2-1-4	進学の可能性(本科Ⅲの場合)	97
表2-2-1	調査校学生の特性	101
図2-2-1	学生出身地別調査高校の分布	102
表2-2-2	独立変数の定義	105
表2-2-3	独立変数間の相関	105
表2-2-4	進路志望(進学対就職)規定要因のロジスティック回帰分析	106
図2-2-2	学生属性別の進学志望率	107
表2-2-5	各分析モデルの従属変数の定義	108
表2-2-6	進学先選択規定要因のロジスティック回帰分析	109
表2-2-7	進学先選択規定要因のロジスティック回帰分析	110
図2-3-1	学生属性別貸与奨学金の認知率	114
表2-3-1	貸与奨金認知度の規定要因のロジスティック回帰分析	115
図2-3-2	家庭所得層別の情報入手ルート	116
表2-3-2	情報入手ルート規定要因のロジスティック回帰分析	118

図2-3-3	学生属性別「貸与奨学金を利用しないと進学できる/できない」の回答	120
表2-3-3	貸与奨学金ニードの規定要因のロジスティック回帰分析	121
図2-3-4	学生属性別「貸与奨学金を申請する/申請しない」の回答	123
表2-3-4	貸与奨学金申請規定要因のロジスティック回帰分析	124
表2-3-5	貸与奨学金申請の規定要因のロジスティック回帰分析	125
表2-4-1	進学選択規定要因のロジスティック回帰分析	127
表2-4-2	進学先選択規定要因のロジスティック回帰分析	128
表2-4-3	進学先選択規定要因のロジスティック回帰分析	130

●第3章

図3-1-1	分析枠組み	138
表3-1-1	調査校学生の特性	140
表3-1-2	調査校の奨学金受給状況	142
表3-1-3	時期別の奨学金受給状況	142
図3-2-1(a)	学生属性別給付奨学金タイプの受給－大学	145
図3-2-1(b)	学生属性別給付奨学金タイプの受給－独立学院	146
表3-2-1	独立変数の定義	147
表3-2-2	独立変数間の相関	147
表3-2-3(a)	プログラム別受給規定要因のロジスティック回帰分析－大学	149
表3-2-3(b)	プログラム別受給規定要因のロジスティック回帰分析－独立学院	149
表3-2-4	給付タイプ①受給の規定要因のロジスティック回帰分析	150
表3-2-5	給付タイプ②受給の規定要因のロジスティック回帰分析	151
表3-2-6	給付タイプ③受給の規定要因のロジスティック回帰分析	151
表3-2-7(a)	給付奨学金プログラム別の申請と採用－大学	153
表3-2-7(b)	給付奨学金プログラム別の申請と採用－独立学院	154
表3-2-9	給付奨学金申請の規定要因のロジスティック回帰分析	156
表3-2-8	給付奨学金申請の規定要因のロジスティック回帰分析	156
表3-2-10	給付奨学金採用の規定要因のロジスティック回帰分析	157
表3-2-11	給付奨学金申請の規定要因のロジスティック回帰分析	158

表3-2-12	給付奨学金申請の規定要因のロジスティック回帰分析	159
表3-3-1	貸与者数の内訳	160
図3-3-1	学生属性別貸与奨学金の利用－大学	161
表3-3-2	貸与奨学金利用の規定要因のロジスティック回帰分析	162
表3-3-3	貸与奨学金の申請と採用	164
図3-3-2	学生属性別貸与奨学金の申請－大学	166
図3-3-3	学生属性別貸与奨学金の採用－大学	166
表3-3-4	貸与奨学金申請・採用の規定要因の ロジスティック回帰分析－大学	167
表3-3-5	「貸与奨学金を利用しないと進学可能かどうか」の回答	169
図3-3-4	家庭所得層別の貸与奨学金のニード	170
表3-3-6	貸与奨学金ニードの規定要因のロジスティック回帰分析	171
表3-3-7	進学前に期待収入の予測	172
表3-3-8	在学中に期待収入の予測	172
図3-3-5	貸与奨学金についての意見	174
表3-3-9	貸与奨学金に対する意見の規定要因のロジスティック回帰分析	176

● 第4章

図4-1-1	入学後の奨学金が果たすと想定される機能の経路図	180
図4-1-2	給付タイプ③奨学金と支出との関係	182
表4-1-1	収入と支出の定義	186
図4-1-3(a)	家庭所得層別の収入と支出－大学	188
図4-1-3(b)	家庭所得層別の収入と支出－独立学院	189
図4-1-4	家庭所得層別の生活時間	192
図4-2-1(a)	給付タイプ①・②奨学金受給別の収入－大学	194
図4-2-1(b)	給付タイプ①・②奨学金受給別の収入－独立学院	195
表4-2-1(a)	収入の規定要因の重回帰分析－大学	197
表4-2-1(b)	収入の規定要因の重回帰分析－独立学院	197
図4-2-2(a)	給付タイプ①・②奨学金受給別の支出－大学	200
図4-2-2(b)	給付タイプ①・②奨学金受給別の支出－独立学院	201

表4-2-2(a)	支出の規定要因の重回帰分析－大学	202
表4-2-2(b)	支出の規定要因の重回帰分析－独立学院	202
図4-2-3(a)	給付タイプ①・②奨学金受給別の生活時間－大学	204
図4-2-3(b)	給付タイプ①・②奨学金受給別の生活時間－独立学院	204
表4-2-3(a)	生活時間の規定要因の重回帰分析－大学	207
表4-2-3(b)	生活時間の規定要因の重回帰分析－独立学院	207
図4-3-1(a)	給付タイプ③奨学金受給者の収入－大学	209
図4-3-1(b)	給付タイプ③奨学金受給者の収入－独立学院	210
表4-3-1(a)	収入の規定要因の重回帰分析－大学	212
表4-3-1(b)	収入の規定要因の重回帰分析－独立学院	212
図4-3-2(a)	給付タイプ③奨学金受給者の支出－大学	215
図4-3-2(b)	給付タイプ③奨学金受給者の支出－独立学院	216
表4-3-2(a)	支出の規定要因の重回帰分析－大学	217
表4-3-2(b)	支出の規定要因の重回帰分析－独立学院	217
表4-3-3	給付タイプ③奨学金受給者の生活時間	219
表4-3-4(a)	生活時間の規定要因の重回帰分析－大学	220
表4-3-4(b)	生活時間の規定要因の重回帰分析－独立学院	220
図4-4-1	貸与奨学金利用者の収入	222
表4-4-1(a)	収入の規定要因の重回帰分析－大学	223
表4-4-1(b)	収入の規定要因の重回帰分析－独立学院	224
図4-4-2	貸与奨学金利用者の支出	226
表4-4-2(a)	支出の規定要因の重回帰分析－大学	227
表4-4-2(a)	支出の規定要因の重回帰分析－大学	227
表4-4-3	貸与奨学金利用者の生活時間	228
表4-4-4(a)	生活時間の規定要因の重回帰分析－大学	229
表4-4-4(b)	生活時間の規定要因の重回帰分析－独立学院	230
図4-5-1	奨学金プログラム別の大卒後進路	231
表4-5-1	大学院進学志望の規定要因のロジスティック回帰分析	232
図4-6-1	給付奨学金の機能経路図	235
図4-6-2	貸与奨学金の機能経路図	235

●第5章

表5-1-1	家庭所得層と成績のクロス集計	240
図5-1-1	給付奨学金の受給率－大学	240
図5-1-2	給付奨学金の受給額平均値－大学	241
図5-1-3	給付奨学金の受給率－独立学院	243
図5-1-4	給付奨学金の受給額平均値－独立学院	244
図5-2-1	貸与奨学金の利用率－大学	246
表5-3-1	家庭所得層別に給付奨学金給付年額の受給比率－大学	248
図5-3-1	給付奨学金給付年額別の受給累計－大学	249
表5-3-2	家庭所得層別に給付奨学金給付年額の受給比率－独立学院	249
図5-3-2	給付奨学金給付年額別の受給累計－独立学院	250
表5-3-3	家庭所得層別の貸与奨学金利用年額の比率－大学	251

中国における大学奨学金制度と評価

序章　中国の奨学金をめぐる問題と研究枠組み

第1節　問題の所在

　一般に高等教育のマス化、ユニバーサル化に伴って、その費用をどのように負担するかは高等教育における最も重要な問題の一つである。高等教育の拡大による費用増を、私的負担と奨学金制度の組み合わせによってまかなう政策が各国においてとられている。日本あるいはアメリカでは、費用を基本的には家庭が負担し、それを貸与奨学金によって補う、という政策をとってきた。またヨーロッパを含めて、そうした方向への変化が一般に見られる。こうした現実的な選択を理論的に裏付ける役割を果たしてきたのが、大学教育への負担は、政府のみでなく受益者が負担し、それに生じる機会不均等を貸与奨学金によって回避するという、「コストシェアリング（Cost-Sharing）」論（Johnstone 1986）である。この議論は世界銀行などの国際機関にも影響を与え、中国においても現在の政策を進める際に、一つの重要な論拠となってきた。

　しかし、このコストシェアリング論の基本的な論点自体は必ずしも実態にそぐわない。それは貸与奨学金の制度的な構造と機能が、社会的・文化的・経済的な背景に大きく依存し、アメリカにおいて前提とされたいくつかの条件を、他の社会に適用することが妥当ではないからだ。特に中国や日本のような東アジアの国においては、家族が子どもの教育を重視し、犠牲を惜しまないと同時に、借金に対する警戒感が強いといわれてきた。このような文化的背景で、貸与奨学金がどのように認識され、どのように利用されているかを実証的に把握することが重要なだけでなく、奨学金制度を構築する上でも

不可欠であると考えられる。

　中国の高等教育は1999年の拡大政策への転換を経て、マス段階に突入した。それに合わせて高等教育機会を拡大させてきたが、これは授業料の大幅な増額を伴うものであった。大学授業料は2011年時点では都市部世代収入の3割、農村部世代収入の7割に達している。これは当然のことながら、大学教育機会の均等性に大きな問題をもたらすと批判されてきた。これに対して中国政府は、給付奨学金ならびに貸与奨学金制度を設置し、少なくとも制度の上では、高い授業料を補う体制を作った。しかし、奨学金がどのように支給され、またそれが教育機会の均等、あるいは学生の大学進学と大学在学中の勉学にどのような効果を与えているかは必ずしも明らかではない。特に高等教育拡大の担い手である地方大学においては、中央所属大学より有利ではないため、奨学金を求める学生が多いほか、経済支援が十分に行き届かない点が懸念されている。そこで本書は、地方教育機関に着目し、奨学金の分配と効果を明確にすることを目的とし、この分野における実証研究の一つとして寄与することを目指している。

第2節　中国高等教育の発展と問題関心

1　中国の教育制度と高等教育の拡大

（1）中国の教育制度

　中国の教育制度は初等教育、中等教育と高等教育に分けられる（図0-1-1）。初中等教育のうち、小学校（6年制）と初級中学（3年制）が義務教育である。2012年の小学校就学年齢における純就学率[1]は99.85％[2]に達した。義務教育を終えた後に、普通教育を行う高校（高級中学、「高中」と略称）と職業教育を行う中等専門学校（初等専門学校、職業中学と技術労働者学校）に分かれる。2010年の『中国教育統計年鑑』の統計によると、普通教育を受ける高校生は計2,427万人で、職業教育を受ける学生は計1,525万人である。

　初中等教育を終え、就職する一部の学生を除けば、高等教育段階へ進学する。高等教育は普通高等教育機関と職業技術学校に分かれている。まずは、

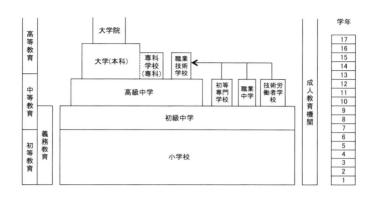

図0-1-1　中国の教育制度
出所）『中国教育統計年鑑』と日本文部科学省の「中国の学校教育制度等」HP[3]により筆者整理。

普通高等教育機関は普通教育を行う高等教育であり、主に高校の普通教育を受けた学生の進学先である。そのうち、本科大学（四年制）と専科大学（三年制）に分かれている。本科大学は本科教育課程以上の高等教育を行い、「学士」学位の授与が認められる高等教育機関である。本科大学を卒業の後、大学院への進学が可能である。一方、専科大学は専科教育課程の高等教育を行い、「学士」学位の授与が認められない。これは日本の短期大学あるいは専門学校に相当する高等教育である。次に、職業技術学校はより高度な職業教育や職業訓練を行う教育機関であり、主に中等職業教育を受けた学生の進学先である。

(2) 中国の高等教育

中国の高等教育は、1949年の建国以来約30年の間には、政治的要因や社会的不安定により大きな発展が見られず、粗就学率[4]が3％以下の水準で続いていた。ごく一部の優秀な学生を対象とするエリート教育が、国の発展を支える人材育成に貢献したと同時に、高等教育の供給と需要の間に大きなギャップをもたらした。しかし、中国は1970年代末から経済改革開放政策

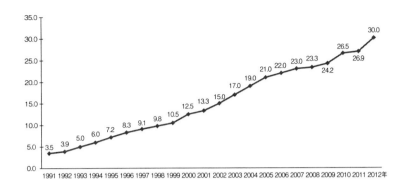

図0-1-2　中国における高等教育粗就学率の時系列（％）
注）高等教育の粗就学率は、高等教育の在学者数と18〜22歳人口数の比率
出所）『中国教育統計年鑑』（1991年〜2013年）のデータから筆者算出。

を実施し、計画経済体制から社会主義市場経済体制へ移行を始めた。市場競争原理が経済面だけでなく、社会の隅々まで浸透してきた。高等教育においても1990年代以降に市場競争原理を導入することによって、改革と拡大を推進してきた。さらに、1999年から始まった高等教育の拡張政策により、高等教育の入学者数が急速に拡大した。高等教育の粗就学率は図0-1-2のように、1998年までにはまだ1割以下に留まっていたが、1999年の10.5％から2012年の30.0％まで急上昇した。これは中国の高等教育が、トロウ（Martin Trow）のいう高等教育の発展段階論[5]における高等教育のマス段階に移行したことを示唆する。

　中国の普通大学は設置者別に、中央政府や地方政府が所管する国立大学、及び個人や企業などが創立した私立大学（「民弁大学」ともいう）に分類できる。2012年の普通大学在学者数の統計（表0-1-1）によると、国立大学は1868.5万人、私立大学は522.8万人である。国立大学の学生が学生全体の8割を占めている。そのうち、中央政府所管大学の学生は178.9万人、地方政府所管大学の学生は1689.6万人である。地方所管大学の学生は普通大学の学生全体の7割を占めている。

表0-1-1　普通大学の在学者数（2012年）

	計	国立			私立（独立学院が含む）
		中央政府		地方政府	
		教育部所属	その他部門		
普通大学	23,913,155 (100.0%)	1,351,644 (5.7%)	437,283 (1.8%)	16,896,214 (70.7%)	5,228,014 (21.9%)
本科	14,270,888 (100.0%)	1,338,550 (9.4%)	396,844 (2.8%)	9,129,857 (64.0%)	3,405,637 (23.9%)
専科	9,642,267 (100.0%)	13,094 (0.1%)	40,439 (0.4%)	7,766,357 (80.5%)	1,822,377 (18.9%)

出所）『中国教育統計年鑑』（2012年）

　また、1999年の高等教育の拡大に伴い、独立学院という高等教育セクターが新設された。独立学院[6]とは、母体大学（国立大学）の知名度や教育資源を使いながら、独自の募集活動、教育計画と学位制度などを実施する私立セクターである。その授業料水準が大学（本科）の倍に相当するにもかかわらず、高等教育の進学需要を吸収した。2012年には全国計303校、在学者数が約278.4万人に達した。

　中国高等教育の拡張は、高額の授業料を徴収することによって実現した。普通高等教育機関（本科）における学生1人当たりの年間平均授業料は、1995年の1,000元以下から、1999年の3,800元に一気に増加した。その後に授業料はさらに上昇し、2004年に5,000元に達した。教育部が2007年に『今後五年以内に授業料水準を維持する通知』を発表して以降、普通高等教育機関（本科）の年間平均授業料は5,000元水準（8万円に相当[7]）を維持している。また、図0-1-3の授業料と消費者物価指数の推移のグラフから見ると、中国の国立大学の授業料は物価指数と比較しても、1990年代後半から大幅に上昇していることが分かる。

　では、高騰する授業料が家計にいかに負担をかけているのか。2010年の統計データによると、農村部1人当たり年間平均純収入[8]（5,919元[9]）は、都市部1人当たり年間平均純収入（19,109元[10]）の三分の一以下となっている。従って、年間5,000元の授業料は、農村部1人当たり年間平均純収入に相当

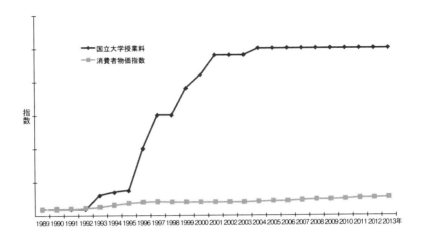

図0-1-3　中国における国立大学授業料と消費者物価指数の推移（指数化後）
出所）①指数化後の授業料データは、筆者が授業料データを用いて計算したものである。
　　　②中国の消費者物価指数は、筆者が『中国統計年鑑』（1989年〜2013年）の物価水準データを用いて計算したものである。
　　　③指数化変換：1990年＝100。

する金額である。農村人口が全国人口総数の50.3％[11]（2010年）を占める中国においては、授業料が多くの家計に重い負担をかけていると考えられる。

　授業料が上昇すると同時に、「貧困学生」の数が増えていた。貧困学生とは、学生本人及び出身家計の経済能力では、在学中での勉学費用と生活費用を賄えない学生を意味する（教育部、財政部『家計困難な学生の認定に関する意見』[2007] 8号）。2004年中国教育部の統計[12]によると、高等教育機関の貧困学生の比率は学生全体の20％に達し、そのうち特別貧困学生[13]は学生全体の10％を占めていたという。2004年の全国普通高等教育機関の学生総数（約1,333万人）から推計すると、約267万人の貧困学生と、約133万人の特別貧困学生が、経済面での不安を抱えながら、学生生活を送っていたことが分かる。授業料の上昇によって低所得層家庭の学生が入学者に占める割合は減少し（陳・関1999：5；李2001：56）、中高所得層学生より低所得層学生への教育機会の影響が大きい（鐘・陸2003a：56；2003b：37）。このような背景で、

家庭の経済状況にもかかわらず、学生の進学・就学機会を保障するために、経済面での支援が必要となっている。

2　奨学金の概念

　奨学金は、高等教育の需要者に対する補助の一種類であり、機関補助と個人補助[14]に大別できる。個人補助は学生に対して授業料の免除や奨学金などを支給するものであり、その効果を考察するのが本書の目的である。

　一般的に奨学金は「1) 教育の機会均等の実現、2) 英才の育成、3) 特に必要とされる分野への人材確保、の三つの目的に大別される。それぞれの国、時代の育成制度の性格は、これら目的が相互に重なりあい組み合わされ、社会的・政治的機構や経済及び教育の発展の水準等と関わって定まる」[15]と言われる。小林（2009：16）は奨学金を受給基準、種類、受給決定時期と受給対象・金額の面から分類している。小林の分類では、まず返済義務があるか否かによって、奨学金は給付奨学金と貸与奨学金に分類できる。給付奨学金は返済義務がなく、貸与奨学金は卒業後に返済しなければならない。次に、受給基準によって給付奨学金をメリットベースとニードベースに分類できる。メリットベース奨学金は「育英」が目的で、学業成績優秀、あるいは各分野で活躍する学生を対象に奨励する。学業成績は受給者を選考する際の最も有力な指標である。ニードベース奨学金は「奨学」が目的であり、家計状況が裕福ではない学生を対象とする奨学金である。学業成績よりはむしろ家計状況を重視する。貸与奨学金には、政府の補助（利子補助ないし金融機関に対する保証）が付いたもの（すなわち「補助付ローン」）と、政府の補助が付いていないもの（すなわち「市場型ローン」）が含まれている。また、利用時期によって、大学進学前利用と大学在学中利用に分けられる。

　奨学金という言葉の意味と定義は国によって若干異なる。**表0-1-2**に示したように、中国語の表現では、「奨学金」はメリットベース奨学金を意味し、「助学金」はニードベース奨学金を意味する。「助学貸款」は補助付ローンで、「商業銀行助学貸款」は市場型ローンを意味する。一方、日本語で表現する場合には、「奨学金」の言葉は貸与奨学金を意味するのが一般的である。ま

表0-1-2　奨学金概念の表現

本論文での名称			中国語表現	日本語表現	英語表現
奨学金	給付	タイプ①②	奨学金	メリットベース奨学金	Scholarship
		タイプ③	助学金	ニードベース奨学金	Grant
	貸与	補助付ローン	助学貸款	（日本学生支援機構）奨学金	Subsidized loan
		市場型ローン	商業銀行助学貸款	教育ローン	Unsubsidized loan

た、英語で表現する場合に、メリットベース奨学金とニードベース奨学金はそれぞれScholarshipとGrantで表現し、貸与奨学金はSubsidized loanとUnsubsidized loanで表現する。そこで、本書では返済義務のない奨学金を「給付奨学金」、返済義務のある奨学金を「貸与奨学金」、学生への経済的な支援を総じて「奨学金」と称することにした。また、中国の貸与奨学金は何らかの形で政府が関与しているため、今後の分析で使う「貸与奨学金」の語義は、補助付きローンを指すことに留意する必要がある。また、中国教育制度のそれぞれの教育段階（就学前教育、義務教育、高校教育、職業教育、及び高等教育）においては様々な奨学金プログラムが設けられている[16]が、本書は高等教育段階のみに着目する。

3　問題関心

　中国高等教育の拡大によって急増した学生はどのような教育機関によって吸収されたのか。普通高等教育機関（本科）の学生数の推移（図0-1-4）を見ると、中央所属高等教育機関の学生数は地方所属高等教育機関の学生数を下回り、一定の規模を維持している。一方、地方所属高等教育機関の学生数は右肩上がりで増加している。地方大学は急増した学生の受け皿となり、中国高等教育拡大の担い手となっていることが分かる。

　高騰する高等教育の授業料が家計に大きな負担をかけている。日本でも、高等教育費の重い私的負担が、しばしば社会的話題として取り上げられる。日本と中国における授業料の家計負担は図0-1-5のように示した。日本の場

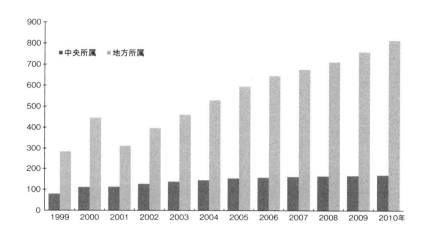

図0-1-4　普通高等教育機関の所属別に見る学生数の推移（本科）（万人）
出所）『中国教育統計年鑑』（1999年～2010年）

合には、国立大学の授業料が私立大学より低いため、授業料対家庭年間所得の比率は、国立大学（12.9％）の方が私立大学（23.7％）より低い。私立大学の授業料が家計にかける負担は大きい。中国の場合も同様に、国立大学の平均年間授業料は、独立学院の平均年間授業料の半分に相当する。しかし、地域格差と所得格差が激しい中国では、授業料負担の地域格差も広がっている。都市部における家庭年間収入対授業料負担の比率は、国立大学が26.2％、独立学院が52.3％であるのに対して、農村部における家庭年間収入対授業料負担の比率は、国立大学が84.5％、独立学院が168.9％に達している。国立大学の授業料負担は農村部の家庭年間収入にほぼ等しく、私立大学の授業料負担は農村部家計の年間収入より大きく上回っている。農村家庭にとって高等教育の授業料負担は、家計負担の能力を超えている。また、中国の家計が裕福な都市の家庭にとっても、国立大学の授業料負担（26.2％）は、日本の私立大学の授業料負担（23.7％）より上回っている。日本と比べて中国の授業料負担が、極めて高いことが分かる。

　このように中国高等教育の拡大は、より多くの学生に教育機会を提供する

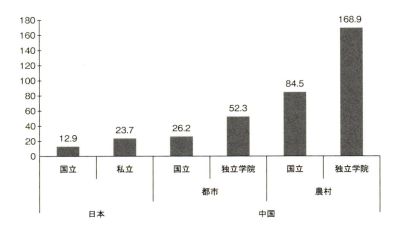

図0-1-5　中国と日本における授業料対家計年間所得の比率（2010年）(%)

出所）①日本国立大学の授業料は文部科学省ホームページ（http://www.mext.go.jp/a_menu/koutou/houjin/1293385.htm）2012年9月5日検索
②日本私立大学の授業料は文部科学省ホームページ（http://www.mext.go.jp/a_menu/koutou/shinkou/07021403/1314359.htm）2012年9月5日検索
③日本の家計年間所得は「40-59歳勤労者平均年間所得額」を利用している。「40-59歳勤労者平均年間所得額」を『賃金センサス－賃金構造基本統計調査』平成22年版によって筆者算出。
④中国における大学と独立学院の授業料は図0-1-2の出所と同じである。都市部1人当たり平均可処分所得と農村部1人当たり平均純収入は『中国統計年鑑』（2011年）による。

一方で、高額の私的負担を課し、家計に大きな負担をかけているのである。そのため、地方大学や農村部出身の学生は、経済的理由で進学を断念する可能性が比較的高いと見られる。家計困難な学生に経済的支援を提供しない限り、教育機会均等の実現を阻害し、所得階層による教育格差の一層の拡大が懸念されている。教育機会の不平等を是正する役割が奨学金には期待されているが、実際に奨学金制度が家計困難な学生の教育機会を保障しているのか、また教育費負担を軽減しているのか、という問題を検討することが不可欠となっている。特に学生数の多い地方大学や、家計所得の低い農村出身学生に目を向ける必要がある。

　以上の問題関心から、本書は中国の地方教育機関に着目して、奨学金分配

の実態を把握する。その上で、奨学金が学生生活に与える効果の考察を通して、奨学金政策の果たす役割、及び中国高等教育の拡大における位置づけを探る。

第3節　先行研究のレビュー

　本節では、本書の研究領域に関わる先行研究を、1.奨学金をめぐる研究の推移、2.奨学金制度の効率性、3.機会均等と奨学金、4.教育効果の促進と奨学金、と四つのカテゴリーに分けて整理することで、本書の問題目的と研究視点を提示するとともに、本書の位置づけを明らかにする。

1　奨学金をめぐる研究の推移

　一般に社会あるいは政府が高等教育に対して経済的な支援を行う場合には二つの形態がある。一つは高等教育機関に対する経済的支援、すなわち機関補助である。もう一つは学生に対する経済的支援、すなわち個人補助である。機関補助がよいか、それとも個人補助がよいかはよく議論される課題であるが（市川 2001：4）、多くの国ではこの両者が並列して行われてきた。

　日本では、戦前から戦後にかけて、政府の経済的支援は、国公立大学の設置が大きな役割を負ってきた。私立大学においても、国庫助成によって私学の教育条件が改善された（丸山 1999：43）。アメリカでは1950年代から1960年代にかけて福祉国家の発展に対応して、政府の経済支援によって高等教育の大衆化が実現された。しかし、1960年代からは、個人補助を重視するべきだという考え方が広まった。ペル奨学金（The Federal Pell Grant）[17]に代表されるように、学生個人を対象とした奨学金政策が多く実施されてきた。

　経済的支援について機関補助より個人補助が有効であるという論調の理論的な軸の一つは、「人的資本論」である。人的資本論が提唱するのは、人間が教育によって知識や技術を獲得すれば、それが労働生産性を高め、将来賃金を上昇させ（Becker 1975=1976）、教育という投資を通して人間の経済的価値を高めることである（Schultz 1963=1964）。教育は一つの投資であり、一定

の費用を必要とするが、それは経済的な利益（収益）を生む。これは一つの社会を単位としても当てはまり、一人の個人についてもいえる。このように考えると、大学進学という選択も、将来の利益を見込む上での投資行動と見ることができる。出身家庭の所得が低くても、将来の利益が見込まれれば、進学を選択するはずである（金子1987：40）。経済面での不足を資本市場で補う役割を果たしたのは、奨学金である。

　高等教育のユニバーサル化の段階に達すると、進学者の拡大によって、高等教育に要する社会的なコストが急増する。その急増した高等教育の費用をすべて社会ないし政府が負担するのは、実際には不可能である。また、税収の増加が困難である中で、医療・年金・インフラを含む公共事業にも多額の財源が必要となり、高等教育分野は必ずしも優先的な財政の投資対象でなくなった。このような背景で、高等教育のコストを、政府負担以外に受益者が負担するという、「コストシェアリング」（Cost-Sharing）理論の正当性と現実性が提唱されたのである。

　この理論はジョンストン（Johnstone 1986）を中心に展開されてきた。高等教育の受益者負担により、高等教育の財政難がある程度緩和され、高等教育の量的な拡大が実現できる。高等教育を受けた学生は私的収益率が比較的高いことから、高等教育コスト負担の正当性と現実性を裏付けた（Johnstone 1986、2000a、2003、2006、Johnstone and Shroff-Mehta 2002, Johnstone and Maucucci 2010；沈・沈2004）。しかし、コストシェアリングの実施は、近代公教育を支える原理の一つである教育機会均等原理を損なう可能性がある。なぜなら、学生が家計困難で授業料を払えないとの理由で進学を断念してしまえば、受益者負担による教育機会拡大の趣旨は否定される結果となるからである。それは結果として教育機会の均等[18]を実現することができない。従って、教育費の受益者負担がもたらす問題対策として、奨学金及び奨学金研究の重要性が喚起された。

　奨学金に関する研究では、研究者個人だけでなく、国際的な研究プロジェクトを通じて、各国の奨学金を政策面と実施面で国際比較も行われている。代表的な研究プロジェクトは、ジョンストンが率いるチームが、1999年か

ら2009年まで11年間にわたって実施した研究ICHEFAP（The International Comparative Higher Education Finance and Accessibility）である。この国際的研究プロジェクトは40か国あまりの奨学金政策、特に貸与奨学金の実施状況の調査を通じ、高等教育におけるコストシェアリング理論の汎用性を検証した（Johnstone and Maucucci 2010）。

中国では、1950年代から1970年代にかけて計画経済の背景で、ごく一部の学生しか高等教育を受けられなかった。高等教育機関の設置、及び高等教育のコストがすべて政府によって負担されるほか、学生に奨学金や生活補助も支給された。このような状況が1970年代末まで続き、1978年の社会全般にわたる改革開放政策の実施をきっかけとして、高等教育が一種の投資行動であるとする、いわゆる人的資本論の考え方が徐々に浸透してきた。1980年代は高等教育の無償化と奨学金の支給が一般的であったものの、一部の学生に限って授業料の徴収が始まった。1990年代初めに高等教育が投資であるという理念が提唱され、高等教育の私的収益率が高いことから、コストシェアリング理論が中国においても正当性があることが主張された（沈 2010：66）。こうした議論は、1999年からの高等教育コストの受益者負担による高等教育の量的拡大を正当化する役割を果たした。

しかし、高等教育が大衆化段階に入るにつれて、家計困難な学生の進学機会の問題が浮上してきた。経済的理由で進学困難な学生を支援するために、奨学金政策の重要性が喚起され、しかも給付奨学金だけでなく、貸与奨学金拡大の正当性と必要性が強調された（沈・沈2008a：16）。こうして奨学金研究が盛んになったが、制度に関する論述は多いものの、実証研究は少ない。この分野で最も早く研究活動を行ったのは鐘宇平ら（1997、1999、2003a、2003b）である。彼らは香港での貸与奨学金政策の展開、及び実証研究の結果を踏まえ、教育経済学の視点から中国内陸の高等教育を検討した。中国内陸での奨学金研究の代表的な研究チームは沈紅―及びその研究チームである。沈紅らは、主にZiderman、WoodhallとChapmanらの研究を参考にして、中国における貸与奨学金政策の制度、分配と効果等の課題について考察し、十年以上の年月にわたり実証研究を重ねてきた（沈 2010：71）。

こうした議論の中で、奨学金については主に三つの論点があったといえよう。すなわち、①高等教育に対する政府の補助の手段として、機関補助に対する個人補助の優位性、②教育機会の均等化に対する奨学金の効果、③大学教育の効果を促進する上での奨学金の効果、である。以下ではこの三点に関して、これまでの研究の論点をより詳細に整理する。

2　奨学金制度のマクロ効率性

政府の高等教育財政への関与は1970年代以降、国際的にも政策的にも機関補助から個人補助へとその重点が移ってきた。その理論的な根拠として、人的資本理論や、コストシェアリング論が援用されてきたことは上述の通りである。しかしさらにさかのぼれば、それは政府の高等教育に対する財政支援の目的と、その達成の方法としての機関補助と個人補助の効率性に関わる。

基本的に高等教育が大衆化、ユニバーサル化するに従って、機関補助の対象は急速に拡大するために、政府の財政能力を大きく超えることになる。その中で、高等教育の機会均等を達成し、あるいは高度の人材を育成する、という政府の目的を達成するためには、その対象をより限定したほうが効率的である。機関を対象とするよりは個人を対象とするほうが望ましい、と議論されている（田中1989：47；市川2001；喜多村2000：240）。

中国においては、1980年代までは大学の授業料だけでなく、寮費や食費まで無料であった。いわば徹底的な機関補助が行われていた。1980年代以降に開放経済政策に従って、大学教育の規模を拡大するために、授業料を徴収する制度に移行した。その中で、機会均等性の確保と、教育効果の促進を目的として、個人補助としての奨学金が導入され、拡大されてきたのであった。

しかし、このような意味での効率性の観点からの個人補助の優位性は必ずしも自明ではなく、従来の研究でも様々な批判や疑問が提示されてきた。それは奨学金の機会均等への効果、学習促進・支援効果そのものに関する問題であると同時に、奨学金のマクロ的、制度的な構造にも関わる。その主な論点は次の三つに整理することができる。

第一は、個人補助の対象の選択と割り当てである。具体的には、奨学金給付の対象の選抜における基準と方法に関わる。

　一般に奨学金の支給対象の選択の基準としては、機会均等の達成に関わる「必要性（ニード）基準」と、学業の達成度に対するインセンティブに対応する「卓越性（メリット）」基準」の二つがある。問題はそのいずれについても、客観的な指標は得難いことにある。

　必要性基準については、出身家庭の所得の実態把握が明確にできない場合が多い。特に、発展途上国では家計収入の把握と財産登録の不備が多く、家計に関する経済状況調査が困難である（Johnstone 2002a, 2002b）。李・閔（2001：31）は、中国では租税制度の不備により、家計収入の水準を正確に把握できないため、奨学金と貸与奨学金の受給者を選抜する際に信頼できる基準の制定が困難であることを指摘している。

　後者の卓越性基準については、大学入学前にはその評価が難しい。それは高校自体の選抜性が多様であるために、高校内での成績を根拠とすることができないからである。従って、卓越性基準を厳格に適用しようとすれば、大学入学以前に支給対象者を選定することは困難となる。他方で、大学在学者については成績優秀者を選別できるが、それはむしろ成績優秀者に対する報償という意味を持ち、機会均等ないし卓越性の確保に効果があるとは必ずしもいえない。

　実際の奨学金の支給にあたっては、上記の必要性基準と卓越性基準の双方が用いられることが多く、そのために奨学金制度が極めて複雑になることがある（Johnstone 2005：2）。結果として、奨学金に対する高校生や保護者の理解が不十分になり、本来の目的が達成されないことになる。また、政策的にも奨学金がどのような効果を持つかが、不明確になることも少なくない。奨学金制度が最も発達したアメリカにおいても、学生を援助する意図が、大学経営を援助する結果になる危険があると同時に、奨学金の有資格者を選別するのが難しいという問題が指摘されている（丸山 1994：119；矢野 1997：13）。学力と家計所得の二つの組み合わせで決定するとしても、どちらをどれだけ重視するかが問題であり、さらに難しい作業である（矢野 1997：13）。

また、貸与奨学金の目標が多様、かつ矛盾していることから生じる問題もある。例えば、貸与奨学金には大学の進学機会を拡大する目標があり、政府による多額の補助が必要となる一方、財政不足を補う目標も持つため、多様なルートで資金を獲得することで政府からの補助を最小限に抑えることが求められる（Johnstone and Maucucci 2010：157）。このように貸与奨学金政策の多様な目標を同時に実現しようとする際には、どのようにバランスよく実施するのかが極めて難しい課題となる。

　貸与奨学金を実施する際に最も困難なのは、家計経済状況の把握及び利子や補助基準の設定である。利子補助は、最も補助の必要な家計困難な学生に与えるべきだが、家計の経済状況の判定が困難かつ繁雑である。そのため、結局、管理コストが増大する状況に陥る。利子補助を高く設定すると、貸与奨学金の貸付利率が下がるものの、政府の財政負担を増していくというジレンマが生じる（Johnstone 2005：8）。

　第二は、貸与奨学金の支給、回収についての管理コストに関わる。

　貸与奨学金制度は、理論的に学生の進学選択や高等教育財政負担の減少に役立つと期待されるが、実施段階においては、必ずしも効果的とはいえない（Johnstone 2002b：29）。なぜなら、貸与奨学金の実施には、高額な人件費や管理費がかかるだけでなく、特に返済を滞納した際の追加費用とコストを加えると、貸与奨学金の実施コストは極めて高い（Johnstone 2005：5）。Ziderman and Albrecht（1995：88）は、貸与奨学金の高滞納率・高政府補助・高サービス費用と高資金流通費用のような低効率性の特徴を挙げ、政府にとって貸与奨学金の実施がメリットよりデメリットのほうが多いと示している。Johnstone and Maucucci（2010：211）は、貸与奨学金の申請・利用・返済の各段階で費用が発生するため、政府が学生に貸与奨学金を提供するより、給付奨学金を提供するほうがコストが低い場合もあるという。

　貸与奨学金の返済システムの効率性について、Ziderman（2004：98）は、返済システムの効率性は、返済と回収の効率性に関係していると言われている。返済利子の低い、かつ返済期間の長い貸与奨学金であれば、政府からの補助が比較的多く、返済の効率性が悪いと示された。

第三に、こうした問題は、奨学金制度そのものよりは、社会制度的基盤に関わっている。

Woodhall（1983）は、猶予期間の延長や返済特別免除などの対策が、貸付金の資金繰りにあまり効率性を持たないと指摘し、特に発展途上国では銀行システムの不備と社会文化的な要素の未熟さが貸与奨学金の実施を妨げているという。オーストラリアなどの国では所得連動返済型奨学金を実施している。所得連動返済型奨学金とは、学生の収入に応じて貸与奨学金の返済額と返済年間が決まっていくシステムである。学生の経済ペースに応じた返済プランが、貸与奨学金返済の柔軟性と確実性を表している。ただし、このような奨学金が決してどの国でも応用できるわけではなく、特に個人信用システムが完備されていない発展途上国においては、所得連動返済型奨学金は適しておらず、貸与奨学金制度に柔軟性やインセンティブが不足していることも返済率に影響するという（Ziderman 2004：96）。沈・沈（2008b：155）は中国の貸与奨学金返済システムの効率性について考察し、返済と回収に影響する要因を分析した結果、返済率は返済利子、返済期間とインフレ率と関係し、回収率は滞納率と管理コストと関係していると示した。政府による補助が低く、かつ不十分である一方、返済規定は政府と銀行の回収に有利であると指摘されている（前掲：152）。貸与奨学金実施の効率性と滞納の回収率を高めない限り、貸与奨学金利用の拡大は困難となり、結果的には、教育の機会均等に影響を与えることになる（Johnstone 2005）。

3　機会均等と奨学金

（1）奨学金の機能

奨学金に期待される第一の役割は教育機会均等の達成である。たとえ授業料が一切不要であっても、それ以外に学習費や寮費など学生生活を送るために追加される生活費の増加が必要であり、低所得層の場合はさらに放棄所得が家計に及ぼす影響を考慮しなければならない。従って、公的財政資金による経済支援の施策は不可欠である（市川 1975：347）。

返済義務のない奨学金は、学生の進学費用を最も直接に援助する奨学金で

ある。アメリカでは進学選択の段階では、授業料のディスカウントによる実質的な給付奨学金と貸与奨学金の提供が、学生の進学選択の要因であると同時に、高等教育機関の学生募集の戦略でもある。奨学金、特にニードベース奨学金は、学生経済負担の緩和と低所得層学生の就学機会の保障に最も効果的な手段であるといわれ（Ziderman 2002：41；Long 2007：42）、低学年かつ低所得層の学生に提供すべきであるとされてきた（St. John, Kishstein and Noell 1989：563）。日本の奨学金制度には貸与奨学金が奨学金の大半を占め、給付奨学金が極めて少ないことから、奨学金制度の充実や大学独自給付奨学金の創設を求める意見がある（小林 2008：110；2009：240）。中国については、奨学金と家計状況が進学選択に影響を与える（鐘・陸 1999：33）。給付奨学金は、高騰する授業料で大学進学を断念する学生を支援するだけでなく、教育機会の均等と効率性を保つ役割があるため、さらなる拡大と充実が求められている（李・関 2001：31）。ただし、現行の給付奨学金は大学進学前の進学選択の段階で受給されるよりは、むしろ大学に進学してから受けるのが一般的である。そのため、給付奨学金は進学選択への影響より、大学在学中に学業優秀な学生を奨励する、あるいは貧困学生の生活を補助する意味合いのほうが強い。給付奨学金政策の設計自体が給付奨学金の役割に限界をもたらす（Li 2012）。

　一方、返済義務のある貸与奨学金は、家計困難な学生に進学のチャンスを与え、教育機会均等と社会公正を促進する効果があるものの、間接的に学生やその家計に返済の負担をかける（Johnstone 2005）。日本の奨学金政策も、進学選択の段階では低所得層学生にインパクトを与え（銭 1989：116）、経済的余裕の乏しい家庭に対して進学のハードルを引き下げ、（貸与）奨学金が機会格差の縮小に寄与している（古田 2006：7）。島（2008：37）は日本学生支援機構の（貸与）奨学金に関わる大学教育投資の経済的効果と収益率を計算した結果、奨学金によって大学進学が可能となった学生に対する経済的効果は非常に大きく、奨学金貸与事業に大きな社会的意義があると論じた。ただし、給付奨学金と貸与奨学金の学生の進学選択に対する影響を比べると、アメリカでは貸与奨学金より給付奨学金のほうの影響が大きく、進学選択を促進す

る効果があるとされている（Heller 2001；Vossensteyn 2005；Long 2008；Johnstone and Maucucci 2010；Johnstone and Preeti 2000）。貸与奨学金だけの利用と比べ、貸与奨学金と給付奨学金の組み合わせで受給したほうが、学生の進学選択を促進する効果があるという（St. John, Kishstein and Noell 1989：579）。中国においても、同様に貸与奨学金より給付奨学金のほうが影響が大きい（Li 2012：319）との研究結果が出されている。また、李（2006b）と Li（2012）は、2004年中国で行われた調査データを用いて、給付奨学金と貸与奨学金が学生の進路選択に与える効果について考察した結果、エリート大学への進学においては給付奨学金と貸与奨学金の双方が影響を与え、非エリート大学への進学においては給付奨学金しか影響を与えていないことを示している。ただし、そのデータには、中央所属と発展地域に立地する大学のサンプルが多く、ランクの高い大学しか調査対象に入っていない問題がある。さらに、最も重要な問題は、進学選択を考察する際には、すでに大学に進学している大学生を対象とした調査では基本的な限界があり、高校生を対象にした調査が必要であると考えられる。これは中国の機会均等と奨学金の実証研究において最も大きな問題である。

いずれにせよ、学生の進学選択においては、奨学金は経済面で学生の進学機会を均等化する効果を持つことが諸外国での研究分析から実証された。貸与奨学金と比べて給付奨学金が学生の進学に最も影響を与えるが、新たな財源の捻出が難しい状況においては、貸与奨学金の重要性がますます高まっている。

（2）奨学金政策に対する批判

給付奨学金は学生を対象とする最も直接的な経済支援であり、進学選択への効果が大きい。ただし、給付奨学金を提供する財源が限られている中では、資金の調達が難しく、給付奨学金自体の拡大は困難である。

一方、貸与奨学金の財源は金融市場から調達するため、政府の財政負担をかけずに学生への支援を可能とする利点がある。しかし、その効果には限界があり、貸与奨学金制度の推進には慎重な意見が少なくない。例えば、貸与

奨学金は給付奨学金より複雑であり、長期間にわたる財務負担による学生への影響が大きく（Long 2008：20）、利用のターゲットが必ずしも低所得層家庭の学生ではない（Ziderman 2004：81）。日本の奨学金のほとんどは、資本市場の不完全性を緩和する役割を担っているものの、教育機会の平等に役立っているとはいえず、「親子一体の家族主義」による過剰な家計負担が、機会の不平等を固定化させているという批判もある（矢野 2007：15）。中国の貸与奨学金は私立大学への進学を促進する効果が見られたが、効果は極めて小さいという（占・鐘 2005：60）。

特に、低所得層家庭の学生ほど、教育の私的負担に敏感で、経済的理由により進学を断念する割合が高い（Heller 2001；李・関 2001）。家計困難な学生は授業料の低い大学やランクの低い大学に進学する場合、進学の機会を得るものの、望ましい進学先を選べないという点で、教育機会の不平等が生じている（Johnstone and Maucucci 2010：204）。また、日本の貸与奨学金の利用は全体として拡大したものの、低所得層の利用はあまり拡大しておらず、中高所得層の利用が大きく拡大しており、「奨学」という点に関して必ずしも政策の意図通り実態が進んでいるとはいえない（藤森 2009a：65）。

低所得層の奨学金利用回避

なぜ低所得層家庭の学生は貸与奨学金を利用しないのか。近年、貸与奨学金の利用回避の問題が新しい研究テーマとして注目されている（Kesterman 2006；Callender 2006）。小林（2008：14）は日本における高校生とその保護者を対象とする調査データ（「高校生の進路についての調査」[19]）を用い、高等教育機会に対する（貸与）奨学金の効果を考察した結果、低所得層でローン回避傾向を確認し、保護者調査では中小都市の低所得層にローン回避傾向を確認している。家計困難な学生は、貸与奨学金を最も必要と見なしているにもかかわらず、返済の負担を考えて貸与奨学金を申請しなければ、教育機会の不平等を是正する貸与奨学金の役割が発揮できない（Ellwood and Kane 2000：312）。ローン回避傾向が進学希望や進学決定に対して影響を与えていない（小林 2008：16）としても、私的負担や奨学金政策の給付から貸与への転換は、

一般に低所得層出身の学生に、より大きな負担を強いるものとなり、高等教育機会の格差を拡大することが懸念されている（Callender 2003）。

　また、貸与奨学金がよい投資機会であるとしても、低所得層家庭の学生は貸与奨学金の利用を避ける傾向がある。なぜなら、これらの学生は家計困難だけでなく、お金を借りる文化と意識を持っていないからである（Johnstone 2002a：13）。古田（2007b：219）は教育費支出の動機構造に関する研究では、子どもが進学できる可能性が限られていれば、教育費負担に意味を見出すことが困難であり、何らかの便益がなければ、教育費負担に積極的な意味を見出すことが難しい、と示している。また、Johnstone and shroff-Mehta（2000b：15）は低所得層家庭の出身の学生が貸与奨学金を利用するよりは、あえてコストの低い高等教育機関や教育プログラムを選ぶという。

　　情報不足

　完全な競争市場は効率的な生産をもたらすことができるが、現実には完全競争条件が満たされない場合が多い。そのような市場は不完全市場と言われるが、その要因の一つは情報の不完全性である。提供側が持っている情報と、需要側が持っている情報量が非対称であるため、情報ギャップが生じる。アメリカでは多数の実証分析が蓄積されている中、一つの結論として、家計収入が少ない学生は、手に入る情報が少なく、情報の正確性に欠けるだけでなく、情報の収集能力が弱く、大学を選択する際に不利な立場であると言われている（Horn, Chen and Chapma 2003；Long 2008；Olson and Rosenfeld 1984）。Long（2007：42）は、家計困難な学生は奨学金で進学できることを知らないため、高等教育への進学を断念しやすいと指摘した。奨学金実施の実績は、学生やその親に認識されているか否かと密接に結びついている（Long 2008：19）。そのため、政府と大学は奨学金に関する宣伝を強化し、中等教育段階で給付奨学金と貸与奨学金の役割や意義を学生に紹介し、家計困難であっても奨学金で進学できることを伝えなければならない（Johnstone 2002a）。

　日本では、情報ギャップに関する研究はあまり注目されず、ローンに関する知識についての教育もほとんど行われていない（濱中 2009：135）。大学進

学に関する情報（とりわけ経済的要因に関わる情報）が、家計の所得水準や人種等によって偏在しているために、学生支援制度が有効に機能していないと言われている（前掲：127）。中国でも日本と同じく、情報ギャップ問題に対する関心が薄く、先行研究の蓄積は少ない。その中で、Shi（2007）は、中国の高校生が奨学金と大学コストに関する情報については、十分に知っていないことを指摘している。羅・宋・魏（2011b：10）の研究も、家計所得の低い学生は大学教育コストに関する情報量が少なく、不利な立場に立っていると指摘している。多くの学生は親から奨学金の情報を入手しているという（前掲：12）。ただし、Prashant（2012）は、奨学金に関する情報が進学選択に与える効果の考察を通じて、奨学金の情報は進学選択の幅を広げるものの、進学選択の根本的な変更に影響しないと主張している。

　返済リスク

　貸与奨学金は返済義務があるため、大学卒業時あるいは一定の猶予時期を経て、元金と利子の返済が要求される。安定した就職先があれば、定期的な返済が可能である。しかし、景気低迷と大卒者急増の現在においては、大卒者の就職率は下がり、不安定な就職状況が続いている。このような背景の下で、貸与奨学金の利用者は大卒後に滞納するリスクが高くなる。厳しい就職状況に貸与奨学金の返済を加えると、将来の負担が重すぎると見込まれ、学生があえて貸与奨学金の利用を避ける可能性があると考えられる。Woodhall（1995：422）は貸与奨学金について、高所得層家庭の学生より低所得層家庭の学生が、リスクに対して消極的な態度を強く持っているため、彼らの進学意欲を挫いていく可能性があると指摘している。藤森（2001：98）は日本での調査を通じて、低所得層家庭出身の学生は、返済時の負担感から、貸与奨学金を敬遠せざるを得なくなり、（貸与）奨学金が本来の理念通りに機能しなくなる可能性があり、低所得層の機会均等化に貸与制の奨学金はなじまないと指摘している。

　哈（2002）は中国の大学生に貸与奨学金のリスクについて意見を尋ねたが、低所得層学生が、高リスクによる貸与利用を回避する傾向は確認できなかっ

た。将来への不安を理由に貸与奨学金を申請しなかったという学生も、1.8％にすぎなかった。これは、選択できる貸与奨学金の種類が限られているため、貸与奨学金の利用が必要であれば、リスクが高くても利用せざるを得ないからであるといわれている（李・魏 2003：86）。また、鐘・雷（2005：20）が高校生のリスク回避志向が農業、林業と師範大学の進学選択に影響するかどうかを考察した結果では、リスク回避志向が高ければ高いほど、将来に安定的な職業と結びつく農業、林業と師範大学を選ぶ傾向が強くなるという。この考察では貸与奨学金は進学選択規定要因分析に加えなかったが、学生のリスク回避志向が進学選択に影響することが確認された（前掲：23）。また、廖（2010：158）は中国社会科学院経済研究所が2002年に全国12省市で行った調査を通じて、大学進学選択の規定要因には家庭所得だけでなく、大学進学の放棄所得とリスクも含まれているということを明らかにしている。ただし、貸与奨学金のリスク回避を考察する際に大学に進学できない学生を含めた検討が必要であると考えられる。

低収益率の見込み

　教育の経済価値は、投資に対する収益と見ることができる（Schultz 1963=1964）。進学需要の投資理論によれば、卒業後に高所得が期待されれば進学需要は増加し、費用の増加は需要を減少させる（矢野 1996：74）。末富（2005：21）は、高所得層の親は、消費的色彩の強い地位表示機能を意図して教育を求めるのに対し、低所得層の親は、投資的側面を重視していると指摘している。金子（1987：41）は進学の選択は便益（将来期待される経済的・心理的な利益）、あるいは実効コスト（進学に要する経済的・非経済的な犠牲）の水準のみによって決まるのではなく、両者の相対的な関係によって決定され、便益がコストを上回るときに進学を選択すると指摘している。教育を継続した場合のコストの見込みが、進学するか否かの選択に関係していると言われている（古田 2007a：137）。学生が進学選択の便益とコストを正しく評価できれば、客観的な進路選択ができるはずである。しかし、家計所得の低い学生、及びその両親が、必ずしも十分な情報を把握しているとはいえず、便益とコ

ストを正しく評価する能力も十分ではない（Johnstone 2002b；Long 2008）。また、十分な情報で正しく判断できても、貸与奨学金返済の高負担率で、貸与奨学金の利用を回避する学生が少なくない。返済負担率は一定の期間における返済額と予測収入の比率である。Woodhall（2004：80）は最も合理的な返済負担率を10％前後であると示した。しかし、沈・沈・黄（2004：41）と宋（2009：106）が同じ方法で中国の返済負担率を試算した結果、平均返済負担率が8％〜12％、最高返済負担率が29％〜42％に達し、学生の卒業後収入の三分の一を貸与奨学金の返済に充当していると指摘されている。このように、高い返済負担は、進学のコストを増やし、便益をさらに低く抑える結果、貸与奨学金を利用しない可能性が高くなる。

　中国では、貸与奨学金の利用回避問題に関する研究がまだ十分でない。大学生調査は増えたものの、奨学金を直接に扱ったものは多くない。例えば、劉（2011：16）は将来収入の初任給への見込みが低く、かつ収入の増加率を低く見込んでいる学生ほど、返済負担率が高いと示した。李（2002：30）は大学進学に影響する要因が親の学歴、家計状況、高等教育収益の見込みと私的負担の能力であることを示し、高等教育収益の見込みが高ければ高いほど、学生が大学進学の可能性が高いと指摘した。

4　教育効果の促進と奨学金

　教育効果に関しては、定義と分類が多元である。例えば、教育内容と測定の視点から教育効果を四段階のレベル（Reaction, Learning, Behavior, Results）に分ける研究もあり（Kirkpatrick 1959）、教育と労働の視点から二軸（「社会または個人のための教育か」の軸と「貨幣的または非貨幣的な尺度か」の軸）で測定する研究もある（矢野 2009：6）。奨学金は勉学と生活に配分する資金であることから、学業の向上と生活の改善を促進する効果があると考えられる。従って、奨学金の視点から教育効果を考える際に、学業の促進と生活の改善に着目することができ、以下はそれに関する先行研究を示す。

(1) 学業の促進

　奨学金の在学中の学習行動に対する効果の実証研究は、アメリカで蓄積されている。小林・濱中・島（2002：36）のアメリカにおける奨学金の学業継続に対する効果分析レビューによれば、アメリカにおいては調査データから多様な分析モデルと手法[20]で研究が行われている。このような研究がアメリカで盛んになったのは、アメリカの大学の卒業率が低く、奨学金の学業継続への寄与が期待されるからである（前掲：66）。例えば、給付奨学金は学生の成績を高める効果があり（Henry, Rubenstein and Bugler 2004：704）、貸与奨学金より給付奨学金やワークスタディが就学継続に効果がある（Clotfelter 1991：112）。貸与奨学金は低所得層の学生にとって影響が大きく（Stampen and Cabrera 1988：41）、学生の学業発展や標準修業年内の卒業率を高める効果があると言われている（Johnstone 2002b：29）。

　一方、日本における大学の卒業率は比較的高いため、（貸与）奨学金の効果は、学生の生活に対する影響が問題になっている（小林・濱中・島 2002；藤森 2008；浦田 2007；伊藤・鈴木 2003；小黒・渡部 2008）。貸与奨学金が、書籍購入代に振り向けられず、1・2年生よりも3・4年生で貸与奨学金を学習へ振り向けずにそのほかの支出に割り当てると言われている（伊藤・鈴木 2003：93）。このような貸与奨学金の効果を消極的に評価する意見に対して、（国立大学の家計困難学生の）アルバイト時間の軽減と（私立大学の学生の）授業関連勉強時間の増加が見られたという肯定的に評価する意見もある（藤森 2009b：294；2012：400）。

　日本と同じく東アジアにある中国では、大学の卒業率は比較的高く、奨学金と卒業率との関連に関する研究が見当たらないが、奨学金が実際に学生の学業にどこまで影響しているかの問題については、ようやく研究関心を集めるようになった。楊（2009a：106）は奨学金が学生の学業発展に与える影響を検討し、受給金額が高ければ高いほど、学生の学習時間が増加するという結果を示した。ただし、奨学金制度が異なるにもかかわらず、それらを一括して分析した点で問題が残されている。

　また、給付奨学金の効果に関する実証研究によれば、給付奨学金を受ける

学生の学業成績が高く（Shen 2008；楊 2009a：106；羅・宋・魏 2011a：76）、大卒後の進学の意欲も強い（王 2008：149）、という研究結果が出ている。Li（2012）は給付奨学金を利用する学生は大卒後に進学する傾向が強く、貸与奨学金を利用する学生は就職する傾向が強いと指摘している。王（2008）の研究も同じ結果を示している。一方、貸与奨学金の効果に関する研究では、Li（2012：325）は貸与奨学金を受ける学生の学業の達成度が高いと示している。なぜなら、貸与奨学金の返済を考慮すると、卒業後に良い就職先を見つけなければならないため、在学中で身につけた知識と資格が必要となるからであると説明されている。

　このように、アメリカ、日本と中国におけるそれぞれの高等教育の事情、及び奨学金に寄与する役割が若干異なるが、奨学金に対する学業を促進する役割の期待が共通していて、実際に奨学金による学習のインセンティブを与えることが実証されている。

(2) 学生生活の改善

　教育機会均等の保障は、大学に進学する前の教育機会を保障する意味以外に、大学進学後も継続的に勉学できる機会を保障する意味も含まれている。大学教育を受けるために、授業料以外に、食費、勉学費や寮費などを含む生活費用も負担しなければならない。しかも、この生活費用は決して低額なものではない。学生の主な収入源は親からの仕送りであるため、家計の経済状況が学生の大学生活にも影響を与えると考えられる。家計には高額の授業料負担以外に、さらに生活費用の負担を加えると、家計の負担能力が限界に近づき、学生の大学生活の質を保障できる経済的な余裕が生じない。従って、経済面での支援は、継続的に勉学の機会を保障するだけでなく、家計間の格差が学生の生活に与える影響を最小限に抑え、学生生活を改善する効果が期待される。奨学金には家計の経済負担を緩和し（Ziderman 2002：38）、学生の大学生活を続けることを促す（Clotfelter 1991：111）効果がある。小林（2009）と藤森・小林（2001）は日本の（貸与）奨学金が国公立大学の授業料などに充てられ、家計負担を減らすだけでなく、アルバイトを抑制し、娯楽嗜好費

ではなく、勉学費・課外活動費を増やすことで、学生生活の質の向上における促進効果があると評価している。藤森（2008：65）は、（貸与）奨学金が国公立大学で生活費（特に食費）、私立大学で学費（特に授業料）の負担に対して効果を持つ、と指摘している。

　また、奨学金の種類によって影響を与える学生層が異なる。Johnstone and Maucucci（2010：215）は給付奨学金が低所得層家計出身学生に影響を与え、貸与奨学金は低所得層と高所得層出身の学生より中所得層出身の学生に最も影響を与えると指摘している。特に家計困難な学生にとって貸与奨学金は、進学の選択肢を増やしたと言われている（Johnstone 2005：4）。この選択肢には大学進学先の選択以外に、在学中のライフスタイルを選択する意味も含まれている。例えば、貸与奨学金を受ける場合、自宅外での独立生活やアルバイトをしなくてよい、あるいは生活改善などの選択が可能となる。

（3）教育効果促進への批判

　前述の通りに、奨学金は学生及びその家計の経済的負担を緩和するが、奨学金が家計所得の格差を埋めることができないという批判もある（Johnstone and shroff-Mehta 2000：15）。藤森（1998：391）は日本の奨学生と非奨学生を比較することで、（貸与）奨学金の一定の有効性が明らかになるものの、少額であるために格差是正にまでは至っていないと指摘している。陳・陳・夏（2003）は中国の給付奨学金が学生生活支出の9.2％しか占めず、生活費用のごく一部しか負担できないと示し、楊（2009b：85）は各奨学金の種類別に金額の平均値をまとめた結果から、現段階で中国の支援水準が授業料の51％、生活費支出の24％しかカバーできないことを示した。李（2006a：16；2006b：44）は低所得層と中所得層の学生の奨学金の需要が高く、現段階の奨学金制度が学生の需要を満たしていないと指摘している。奨学金が貧困学生の全員をカバーできず、格差拡大の恐れがあることを多数の研究者（李 2006b；Shen 2008；王 2008；楊 2009a）が指摘している。また、奨学金受給の格差が学生の間だけでなく、大学の間でも生じている。楊（2009b：84）はエリート大学の学生は非エリート大学の学生より奨学金を受けやすいという結果を示してい

る。このように、大学間と学生の家庭所得間に生じる奨学金受給の格差が、その効果の発揮に影響を与える可能性が高いと考えられる。

また、学生の日常生活に必要な収入が不十分であれば、お金を稼ぐためにアルバイトに時間を回す結果、学業と生活の両立が厳しく、退学に至るケースが少なくない（Long 2008）。日本の（貸与）奨学金効果の分析では、伊藤・鈴木（2003：94）は奨学金が食費や日常費、電話代、海外旅行に支出され、学習活動に使われていないと指摘した。中国では、李・沈（2004：87）が、貧困学生が学業環境を改善する経済力を持たないことには、奨学金取得の不利な立場につながっていくと推測されている。前述のように授業料の水準が低所得層の家計収入に対して極めて高く、奨学金の受給が学業を維持するために不可欠となっている学生も少なくないと考えられる。ゆえにこの点に関する実証研究が必要である。

5　先行研究の問題と本研究の課題設定

以上の先行研究から、中国の奨学金に関する研究の中に、いくつかの問題が残されていることが分かる。図0-2-1には中国の奨学金に関する主要な実証研究を例として挙げ、それぞれの分析の着目点、及び調査の概要を示している。これを参照しながら、以下では三つの問題を述べていく。

第一の問題は、奨学金制度の在り方を含めた実証研究の欠如である。

政策の効果を解明することで、政策自体を評価し、現実の問題を有効に解決するかどうかを明らかにし、政策の更なる改善を展望することができる。中国の奨学金政策に関する研究は、政策文書の作成とその実施に伴い、研究者から関心が高まるが（王 2013a：308）、政策の記述や意見の陳述が多く、実証に基づいた研究（図0-2-1）は限られている。これは中国全国レベルデータの不備と関係する一方、地域格差や経済格差の激しい中国で実証研究の展開が難しいことにも関係している。

また、中国固有の社会背景と政策コンテクストの中で、制度設計が中国の事情に適応しているのか、実施の効果が政策の趣旨と一致しているのか。これらの課題に答えるために、実証研究に基づいた制度分析、及び政策の適応

性に関する分析が必要である。

　第二の問題は、対象となる機関や学生層が限定されているために、包括的な分析に至っていない。

　研究者が独自で行った実証研究の対象は大都市のエリート大学（李2004；李2006b；沈・沈2008a；王2008；楊2009b）に集中し、高等教育拡大の担い手となる地方立地の非エリート大学に関する研究が極めて少ない。地方大学は膨大な高等教育の需要を吸収したものの、立地や知名度の制限によって、財政的に恵まれておらず、企業や個人からの寄付も限られている。そこに経済困難で支援を求める学生が比較的多く、奨学金政策の効果が現れやすいため、地方大学の奨学金政策の実施状況を明らかにする必要があると考えられる。

　また、大学在学中における奨学金の分配（鐘・陸1999；李2004；羅・宋・魏2011a）と効果（鐘・陸2003b；楊2009a）に関する研究が多い一方、大学進学選択に対する奨学金の効果は必ずしも明らかになっていない。また、奨学金の影響力は、進学決定段階と在学時の影響力の両方を評価してはじめてある程度の説得力を持つようになる（藤森2001：97）。すなわち、奨学金効果の考察の視点は大学在学中に限らず、大学進学前への視点も欠かせない。

　さらに、前述のように中国高等教育の拡大の過程で「独立学院」という新しいタイプの高等教育機関が生まれた。独立学院は、国立大学の知名度と教育資源を利用し、高額な授業料を徴収することによって、急増した高等教育人口を吸収した。独立学院の学生は大学の倍に相当する授業料を負担することを前提として進学するものであるため、奨学金は必要ではないだろう、というのが世間一般の見方である。先行研究にも、独立学院を対象とする奨学金の実証調査はほとんど行われていない。しかし、独立学院も含めて奨学金支給枠の拡大など制度上の緩和が行われているが、独立学院に進学するために無理する学生や親がいるかどうか、独立学院学生の生活状況がどのようなものかなど、まだ明らかになっていない点が多い。また、独立学院の発展に伴い、在学生が量的に拡大しただけでなく、学生の家計背景も多様化している。これを考えると、独立学院の低所得層家庭の学生は、高額な授業料負担を背負い、経済の理由で就学継続に影響を与える可能性が十分ありうる。奨

分析及び調査の概要		文献	1 鐘・陸 (1999)	2 鐘・陸 (2003b)	3 李 (2004)	4 鐘・頼 (2005)	5 占・鐘 (2005)	6.7 李 (2006b; 2006a)
奨学金	種別	種別なし	●	×	×	×	×	×
		給付	×	●	×	×	×	●
		貸与	×	●	●	●	●	●
	受給時期	進学前	●	×	×	×	●	×
		在学中	●	●	●	●	●	●
	分析課題	受給分析	●	×	●	●	●	●
		効果分析	△ [1)]	●	×	×	●	×
調査	地域	大都市・沿海地域	●		●	●	●	●
		中小都市・内陸地域	●		△ [2)]	×	●	△ [3)]
	対象	高校	×		×	×	●	×
		本科Ⅰ大学	●		●	●	●	●
		本科Ⅱ大学	●		●	×	●	●
		本科Ⅲ大学（私・独立）	×		×	×	×	×
		専科大学	×		×	×	×	×

[● 検討した]、[× 検討しなかった]、[△ 一部検討した]

図0-2-1　中国の奨学金に関する主な実証研究

注1) 1) 進学選択への効果。
　　2) サンプルは沿海地域に偏る。
　　3) サンプルは沿海地域に偏る。
　　4) 収益率への効果。
　　5) 大卒後の進路への効果。
　　6) 課外学習時間のみを検討した。
　　7) 教育機会への効果。
　　8) 情報に関する検討。
注2) 調査対象が本科Ⅰと本科Ⅱの大学で行っても、本科Ⅱのサンプルが本科Ⅰのサンプルより数が少ないことが共通の特徴である。
出所) 詳細は付表1を参照する。

学金の観点から独立学院を含めて考察する必要がある。

　第三の問題は、奨学金の種類が多様化しているにもかかわらず、その種類を考慮し、配分と効果を両方含んだ分析が行われていない。

　奨学金には様々なプログラムがあり、それぞれの性質と目的が違うため、効果も異なると考えられる。今までの奨学金効果に関する先行研究では、貸与奨学金と給付奨学金を区別しない考察（鐘・陸 1999；楊 2009b）が見られる。

8 沈・沈 (2008a)	9 王 (2008)	10 楊 (2009a)	11 楊 (2009b)	12 Shen (2009)	13.14 羅・宋・魏 (2009；2011b)	15 羅・宋・魏 (2011a)	16 蔵・沈 (2011)
×	●	●	●	●	●	●	×
×	●	●	×	●	●	×	×
●	●	●	×	●	●	×	●
×	×	×	×	×	●	×	×
●	●	●	●	●	×	●	●
×	●	×	●	●	×	×	●
△4)	△5)	△6)	×	△7)	△8)	×	×
●	●	●	●	●	×	×	×
×	×	●	●	●	●	×	×
×	×	×	×	×	●	×	×
●	●	×	●	●	×	●	●
●	×	●	●	●	×	●	●
×	×	●	×	●	×	×	●
×	×	●	●	●	×	×	●

しかし、貸与奨学金と給付奨学金の政策目標は異なるため、それぞれの効果を同列で論じるのではなく、両者を明確に区別する必要がある。また、奨学金効果分析の着目点が様々であり、例えば奨学金が収益率への効果の分析（沈・沈 2008a）、大卒後進路への効果の分析（王 2008）と教育機会への効果の分析（Shen 2009）などである。ただし、奨学金の受給と利用が学生の学習と生活にどのような役割を果たすかという問題は、奨学金の政策意図に関わる

重要な側面であるものの、蓄積された研究が少なかった（鐘・頼2005；楊2009a）。

　従って、本書は以下の点を目的とする。第一に、制度の在り方を含めた実証研究を通じて、中国の奨学金政策が高等教育の発展にどのような役割を果たしたのかを明らかにし、政策の意図と役割を検討する。第二に、実証研究の対象を、地方の教育機関に設定すると同時に、大学に限らず、独立学院への検討も考察の射程に入れる。また、大学進学前と大学在学中の二時点に着目することによって、包括的な政策分析を目指す。第三に、奨学金プログラムの目的と性質の違いに鑑み、貸与奨学金と給付奨学金を分けて、学生の学習及び生活に与える効果を分析する。それによって、奨学金制度の効果をより体系的に論ずる基礎を形成する。

第4節　分析枠組みと構成

　本節では、問題関心から出発し、先行研究の成果を踏まえながら、残された課題を検討するために、いかなる枠組みでどのように議論を行うのかを述べる。

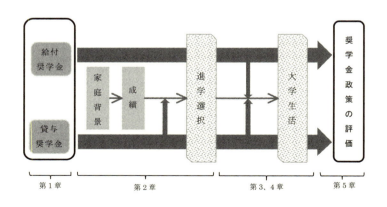

図0-3-1　分析枠組みと論文構成

本書の問題関心は、中国の地方教育機関に着目して、高等教育段階における奨学金がいかに分配され、いかなる効果を果たしているのかを検討することである。高等教育段階の奨学金が実施される時期から見ると、大学進学前と大学在学中に分けられる。大学進学前に奨学金が学生の進学機会を保障する役割が期待され、大学在学中に奨学金が学生の就学機会の保障と勉学促進の効果が期待される。家庭環境にかかわらず教育機会均等の達成のほかに、経済面の支援によって高水準の学習を奨励する卓越性の達成も奨学金政策の目的である。このような政策目的と期待された効果が、実際に果たされているかどうかを、実証的な分析を通して明らかにするのが、本書の目的である。

　ここでいう教育機会の保障には、ただ単に大学に進学できるかどうかという意味合いだけでなく、大学で勉学が続けられるかどうかという意味合いも含まれている。そのため本書では、進学選択を行う段階の大学進学前と、学生生活を続ける段階の大学在学中、の二点に分けて述べる。研究課題の詳細は図0-3-1の通りである。

1　分析枠組みの設定

　実証分析を通じて明らかにしたい課題は以下の三つである。
　第一は、奨学金が高校生の進路選択に与えた効果である。奨学金は家計所得による経済制約を緩和することで学生の進路選択、及び教育機会均等の促進効果が期待されるが、実施の状況はどうであろうか。調査上の限界で進学選択の状況を直接に把握できないが、進学選択の代わりに進学選択意向への考察を通し、進学前に利用可能な返済義務がある貸与奨学金はよく知られているのか、経済困難な学生に利用されようとしているのか、学生の進学希望にどのような役割を果たしているのか、を明らかにする。このように、進学希望に対する奨学金の役割、特に学生の進路選択への影響を解明することが第一の研究課題である。
　第二は、大学在学中に、奨学金がどのように分配されているのかである。給付奨学金は給付型の奨学金であるため、学生の受給ニードが高いが、選抜基準は厳しいはずである。採用された学生特性の考察を通して、奨学金の政

策趣旨及び配分構造を明確にする。一方、貸与奨学金は返済義務が付いているため、利用のリスクが極めて高いものである。それにもかかわらずあえて貸与奨学金を利用する学生はどのような特性を持っているか、を考察する必要がある。このように奨学金の申請と採用の規定要因を明らかにすることが第二の研究課題である。

第三は、奨学金の受給は学生の生活及び学習行動にどのような影響を与えたのかである。中国では大中都市に立地する高等教育機関が多いため、農村や貧困地域出身の学生は地元を離れ、大学の所在地域で生活を送らなければならない。そうすると、大学の費用には、勉学費だけでなく、生活費も費用の一部として加算しなければならない。大学所在地の多くは、経済面と文化面で発達した都市であるため、農村出身の学生にとって生活費用が高い。このような経済面での制約を緩和する役割が奨学金に託されているが、奨学金が収入の一部として加わることによって、学生の学習行動、生活行動及び将来の進路にどのような影響を与えているかを明らかにすることが、本書のもう一つの課題である。

以上の三つの課題を考察することで、奨学金制度がどのような役割を果たし、その政策目標がどこまで実現したのかを明確にし、奨学金政策へのインプリケーションを提示することにする。

2　論文の構成

以上の研究課題を究明するために本書では7章構成で議論を進めていきたい（図0-3-1）。具体的には第1章では、マクロ的な視点から中国における奨学金制度に関する歴史的変遷を振り返る。また、現段階において奨学金政策の概要と実施状況、各プログラムの説明、給付奨学金と貸与奨学金の申請や受給に関するプロセスを概観する。

第2〜4章では、質問票のデータに基づき、奨学金の実施と効果を考察する。そのうち、第2章は大学進学前の進学選択に焦点を当て、貸与奨学金が進学選択への影響を考察する。調査対象の制約から高校生の進路選択を行う際に奨学金がどう影響するかを考察することはできないが、実際の進路選択

の代わりに、進路選択の意向について奨学金の効果を見ていく。

　第3、4章は、大学在学中の段階に焦点を当て、給付奨学金と貸与奨学金の受給が大学生活への影響を考察する。第3章では、奨学金の配分について検討する。奨学金の申請、採用と受給の状況を明らかにし、奨学金がどのように配分されているのかを考察する。第4章では、奨学金の効果について検討する。学生生活の収入と支出、また時間配分にどう影響するか、を考察していく。

　第5章は、政策の観点から給付奨学金と貸与奨学金の役割と位置づけを検討し、中国の奨学金政策の特徴を総括する。

　終章では、第1章から第5章までの検討で見出された結果を踏まえ、インプリケーションを提示し、残された研究課題を提起する。

第5節　調査の概要

　本書で主に用いるデータは、中国の地方地域において、高校生及び大学生を対象に行ったアンケート調査である。奨学金政策の効果を検証するのであれば、同一生徒の進路選択及び大学入学後の生活の変化を追える追跡調査を行うべきであるが、本調査では調査実施上の困難から実施できなかった。本書で分析し得る点は限定され、調査対象は一つの地域のみとなる。以下では調査の概要を述べる。

1　調査地域

　中国は広大な国土を有しており、地域による経済発展や社会発展の状況が異なるため、地域間格差が大きく、地方所属大学が中央所属大学より不利な条件に置かれている。中央所属高等教育機関は経済発展の進んだ大都市や東部地域に立地するのが多く、地方所管高等教育機関は中小都市や中西部地域に立地するのが多い。図0-4-1は中央政府による東部地域、中部地域と西部地域への教育費配分の状況を示している。経済が発展している東部地域では、中央政府から配分された教育費が他の地域と比べて多い。これに対して、経

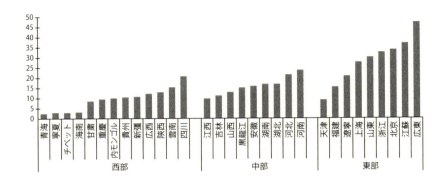

図 0-4-1　中央政府による東部・中部・西部地域への教育費配分（2007年）（百万元）
注）中国三大地域分類：東部地域、中部地域と西部地域。
出所）『中国統計年鑑』（2008年）

　済発展が遅れている中部地域や西部地域では、中央政府から配分された教育費が少ない。特に青海や寧夏のような西部地域では中央政府の教育経費が非常に少ないことが分かる。

　奨学金に関する先行研究には、大都市や中央所属の重点大学を対象とする研究（楊2009a）が多く、地方大学に関する実証研究としては羅・宋・魏（2011b）を除いて、研究の蓄積が極めて少ない。高等教育拡大の担い手となる地方大学に着目することが、奨学金効果の考察に最も有効であると考えられる。本研究は河北省のA市にある教育機関を対象に考察する。

　地理的、個人所得別に調査地域の特徴を説明すると、河北省は図0-4-2のように、華北地方に位置している。主な産業は農業である。2010年に全国人口に占める河北省の人口比率が5.4％であり、全国22省のうち6番目に人口の多い省であった。河北省のうち、農業に従事する人口の比率は68.21％で、全国平均の65.83％とほぼ一致する[21]。

　また、河北省の都市部1人当たり平均可処分所得（2012年：20,543元）は全国平均（2012年：24,565元）を下回り、農村部1人当たり平均純収入（2012年：8,081元）はほぼ全国平均（2012年：7,917元）に相当する。つまり、調査地域

序章　中国の奨学金をめぐる問題と研究枠組み　39

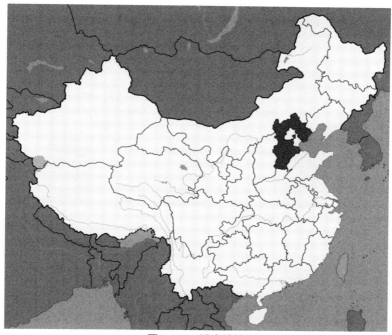

図0-4-2　調査地域

注）色の濃い部分が河北省の位置である。

である河北省は、地理的において個人の所得水準においても、中国各地域のうち、中レベルの地域である。

　中国の各省の中でも、省政府所在の都市は、比較的経済が発展し、個人の所得水準が高い地域である。本書の目的から、調査都市の選別にあたってあえて中心都市を避け、地方都市を選んだ。調査地域のA市は、河北省の省政府所在地以外の地域に位置し、中小規模の都市である。

　河北省の大学の年間平均授業料は図0-4-3に示したように、本科Ⅰ（国立重点大学）・Ⅱ（国立普通本科大学）と専科の授業料が同じく5,000元で、本科Ⅲ（独立学院、私立大学）の授業料が10,000元である。

　A市における授業料家計負担の比率は図0-4-4のように、省所在地の授業料家計負担の比率より高い。しかも、調査校所在地A市にも省政府所在地にも、農村の授業料家計負担が都市の授業料負担と比べて、はるかに高い。都

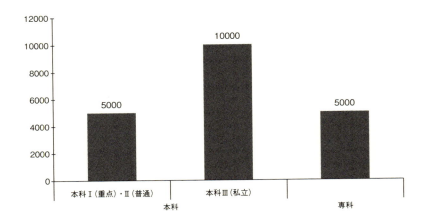

図0-4-3 河北省における大学の年間平均授業料（2007～2011年）（元）
注）教育部が五年以内に授業料を調整しない（『人民日報』2007年6月5日付第11版）と発表したため、図にある授業料の水準は2007～2011年の授業料水準である。
出所）「河北省物価局関於省属高校和省定中央部属高校学費標準的通知」（冀価行費[2007]36号）、及び「河北省物価局、河北省財政庁、河北省教育庁関於進一歩規範高校収費管理的通知」（冀价行費[2008]42号）。

市の授業料負担は、2007～2008年の間に年間家計所得の4割を占め、2009年から年間家計所得の3割を占めた。これに対して農村の授業料負担については、2007～2009年の間に授業料が農村の年間家計所得を超えている。2010年に9割まで下がっていても、農村部家庭年間収入のほぼ全部を占めている。いい換えれば、調査校所在地A市のような地方では、高等教育の私的負担が極めて重く、経済的支援の必要性が高いと考えられる。以上の理由で本研究は河北省のA市にある教育機関を対象に考察していくことにした。高校生調査の対象地域も大学生調査の対象地域も同じ地域である。

2　調査の概要

本書で使用する調査データは二つある。表0-4-1にまとめたように、一つ目は、高校生を対象とした質問票調査データである。これは第2章の奨学金

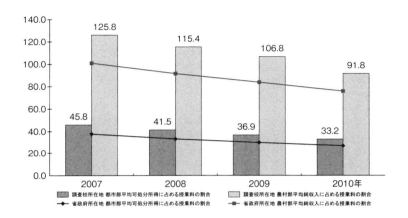

図0-4-4 省政府所在地と調査校所在地別の授業料対年間収入比率の推移（%）
出所）①授業料の数字は河北省高等高等教育機関（本科）の年間授業料（5000元）を用いたものである。②都市部1人当たり平均可処分所得と農村部1人当たり平均純収入は『河北経済年鑑』（2008年～2011年）による。

表0-4-1 質問票調査の概要

	調査票名称		調査対象	調査年月	調査校	回収状況	本書での使用部分
	日本語	中国語					
①	「奨学金状況に関する高校生調査」	「高中生経済資助状況調査」	高校生	2009.11	5高校（進学高校4校、職業高校1校）	配布2000部；回収1857部；回収率92.9％。有効回答1785部。	第2章
②	「奨学金状況に関する大学生調査」	「大学生資助現状的調査」	大学生	2008.6	1大学（独立学院も含む）	配布950部；回収892部；回収率93.9％。有効回答821部。	第3章
							第4章
							第5章

が高校生の進路希望に与える影響を検討する際に用いる。二つ目は、大学生を対象とした質問票調査データである。これは第3章の奨学金の配分、第4章の効果及び第5章の総括を検討する際に用いる。

(1) 高校生への質問票調査

　高校生への質問票調査は、2009年11月に中国河北省A市に立地する5高校で行ったアンケート調査（日本語名称「奨学金状況に関する高校生調査」；中国語名称「高中生経済資助状況調査」）である。調査の対象は高校3年生の学生である。質問票の回収状況については、2000部を配布し、1857部を回収した。回収率が92.9％である。有効回答数が1785部である。

　調査票の質問項目には、本人と家族の属性、進路選択の希望、奨学金への認知と必要性、将来への展望が含まれている。

　調査校の5高校については、進学高校が4校（都市立地2校、農村立地2校）で、職業高校が1校である。進学高校と職業高校の学生は、すでに高校に進学した時点で選抜され、進学志向と職業志向とに分かれている。本書では高校生の進学選択に着目して考察するため、進学志向の強い進学高校のみの考察となる。この4校の進学高校については、進学率がいずれも90％以上であり、高校別の進学率の差はほとんどない。

(2) 大学生への質問票調査

　大学在学生への質問票調査は、2008年6月に中国河北省A市に立地する1大学（独立学院を含む）で行ったアンケート調査（日本語名称「奨学金状況に関する大学生調査」；中国語名称「大学生資助現状的調査」）である。調査大学は省レベルの重点大学であり、中小都市に立地し、独立学院とあわせて約4万人の学生が在籍している。奨学金に関しては、中央所属のエリート大学ほどではないが、省所属の重点大学であるため、比較的充実していると考えられる。ただし、河北省出身、特に農村部出身の学生が圧倒的に多く、奨学金を求める学生も多いと推定できる。

　質問票調査の対象は、大学本体（以下「大学」と略称）だけでなく、大学に附置された独立学院も含まれている。国立セクターと私立セクターの双方を含めた奨学金の効果に関する考察は、本研究の目的であり、特色でもある。

　質問票調査の回収状況については950部を配布し、892部を回収した。回収率は93.9％で、有効回答数は821部（大学N＝602部　独立学院N＝219部）

である。調査票の質問項目には、本人と家族の属性、奨学金の受給、貸与奨学金への意見、生活及びキャンパスライフ、卒業後の進路希望が含まれている。

【注】
1 　純就学率とは、一定の教育レベルにおいて、教育を受けるべき年齢の人口総数に対し、実際に教育を受ける（その年齢グループに属する）人の割合である。
2 　出所：中国教育部「2012年全国教育事業発展統計公報」
3 　（http://www.mext.go.jp/b_menu/shingi/chukyo/chukyo3/015/siryo/05120501/007/006.htm）2013年4月検索。
4 　高等教育の粗就学率は、高等教育の在学者数と18～22歳人口数の比率である。
5 　トロウの高等教育発展論は、該当年齢人口に占める大学在籍率によって高等教育システムを三段階に分かれる。すなわち、エリート段階（大学在籍率15％未満）、マス段階（大学在籍率15％～50％）とユニバーサル段階（大学在籍率50％以上）である。（Trow 1973＝1976：53）。本書の高等教育粗就学率をトロウのいう「該当年齢人口に占める大学在籍率」に近い指標として扱う。
6 　独立学院は母体大学の元に作られた私立セクターであり、個人や企業によって創立された一般的民弁大学と異なる。独立学院の名称については、母体大学の一学部として名づけられるのが一般的である。例えば、「〇〇大学〇〇〇〇学院」のような名称が一般的で、「〇〇大学」は母体大学の名称で、「〇〇〇〇学院」は独立学院の名称である。
7 　2013年6月の為替レート（100元＝1,595円）によって筆者算出。
8 　年間平均純収入＝年間総収入－年間総支出
9 　中華人民共和国国家統計局編（2011）『中国統計年鑑』328頁。
10 　出所：同上10
11 　『2010年第六次全国人口普査主要数据公報』（中華人民共和国国家統計局）より
12 　「教育部等多部委談高校特困生資助政策（実録）」（2004年8月31日午前）、政府記者会見（http://news.sina.com.cn/c/2004-08-31/12214187197.shtml）2013年2月1日検索。
13 　特別貧困学生とは、家計が極めて困難で、学生の毎月の総収入が大学所在地の平均生活水準より下回る学生である。
14 　個人補助には2種類がある。第1は、政府による授業料の一部負担（間接補助）、すなわち学生の授業料免除である。第2は、使用制限のない所得補助（直接補

助）である。機関補助が授業料減免に結びつくならば、間接補助と同じである。授業料の一部負担（間接補助）より現金の直接給付（直接補助）の方が需要者の厚生を高めることになる（田中 1989）。
15 『新教育社会学』(1986) 19頁。
16 全国学生資助管理中心（2012）『中国学生資助発展報告（2007－2011年）』3-15頁。
17 連邦ペル給付奨学金は、学士課程学生を対象とした給付奨学金である。
18 ここでいう教育機会の均等は人種や所得層などの社会背景に関わりなく、個人の能力に応じて高等教育機関に進学できるチャンスが平等であることを意味する。
19 「高校生の進路についての調査」は、日本全国から無作為に選ばれた4,000人の高校3年生（男女各2,000人）を対象に行われた質問紙調査（第1回調査、2005年11月）、及びその回答者に対する一連の追跡調査で構成されている（『高校生の進路追跡調査』(2007) 2頁）。
20 学業継続に関する研究では、経済学的モデルだけでなく、社会学あるいは心理学モデルによる検証が行われている（小林・濱中・島 2002：67）。
21 出所：『中国統計年鑑』(2013年)

第1章　中国奨学金政策の変遷と概要

　本章では、中国の奨学金をめぐる政策について、その歴史変遷及び制度の概要を整理する。まずは中国社会の発展に伴う奨学金政策がどのような歴史変遷をたどって現在に至ったのかを振り返る（第1節）。また、2012年時点において実施されている各奨学金プログラムの概要を整理し（第2節）、それがどのような規模で実施されているかを、マクロデータを用いて概観する（第3節）。

第1節　奨学金政策の変遷

　1949年に中華人民共和国が建国されて以来、社会と経済の発展に従って、学生への奨学金政策も徐々に充実した。以下では高等教育の発展に沿いながら、1952年から2013年までの60数年間を三つの段階（廖・沈 2007：13；王 2011：102）に分けて、奨学金政策の推移を概観する。

1　第1段階（1952年〜1982年）

　1952年から1982年にかけての段階は、中華人民共和国が誕生してから、社会全般に及ぶ改革が行われた時期である。高等教育において、無償かつ全寮制という優遇策に加え、「人民助学金」と呼ばれる補助金を支給する（大塚 2007：6）のは、この時期の特徴ともいえる。

　1950年代を通じて高等教育の機関数と学生数を増加させ（南部 2009：26）、工学系の専門的人材及び教員の養成が急務であった（大塚 2007：6）。1952年7月8日に政府は『全国高等教育機関学生及び中等教育機関学生の人民助学

表1-1-1　第1段階（1952～1982年）の主な政策文書

年	授業料年額	主な政策文書	主な内容
1952	なし	『全国高等教育機関学生及び中等教育機関学生の人民助学金に関する通知』	授業料免除＋人民助学金
		『全国教育機関教職員賃金の調整及び人民助学金の金額標準に関する通知』	助学金の月額：12元
1955	なし	『全国高等教育機関（師範大学を除き）の学生に対する人民助学金の実施方法について』	全員支給から部分支給へ変更
1964	なし	『食費手当と人民助学金の基準上げ指示に関する報告』	食費手当の月額が1人当たり3元増へ；人民助学金の補助比例が70％から75％へ引き上げる
1977	なし	『普通高等教育機関、中等専門学校及び技術学校において人民助学金制度の実施について』	全員支給から部分支給へ変更

出所）『人民日報』（1952年～1982年）より筆者整理

金に関する通知』を発表し、同年7月23日に教育部は『全国教育機関教職員賃金の調整及び人民助学金の金額標準に関する通知』を発表した。これらの通知では、高等教育の在学期間中に授業料を免除すると同時に、学生全員を対象に助学金も支給することが定められた。助学金の金額は、月あたり12元であった（1952年1人当たりの年間収入平均金額は110元）。この二つの通知は、「授業料免除＋人民助学金」の奨学金政策が確立されたことを意味する。

この「授業料免除＋人民助学金」の奨学金政策は、1983年までの30年間で実施された。数回にわたって政策変更があったが、それは主に助学金の金額と支給学生範囲の調整であった。1955年8月に教育部は人民助学金をより効率的に使うために、『全国高等教育機関（師範大学を除く）の学生に対する人民助学金の実施方法について』の通知により、助学金の支給対象が学生全員から学生の一部に変更した。

1955年以降の約10年間にわたって、中国社会は大躍進段階[1]に突入し、高等教育の改革も進められた。1964年には、『食費手当と人民助学金の基準上げ指示に関する報告』により、人民助学金の調整が再び行われ、助学金金額を月あたり12元から15元までに引き上げた（1964年1人当たりの年間収入平

均金額は140元)。そして学生全体に占める奨学金受給者の比率も70％から75％まで上昇した（孫・湯 2011；廖・沈 2007:14）。

　1966年からの10年間は「文化大革命」の時期であり、教育にも深刻な影響を及ぼした。大学生の募集は5年間、大学院生の募集は12年間停止された。教育制度が混乱し、授業時間が短縮され、大学統一入試試験も廃止された。経済発展を目指すに際し、人材不足の問題を解決するために、この時期に奨学金支援の範囲が再び一部の学生から学生全体にまで拡大された（孫・湯 2011）。

　文化大革命後の1978年から経済の改革開放政策の実施に従い、高等教育も徐々に回復され、関連法律や制度の立案も積極的に行われた。学生支援に関しては、教育部・財政部・国家労働局により1977年12月17日に『普通高等教育機関、中等専門学校及び技術学校において人民助学金制度の実施について』という通知が発表された。この通知では、奨学金の支給枠について全員から学生の一部へ変更し1982年まで実施され続けた。

　このように建国後から1980年代までの期間においては、奨学金の支給範囲に関する変化があったが、育英及び人材養成の政策的な意図は変わらなかった。この時期の中国では、高等教育がまだエリート段階であったため、授業料の免除や全員または一部の学生を対象とした奨学金制度が、人材の確保及び養成に大きな役割を果たしたと言える。

2　第2段階（1983年～1998年）

　第2の段階である1983年から1998年は、中国高等教育の改革試行段階である。改革開放経済路線への転換に従い、人材養成が改めて高等教育の任務となっていった。経済成長に伴い、才能のある学生を全面的に支援し、奨学金政策の改革が本格的に始まった。

　まずは大学統一試験の再開によって学生数が徐々に増加するにつれ、奨学金政策も拡充された。1983年7月11日に発表された『普通高等教育本科、専科学生人民助学金暫定方法と普通高等教育本科、専科人民奨学金試行方法に関する通知』により、それまでの「授業料免除＋人民助学金」という奨学金政策が、「授業料徴収＋多元的な奨学金」へ移行し始めた。1983年に新た

表1-1-2 第2段階（1983～1998年）の主な政策文書

年	授業料年額	主な政策文書	主な内容	
			給付奨学金	貸与奨学金
1983	なし	『普通高等教育本科、専科学生人民助学金暫定方法と普通高等教育本科、専科人民奨学金試行方法に関する通知』	人民奨学金の設立	
1986	なし	『普通高等教育機関の人民助学金制度に関する改革について』（国発［1986］72号）	授業料徴収＋多元的な奨学金	
1987	なし	『普通高等教育機関本科、専科学生に対する奨学金の実施について』（教計［87］139号）	助学金の廃止、優秀学生奨学金・専攻奨学金・定向奨学金の設立	
1987	なし	『普通高等教育機関本科、専科学生に対する貸与制度の実施について』（教計［87］139号）		無利子貸与奨学金の実施
1989	200元	『普通高等教育機関における授業料、雑費及び学寮費徴収の規定』（教財［1989］32号）	大学授業料無償化の廃止	
1993		『中国教育改革と発展網要について』	エリート大学を中心に授業料徴収の開始	
1993		『高等教育機関における貧困学生に対する経済支援の通知』（教財［1993］51号）	貧困学生への支援	
1993		『高等教育機関における勤工助学[2]に関する意見』（教財［1993］62号）	家計困難な学生に優先的に就労機会を与える。	
1994	610元	『普通高等教育機関における勤工助学基金の設立について』（教財［1994］35号）	基金の財源は、政府の財政的教育経費から学生1人当たり3-5元の基準で調達するほか、授業料収入の5％も財源として充当する。	
1994	610元	『普通高等教育機関の専攻奨学金の支給基準上げに関する通知』（教財［1994］49号）	師範、農林、民族、体育と航海など特殊専攻の学生を対象に、専攻奨学金の支給基準を高める（1人当たりの支給年額：民族専攻700元、他の専攻500元）ほか、食費補助も支給される。	
1995	750元	『普通高等教育機関の経済困難な学生に対する授業料減免に関する通知』（教財［1995］30号）	経済面で困難な学生（特に少数民族を持つ、親死別の学生）を対象に授業料免除を行う。	
1995	750元	『国家教育委員会に直属する高等教育機関における貸与奨学金実施の改革について』（教財［1995］58号）		貸与奨学金財源の調達や返済等などに関する見直し
1996	2,000元	―	「奨・貸・助・補・減」の多元な支援システムの形成	
1997	3,000元	―		

注）授業料の出所は図0-1-2を参照する。
出所）『人民日報』（1983年～1998年）より筆者整理

に人民奨学金が設立され、1986年までの間に人民奨学金と人民助学金の二つのプログラムが並立して支給された。人民助学金の受給者数は学生全体の75％から、学生全体の60％までに縮小され、人民奨学金の受給者は学生全体の10～15％と定められ、1人当たりの受給最高金額を150元とすると規定された。

　従来のエリート学生全体を対象とするメリット型奨学金から、メリット型とニード型が併存する奨学金政策へと変化した。メリット型の奨学金は学業成績の優秀な学生を奨励し、ニード型の奨学金は家庭の経済状況の困難な学生を支援するようになった。

　また、1949年から30年の間に授業料免除制度が実施されてきたが、ついに授業料徴収を前提とする「委託生」[3]と「自費生」の募集が始まった。自費生は従来の入学定員以外の枠で募集した学生であるため、授業料を支払わなければならない。これによって、一元的な募集制度から多元的な募集制度へと変更され、それに応じて授業料の徴収も行われることになった（『高等教育機関における委託学生の募集について』（1984年）[4]、『中国共産党中央政府により教育体制改革についての決定』（1985年5月27日）[5]）。授業料政策の変容が奨学金政策にも変化をもたらした。奨学金を一律に実施するのは必ずしも公平とはいえず、それぞれの学生の状況に応じて重点的に支援するという方針で、奨学金政策の在り方を見直し始めた。

　1986年までの奨学金は主に給付型の奨学金だったが、それ以降には貸与奨学金も実施されるようになった。1986年に国務院は『普通高等教育機関の人民助学金と学生貸与制度に関する改革について』を発表し、1987年7月に国家教育委員会[6]と財政部が『普通高等教育機関本科、専科学生に対する奨学金の実施について』、『普通高等教育機関本科、専科学生に対する貸与制度の実施について』を発表した。この三つの通知によって、助学金を廃止し、その代わりに、優秀学生奨学金[7]、専攻奨学金[8]、定向奨学金[9]という三つの奨学金制度を設立した。そのほか、国が無利子助学ローンを家計困難な学生に提供することも決定した。これで奨学金政策は、給付奨学金と貸与奨学金が併存するようになった。1987年『普通高等教育機関本科、専科学生に

対する貸与制度の実施について』によると、1人当たり利用最高金額が年間300元で、利用人数は本専科学生の30％以内に収まると定められた。貸与奨学金の支給、及び返済に関連するあらゆる管理業務は大学側が行う。貸与奨学金の返済は学生が卒業までの期間に一括か分割で返済、あるいは就職先の企業が一括返済すると規定された。

さらに、教育費の一部は学生及びその両親が負担するという受益者負担の原理が、1989年に国家教育委員会、国家物価局、財政部が発表した『普通高等教育機関における授業料、雑費及び寮費徴収の規定』に明記された。これは、授業料・雑費・寮費の無償化が終わり、教育の私的負担が一般化の時代の始まりだった。1989年に徴収した授業料の基準は、年間200元であった（1989年における全国1人当たり年間消費水準の平均は788元）。

1990年代に入ると、自費学生の募集[10]を拡大し、徴収した授業料が年々上昇していった（図0-1-2を参照）。また、政府が1993年に発表した『中国教育改革と発展網要について』に基づいて、1994年から全国37校のエリート大学を中心に授業料徴収が試行された。当時の授業料の年間平均額は610元で、1989年の200元より大幅に上昇した。奨学金政策については、1993年7月に国家教育委員会と中国政府財政部が『高等教育機関における貧困学生に対する経済支援の通知』、同年8月に『高等教育機関における勤工助学に関する意見』、1994年には国家教育委員会が『普通高等教育機関における勤工助学基金の設立について』と『普通高等教育機関の専攻奨学金の支給基準上げに関する通知』（教財［1994］49号）、1995年に『普通高等教育機関の経済困難な学生に対する授業料減免に関する通知』（教財［1995］30号）といった発表がなされた。1995年8月に発表した『国家教育委員会に直属する高等教育機関における貸与奨学金実施の改革について』（教財［1995］58号）により、貸与奨学金財源の調達や返済方法について見直された。具体的には貸与奨学金の財源は、国家による補助、返済された貸与奨学金、及び社会寄付、産学連携企業の収入である。申請する際に担保人が必要であり、大卒後6年以内に返済すると規定された。しかし、この段階において貸与奨学金は奨学金政策の主体ではなく、利用範囲が極めて限定的であった。

以上の経緯を経て、給付奨学金と貸与奨学金に関する支援プログラムの充実に伴い、「奨・貸・助・補・減」の支援システムが形成された。主な内容は、①「奨」：学業成績が良く、低所得出身の学生を支援するために国家奨学金が設立された。また、専攻奨学金の受給金額を上げた。②「貸」：学資貸与制度を整備し、より多くの学生を支援するために金融機関による貸与制度を導入した。③「助」：1995年から国務院予備金の1.1735億元が、貧困学生勤工助学基金として立ち上げられ、教育部所属の369校に分配された。また、各大学にも毎年の予算から勤工助学（ワークスタディ）基金の財源確保を求められた。④「補」：経済的に苦しんでいる学生を対象に特別貧困補助を支給した。⑤「減」：貧困学生を対象に、授業料免除を実施した。

　また、奨学金政策の充実と並行して授業料水準が上昇した。1996年には2,000元、1997年には3,000元に上がった。その後も授業料上昇の傾向が続いた。

3　第3段階（1999年～2013年）

　1999年から2013年現在に至る第3の段階は、高等教育が拡大した段階である。1999年から高等教育の拡張政策を実施すると同時に、授業料も増額され、2000年には4,200元、2004年以降には5,000元に上がった。授業料の上昇による進学困難な学生が急増し、教育機会の不均等への懸念が高まった。このような背景で、経済支援政策の充実と拡大が重視されるようになった。特に高等教育の量的拡大に公的支出が追いつかない状況の中で、学生自ら金融市場から資金を調達するという形の貸与奨学金制度が重視された。多様な学生の経済ニーズに応じた奨学金プログラムの充実によって、多元的な経済支援システムが成り立った。

　このように授業料の徴収と増額は奨学金政策の充実に先行して行われてきた。授業料政策と奨学金政策が対応しながら作られたというよりもむしろ、奨学金政策は授業料の上昇からもたらされる経済面の格差を是正する政策として位置づけられたと見られる。

　以下では貸与奨学金と給付奨学金に分けてその変遷を整理する。

表1-1-3　第3段階（1999～2013年）の主な政策文書

年	授業料年額	主な政策文書	主な内容	
			給付奨学金	貸与奨学金
1999	3,800元	『国家助学ローンに関する管理規定』（国発［1999］58号）		8都市で試行
2000	4,200元	『助学ローン管理に関する意見について』（国弁発［2000］6号）		担保条件の緩和
		『助学ローン管理に関する補充意見について』（国弁発明電［2000］27号）		全国範囲で実施
		『助学ローン管理方法について』（銀伝7号）		貸与期間の緩和
		『助学ローン不良貸与による関連問題の規定』（財金［2000］158号）		それまで返済不可能なケースについて、厳正な査定を経て取り消す。
		『国家助学ローン業務の推進に関する通知』（銀発［2001］245号）		複数の銀行と連携して業務を行うことが可能。
2002	4,800元	『国家奨学金の管理方法に関する通知』（教財［2002］33号）	国家奨学金の設立	
		『国家助学ローンの推進に関する通知』（銀発［2002］38号）		国家助学ローン実施の強化
		『高等教育機関が銀行と協力して国家助学ローンの業務を推進へ』（教財［2002］2号）		高等教育機関の位置づけが明確化した。
2003	4,800元	『経済困難な学生への支援に関する緊急通知』（教電［2003］298号）	経済理由で進学を断念しないように支援する。	
2004	5,000元	『国家助学ローンに関する更なる改善意見について』（国弁発［2004］51号）		返済期間の延長やリスク補填金の規定
		『国家助学ローンのリスク補填金に関する管理方法』（教財［2004］15号）		リスク補填金の管理
		『家計困難な学生の経済支援に関する通知』（国弁発［2004］68号）	あらゆる支援策で経済困難な学生を支援する。	
2005		『国家助学奨学金の管理方法について』（財教［2005］75号）	国家助学金・国家奨学金の実施	

年	授業料	政策名	内容	備考
2006	5,000元	『高等教育機関における卒業生を対象とする国家助学ローンの返済免除に関する通知』（財教［2006］133号）		大卒後に西部や辺鄙地域で3年以上就職予定の学生を対象に、在学中の国家助学ローンの返済を免除する。
2007	5,000元	『普通本科大学、高等職業学校、及び中等職業学校の家計困難な学生への経済支援政策に関する意見』（国発［2007］13号）	国家励志奨学金の新設	
		『教育部直属師範大学の無償化について』（国発弁［2007］34号）	2007年から教育部直属師範大学6校で授業料及び寮費を免除するほか、生活費を補助する。	
		『普通本科高校、高等職業学校国家奨学金の管理に関する通知』（財教［2007］90号）	国家奨学金の1人当たり年間金額を8000に	
		『普通本科高校、高等職業学校国家励志奨学金の管理に関する通知』（財教［2007］91号）	国家励志奨学金の1人当たり年間金額を5000に	
		『普通本科高校、高等職業学校国家助学金の管理に関する通知』（財教［2007］92号）	1人当たり平均年間金額が2000元。	
		『高等教育機関の勤工助学に関する通知』（教財［2007］7号）	週8時間以内、時給最低8元。	
		『県級教育行政部門の学生経済支援管理センター設立に関する緊急通知』（教財［2007］14号）		生源地助学ローンの管理部門
		『生源地助学ローン試行の通知』（財教［2007］135号）		江蘇、湖北、重慶、陝西、甘粛の5省で生源地助学ローンを試行する。
2008	5,000元	『生源地信用助学ローンの推進に関する通知』（財教［2008］196号）		生源地助学ローンの強化
2009	5,000元	『高等教育機関における卒業生を対象とする授業料免除、及び貸与奨学金の返済免除についての暫定方法』（財教［2009］15号）		大卒後に中西部や辺鄙地域で3年以上就職予定の学生を対象に、年間6,000元範囲で、在学中の授業料または貸与奨学金の返済を免除する。

注）授業料の出所は図0-1-2を参照する。
出所）『人民日報』（1999年～2013）より筆者整理

（1）貸与奨学金

　貸与奨学金は、大学教育の費用を支払うために融資された資金であるが、大学卒業後に貸付金元金、及び利子を返済しなければならない。中国の貸与奨学金には、国家助学ローンと一般商業性助学ローンが含まれている。国家助学ローンは、政府からの利子補助が付いた貸与奨学金である。一般商業性助学ローンは、政府からの利子補助が付いていない。中国では一般商業性助学ローンより国家助学ローンの利用が一般的である。

　国家助学ローンは、高等教育の拡大に伴って発展してきた。1999年5月に中国人民銀行[11]・教育部・財政部などの各部門が『国家助学ローンに関する管理規定』を発表した。国家助学ローンが北京、上海など8大都市の中央教育部に所属する大学で試行され、1人当たり最高利用年額が6,000元であると定められた。中国工商銀行[12]が国家助学ローン業務を担当し、利子の50％は政府の財政によって補助される。1999年9月に中国人民銀行・教育部・財政部の協力の下で、教育部直属の「全国学生助学ローン管理センター」が設置された。各省、自治区にも貸与奨学金の管理機構が設置された。

　しかし、貸与奨学金を申請する際に担保条件が付いたため、貧困学生にとってこれが大きな壁となっていた。また、申請者在籍の大学が担保責任を負わなければならないため、国家助学ローン業務に携わる大学のインセンティブが低い。助学ローンが回収できない場合に、助学ローンの60％を大学に、助学ローンの40％を学生助学ローン管理センターに課す。貸与リスクまで大学が負わなければならないことで、貸与奨学金の事業に参加する大学の意欲を低下させた。

　貸与奨学金の利用をスムーズに進めるために、1999年12月23日に中国人民銀行・教育部・財政部は、『助学ローン管理に関する意見について』の文書を発表し、2000年2月に国務院の承認を得た。国家助学ローンの改善点としては、担保人がおらず、あるいは家計状況が良くない学生を対象に無担保借入の導入である。この改善によって、今までの担保人がいないという理由で国家助学ローンを申請できない問題が解決された。ただし、学生が国家助学ローンを申請する際に、「紹介人」の立会いが新たに要求された。さらに、

農村信用社[13]が積極的に助学ローン事業に参加し、新規助学ローンプログラムの設立に力を入れた。しかし、この一連の改革を経ても、貸与奨学金の試行利用状況が改善されなかった。2000年全国学生支援管理センターの統計によると、8都市の貸与奨学金申請者が5,365名のうち、1,729人しか採用されなかった。

　貸与奨学金事業の困難な局面を打開するため、2000年8月には、中国人民銀行・教育部・財政部が『助学ローン管理に関する補充意見について』の文書を発表した。この発表に基づき、国家助学ローンの実施が8大都市から全国まで範囲を拡大し、中国工商銀行のほかに中国農業銀行、中国銀行、中国建設銀行も国家助学ローン事業の展開に携わるようになった。国家助学ローンの申請対象は、全日制本科・専科学生から大学院生まで拡大した。2000年8月24日に中国人民銀行が発表した『助学ローン管理方法について』という文書によると、国家助学ローンの貸与期間は8年以内と規定し、卒業後4年以内の返済を義務づけた。返済猶予の場合には、借りる側と貸す側が協議した上で返済開始時期を決めることにした。国家助学ローンの利子率は、中国人民銀行が規定した貸与利子率に連動し、固定利子型となった。一連の政策改革により、2001年1月末には、国家助学ローンの申請者が計51.4万人に上ったが、契約者が11.1万人に止まり、採用率はわずか21.6％であった。支給総額は12.6億元で、申請総額のわずか39％であった[14]。申請率、採用率がともに低い状況は、改善されなかった。

　2001年6月20日に中国人民銀行・教育部・財政部が主催する全国国家助学ローン業務に関する会議で、『国家助学ローン業務の推進に関する通知』（銀発［2001］245号）が成立し、新たな政策が出された。銀行のインセンティブを高め、数社の商業銀行が貸与奨学金業務への導入と連携を図った。その後、国家助学ローン政策の推進（『国家助学ローンの推進に関する通知』（銀発［2002］38号））、及び国家助学ローン業務で高等教育機関における責務の明確（『高等教育機関が銀行と協力して国家助学ローンの業務を推進へ』（教財［2002］2号））に関する方案が次々と実施された。2003年から国家助学ローンの返済が始まり、多くの大学の返済滞納率が20％を超えた[15]。2003年8月に中

国人民銀行は『2003年国家助学ローンに関する貸付指導計画の通知』[16]を発表し、滞納率が20％、かつ滞納者が20人に達した大学（「双20基準」ともいう）に対し、国家助学ローンの新規申請をストップした。この通知に従い、全国で国家助学ローンの新規申請が禁止された大学の数は少なくとも100校に上り、全国大学総数の約10％を占めた（劉 2004：38）。

　国家助学ローンの実施が大きく転換したのは、2004年である。2004年に教育部・財政部・中国人民銀行・銀行監査会により、『国家助学ローンに関する更なる改善意見について』が発表された。この発表の主な内容は、第一に、返済期間については、学生の就職状況によって、卒業後1年もしくは2年後に返済が始まり、6年以内に全額返済する。第二に、学生の在学中に発生した利子は、政府が全額補助する。第三に、国家助学ローンの業務に携わる銀行は、それまでの政府指定型から、入札募集の形に変わった。国家助学ローンのリスクについては業務連携の銀行のリスクを抑えるために、リスクの分担体制を整え、政府と大学が貸与奨学金総額の一定の比率（10％～15％）でリスク補填金を立ち上げた。このリスク補填金は政府と大学が50％ずつ負担する。『国家助学ローンのリスク補填金に関する管理方法』（教財［2004］15号）によると、リスク補填金として使われる資金の管理については、中央所属大学の場合には全国国家助学ローン管理センター、地方所属大学の場合には地方国家助学ローン管理センターが行う。政府・大学・銀行の三者にリスクを分担させることは、大学と銀行の貸与事業に対するインセンティブを高めることを目的とする。そして、貸与奨学金のさらなる普及を実現するために、2005年7月から、政府が発行するパンフレット（『貸与奨学金申請手引き』）を、大学の入学通知書と同封した形で配布し始めた。

　2006年に『高等教育機関における卒業生を対象とする国家助学ローンの返済免除に関する通知』（財教［2006］133号）により、大卒後に西部や辺鄙地域[17]で3年以上（3年を含む）の就職希望者を対象に、国家助学ローンの元金と利子の返済が免除されるようになった。免除された元金と利子が中央財政によって負担される。この政策改革には、優秀な人材を西部や辺鄙地域に導く意図が含まれた。

表1-1-4　国家助学ローンの実施状況（1999年～2006年）

実施状況＼年月	1999.6～2004.5	2004.6～2006.6
申請人数（万人）	184.1	211.1
採用人数（万人）	86.2	154.3
申請金額（億元）	133.8	171.8
支給金額（億元）	69.7	131.7

出所）『中国教育報』2006年8月24日付第13版

　貸与奨学金の利用状況については表1-1-4に示したように、2004年から2006年までの2年間で、国家助学ローンの利用者（申請者211万人）は2004年までの利用人数総数（申請者184万人）より多くなっていることが分かる。2004年から2006年までの2年間は、利用人数においても利用金額においても、最もよく利用拡大の時期であったと言える。しかし、その利用者が学生全体の5％しか占めなかった。これは全国に占める20％の貧困学生の割合より大幅に下回っていることが分かる。貸与奨学金の利用状況は、制度の見直しによって必ずしも改善されたとはいえない。

　また、国家助学ローンの未返済問題に対応して新たに設立されたのが「生源地助学ローン」である。2007年8月に、県レベルの教育行政部門として学生経済支援管理センターの設立（『県級教育行政部門の学生経済支援管理センター設立に関する緊急通知』（教財［2007］14号）が要請されたと同時に、生源地助学ローンが湖北省、江蘇省、陝西省、甘粛省、重慶の五つの都市・地域で試行を始めた（『生源地助学ローン試行の通知』（財教［2007］135号）。2008年9月に、財政部・教育部・銀監会が『生源地信用助学ローンの推進に関する通知』を発表し、生源地助学ローンの利用地域がさらに拡大した。生源地助学ローンは、学生の戸籍所在地にある農村信用社[18]によって行われる業務であり、申請者は学生ではなく、学生の保護者である。最高貸与年額は6,000元である。地元の金融機関を通して行われる生源地助学ローンのメリットは、学生卒業後の進路が不明であっても、保護者の家計状況を把握できることである。ローン未返済のリスクを抑制する利点があるため、近年生源地助学ローンの

利用者が多くなっている。ただし、生源地助学ローンの管理部門としての県レベルの経済支援管理センターにおいては、職員が専門性を欠いているため、業務遂行上に問題がある（蔵・沈・呉 2011：61）。また、生源地助学ローンの業務に携わる地方の信用銀行は、大手銀行と比べて資金の調達能力が低いだけでなく、業務の煩雑さと低利益によって業務遂行のインセンティブが低下する懸念がある。

2009年に『高等教育機関における卒業生を対象とする授業料免除、及び貸与奨学金の返済免除についての暫定方法』（財教[2009]15号）が発表され、大卒後に中西部や辺鄙地域[19]で3年以上（3年を含む）の就職希望者を対象に、在学中の授業料または貸与奨学金（国家助学ローンと生源地助学ローンが含む）の元金と利子の返済が免除されるようになった。対象者の年間授業料または貸与奨学金の利用金額が6,000元を超えない場合には、実際に支払った授業料金額または貸与奨学金の実額を免除し、対象者の年間授業料または貸与奨学金の利用金額が6,000元を超える場合には、6,000元を免除することが規定された。この政策文書（財教[2009]15号）は授業料免除を加えることによって、困窮地域に人材を誘導する政策意図が込められた。

（2）給付奨学金

貸与奨学金制度の推進と改善が1999年以降の奨学金政策の目玉であった。しかし、貸与奨学金の実施がもたらした問題は多く、推進が難航してきたために、再び給付奨学金政策の充実が重視されるようになった。

1999年から貸与奨学金が試行されてから3年後の2002年4月に、財政部・教育部は『国家奨学金の管理方法に関する通知』（[2002]33号）により、国家奨学金を新設し、2002年9月1日から実施し始めた。国家奨学金は、全国普通高等教育機関に在学する経済困難な学生のうち、学業成績が優秀な全日制本科・専科学生を支援対象とし、毎年45,000名の学生が支援を受けている。国家奨学金の支給金額基準には二つのランクが設けられている。一等奨学金は10,000名で最も優秀な学生に、1人当たり年額6,000元を支給する。二等奨学金は35,000名の学生に、1人当たり年額4,000元を支給する。国家奨学

金の受給者全員に対して、同年の授業料が免除される。

　2005年から、財政部・教育部『国家助学奨学金の管理方法について』（［2005］75号）の規定により、国家奨学金は国家助学奨学金に変更され、支援総額が2億元から10億元まで拡大した。国家助学奨学金は、助学金と奨学金の二つの部分からなっている。全国国公立全日制普通高等教育機関に在籍する学生を対象に支給するが、助学金は家庭の経済状況が苦しい本科・専科学生を対象とする支援であり、1人当たり年間1,500元の生活費が給付され、受給者は約53.3万人である。一方、奨学金は、学業成績が最も良い学生を対象とする給付奨学金であり、1人当たり年間5,000元が給付され、受給者は約5万人である。

　さらに、貸与奨学金の高滞納率や複雑な利害関係などの問題を抱える中、2007年に給付奨学金の拡充及び新設など、奨学金政策の中心が貸与から給付へ変化した。『普通本科大学、高等職業学校、及び中等職業学校の家計困難な学生への経済支援政策に関する意見』（国務院［2007］13号）と『普通本科高校、高等職業学校国家励志奨学金の管理に関する通知』（財教［2007］91号）により、国家励志奨学金が新たに設けられ、学業成績が良く、かつ貧困学生を対象に支給するようになった。受給者に1人当たり年間5,000元、全国学生総数の3％の学生（2007年に約52万人）に支給すると規定されている。

　国家励志奨学金の新設以外に、国家奨学金[20]（『普通本科高校、高等職業学校国家奨学金の管理に関する通知』（財教［2007］90号）、国家助学金（『普通本科高校、高等職業学校国家助学金の管理に関する通知』（財教［2007］92号）とワークスタディ（『高等教育機関の勤工助学に関する通知』（教財［2007］7号）に関する規定が改善されるにつれ、給付奨学金の制度はより一層充実した。また、教育部直属の師範大学6校（北京師範大学、華東師範大学、東北師範大学、華中師範大学、陝西師範大学と西南大学）の学生を対象に、授業料と寮費を免除し、生活費を補助する政策も打ち出された（『教育部直属師範大学の無償化について』（国発弁［2007］34号）。

　以上のように、授業料の上昇がもたらした格差を是正するために、奨学金政策の充実が実現されてきた。ただし、中国の奨学金政策は授業料徴収政策

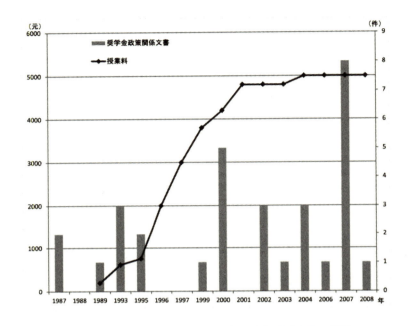

図1-1-1　授業料の徴収に伴う奨学金政策関連文書の推移
出所）奨学金政策関係文書の件数は表1-1-1、表1-1-2と表1-1-3による筆者が算出したものである。

より遅れて実施されたものである。図1-1-1には授業料の徴収に伴う奨学金政策文書の推移を示した。授業料の徴収は1989年から開始すると同時に、奨学金政策に関連する政策文書も多くなってきた。しかし、1995年から1999年までの間には授業料が急上昇したものの、奨学金政策の改善が見られなかった。1999年以降に高等教育の拡張政策及び授業料増額の背景で、奨学金政策に関連する文書がようやく多くなり、政策面での見直しと充実が行われた。1999年から2004年までは主に貸与奨学金政策に関する規定と改善であった。2006年以降には授業料が高額の水準で維持しながら、2007年に新規奨学金の設立など給付奨学金政策に関する文書が多くなった。つまり、中国の奨学金政策は必ずしも授業料政策の進行と同時に行われたわけではなく、授業料の上昇からもたらす進学困難や機会均等の問題を解決するための対策にすぎない。しかも、貸与奨学金を中心に推進されてきた。

貸与奨学金は、受益者負担原理に従って提唱された政策である。元々アメリカで行われてきたが、授業料の私的負担によって高等教育の拡大が実現した中国でも、貸与奨学金政策が推進されてきた。しかし、中国では今までローンの理念が根付かず、貸与奨学金実施の成功事例の蓄積がなかった。アメリカの成功例を参考としながら、試行錯誤を重ねて政策設計と改善が進められてきたが、利用率が低く、必ずしもスムーズに利用されたわけではない。一方、貸与奨学金の実施が難航に直面する中で、給付奨学金が再び重視されるようになった。しかしそれが授業料増額によってもたらされた進学格差を十分に是正する規模となっているのかが問題である。

第2節　奨学金制度の概要

1　奨学金制度の構成

中国の現段階（2012年現在）における奨学金制度の種類と概要を**表1-2-1**に示した。「給付奨学金」の中に、「国家奨学金」、「国家励志奨学金」、「国家助学金」、「大学独自奨学金」、「貧困学生手当」、「ワークスタディ」、「グリーンチャンネル」と「師範学生免除」などのプログラムが含まれている。また、「貸与奨学金」の中に、「国家助学ローン」、「生源地助学ローン」、「大学無利息助学ローン」と「一般銀行助学ローン」が含まれている。

以下は、(A) 給付奨学金と (B) 貸与奨学金とに分けて、それぞれの支援プログラムを詳細に見ていく。

(A) 給付奨学金

A①「国家奨学金」。中央政府が出資し、学業成績が最も優秀な全日制普通高等教育機関の学生（高等職業学校とダブルディグリーの学生も含まれる）を対象に支給する。年間支援人数が5万人、1人当たりの支援年額が8,000元である。学生の家計状況と関係なく、成績優秀な学生に支給する。また、国家奨学金を受給すると同時に国家助学金を申請して受給できる。ただし、国家励志奨学金との二重受給はできない。さらに、教育部所属師範大学の師範専

攻の学生は、授業料免除のほか、選抜基準を満たせば、国家奨学金の受給も可能である。私立大学（独立学院も含む）の国家奨学金実施については、各省によって規定されている。学校の教育水準、授業料水準、入試の合格ライン、就職率、及び専攻設置などの諸要因を考慮した上で、受給枠が決められる。また、2012年秋学期から、最も優秀な大学院生を対象とする国家奨学金が設立され、修士課程の学生3.5万人（1人当たり年間2万元）と博士課程の学生1万人（1人当たり年間3万元）に支給される。

A②「国家励志奨学金」。中央政府と地方政府が共同出資して設立した奨学金である。支援対象は成績優秀で、かつ家計困難な全日制普通高等教育機関の学生（高等職業学校とダブルディグリーの学生も含まれる）である。毎年の支援人数は、全国全日制普通高等教育機関本専科（高等職業学校とダブルディグリーの学生も含まれる）学生全体の3％である。年間支援人数は約51万人であり、1人当たりの支援年額は5,000元である。また、国家励志奨学金を受給する学生は、同年に国家助学金の申請が可能である。ただし、国家奨学金との重複受給ができない。授業料免除を受ける教育部所属の師範大学の師範専攻学生は、国家励志奨学金の受給はできない。

A③「国家助学金」。中央政府と地方政府が共同出資で設立した奨学金であり、主に家計困難な全日制普通高等教育機関の学生（高等職業学校の学生とダブルディグリーの学生も含まれる）を対象にし、生活費の補助として支給する。年間支援人数は、全日制普通高等教育機関（高等職業学校とダブルディグリーの学生も含まれる）学生全体の20％であり、1人当たりの支援年額は3,000元である。また、国家助学金を受給する学生は、同年に国家奨学金、あるいは国家励志奨学金の二重受給ができる。ただし、授業料免除を受ける教育部所属の師範大学の師範専攻学生は、国家助学金を受給できない。審査の詳細は各省・自治区・直轄市が制定し、各省の所管機関が学校の教育水準、授業料水準、入試の合格ライン、就職率、及び専攻設置などの諸要因を総合的に考慮する。私立大学（独立学院も含む）の学生が、国家助学金と国家励志奨学金を申請することができる。

A④「大学独自奨学金」。大学が独自の資金、社会団体や企業寄付、個人

表1-2-1 現行の主な奨学金プログラムの概要（2012年）

種類	プログラム	支援対象	金額（元/年）	受給人数（人/年）
（A）給付	①国家奨学金	成績が最も優秀な学生を対象にする。二年生以上の学生（二年生も含む）。	8,000	5万
	②国家励志奨学金	成績優秀、かつ家計困難な学生を対象にする。二年生以上の学生（二年生も含む）。	5,000	51万
	③国家助学金	家計困難な学生	平均3,000元	340万
	④大学独自奨学金	成績優秀、家計困難	各大学の規定に従って行う	―
	⑤貧困学生手当	家計困難	所属地域の規定に従って行う	―
	⑥ワークスタディ	家計困難	時給8元以上	各大学の規定に従って行う
	⑦グリーンチャンネル	経済困難で入学できない学生を無条件で先に入学させ、入学後に適応な支援策で支援する。	―	―
	⑧師範学生免除	教育部属師範大学6校の師範専攻の学生	授業料と寮費免除、生活費補助	1.2万
（B）貸与	①国家助学ローン	家計困難	6,000	各大学学生数の20％以内
	②生源地助学ローン	家計困難	6,000	制限なし
	③大学無利息助学ローン	家計困難	各大学の規定に従って行う	―
	④一般銀行助学ローン	家計困難	協議で決める	―

出所）全国学生資助管理中心（2012）『中国学生資助発展報告（2007－2011年）』より筆者整理。

寄付等の資金をもとに、奨学金と助学金等を設け、家計困難な学生を支援する。受給人数、受給金額と基準が大学ごとに規定され、各大学の財政力と関係している。

A⑤「貧困学生手当」。家計困難、あるいは、毎月収入が大学所在地の国民平均収入水準を下回り、農村出身や貧困地域出身の学生が対象となる。国公立大学の本科と専科の学生が申請できる。支援の基準は、各大学の所在地の平均生活水準に基づいて設定される。

A⑥「ワークスタディ」。大学は学内の教学補佐、研究補佐、実験補助、大学の関連企業や事務補助などのポストを設け、学生をそれらのポストに配置し、就労の報酬として支給する。学内アルバイトが学生の社会経験を増やすだけでなく、貧困学生に対する一種の奨学金として捉えられる。ワークスタディへの参加は学業勉学に支障を与えない範囲に限定される。原則には毎週の従事時間の上限が8時間で、毎月の従事時間の上限が40時間である。定職に従事する学生の報酬は月単位で計算される。毎月40時間の仕事報酬は原則に大学所在地の最低報酬基準や国民最低生活保障基準を下回ることが許されず、一定範囲での変動が可能である。臨時職に従事する学生の報酬は、時間単位で計算され、時給が原則8元以上となる。ワークスタディの財源については、大学は国家の規定に基づいて立ち上げた基金(中国語で「勤工助学基金」と呼ぶ)から、学生に報酬を支払うことになる。

A⑦「グリーンチャンネル(中国語で「緑色通路」と呼ぶ)」。家計困難で大学進学の断念を防ぐために、教育部、国家発展改革委員会と財政部が、全日制高等教育機関に対し、「グリーンチャンネル」制度を発足した。グリーンチャンネルとは、大学に合格したものの、授業料の支払いが不可能な家計困難な学生を対象にし、授業料を支払わなくても入学させる制度である。入学後に実際の経済状況に応じて授業料、及び大学生活に必要な費用が、奨学金によって補われる。2007年から2011年まで、この制度を利用して入学した学生が合計293.73万人で、新入生の9.35％を占めている。

A⑧「師範学生の費用免除」。2007年秋学期の新入生から、師範生を対象とする高等教育の費用免除制度が始まった。免除対象となるのは、教育部に所属する師範大学6校(北京師範大学、華東師範大学、東北師範大学、華中師範大学、陝西師範大学と西南大学)の師範専攻の学生である。師範学生の在学期間の授業料及び寮費が免除されると同時に、生活費が補助される。年間支援人

数は1.2万人である。

　本書の調査対象には師範大学が含まれていないため、「師範学生の費用免除」は本書の考察の対象とはしない。また、学内の「ワークスタディ」が奨学金の一種類として奨学金政策に含まれたものの、本書では学内外で仕事に従事するのを、「アルバイト」と考えておく。もちろん、学内アルバイトの給料は学外アルバイトの給料とは異なり、政府や大学によって補助されている。しかし、学生が就労時間に対応して給料をもらうことについては、学内アルバイトと学内アルバイトで本質的に違わないため、本書では学内と学外を区別せずに、「アルバイト」とした。

　以上のように給付奨学金にはメリット型とニード型の奨学金が含まれ、多様な支援が進められてきた。しかし問題は、採用基準が成績優秀あるいは家計困難のような言葉で表記されているものの、その詳細については明文化された規定がないことである。奨学生の選抜は各大学で行われるため、各大学に任せれば、ある意味で多様性と公平性を考慮した選抜であると見られる。ただし、成績は客観的な指標であるが、家計状況の判断については明瞭な指標がなく、基準の設定があいまいである。採用基準の曖昧さが、選抜プロセスの不透明を招く恐れがある。

　(B) 貸与奨学金

B① 「国家助学ローン」。家計困難な全日制普通高等教育機関の学生（高等職業学校とダブルディグリーの学生も含まれる）は、在籍大学の奨学金担当部局を通じて銀行に国家助学ローンを申請する。原則的には1人当たりの申請最高年額が6,000元であり、それが在学期間中の授業料、寮費と生活費の不足を補う。具体的金額は各高等教育機関が大学全体の貸出総額、授業料・寮費と生活費基準、及び学生の貧困状況を考慮した上で決められるものである。年間利用人数の上限は、各大学の学生全体の20%であるが、申請者のニーズにできるだけ応じる方針である。契約締結の回数は、一回だけである。学生は大卒後の1～2年以内に元本返済の時点を決め、6年以内に元本と利子を完済する。

B②「生源地信用助学ローン」(以下は「生源地助学ローン」と略称する)。国家開発銀行などのような商業銀行が家計困難な学生を対象に支給する貸与奨学金である。学生（あるいは、その両親）が地元の学生支援管理センター、あるいは金融機構に申し込む。生源地助学ローンは信用貸付で、担保と抵当の必要はない。学生とその両親が連帯債務者であるため、両者共同で返済の責任を負う。貸付の最高年額が6,000元であり、授業料と寮費の支払いに使う。受給人数については上限が設けられず、基本的に申請すれば受給できる。契約締結について、毎年契約を結ばなければならない。国家助学ローンと生源地助学ローンを同時に受給できない。生源地助学ローンの貸付期間は原則的に全日制本専科の正規年数にプラス10年間で、最長期間が14年と規定されている。これは、卒業までの在学年数にプラス10年で計算される。正規在籍年数が4年を超え、あるいは大学院進学や第二学士学位取得の場合には、その勉学年数に応じて卒業後の返済期間を短くさせる。大卒後2年間は猶予期間であるが、猶予期間が過ぎた後に学生と両親（あるいは、他の連帯保証人）が契約通りに年度別に元本と利息を完済する。

　B③「大学無利息助学ローン」。大学が学生に提供した貸与奨学金である。学生の在学期間に利子がない。受給金額と人数は各大学の規定に従って行う。学生への支援は大学の財源力と関係しているため、すべての大学で実施されているわけでない。

　B④「一般銀行助学ローン」。各商業銀行が提供する助学ローンである。一般銀行助学ローンが住宅ローンのように一般の金融機関からの融資であるため、国家助学ローンと比べて利子の補助や信用担保の優遇措置がない。受給金額については銀行、大学と個人が協議して決定する。

　以上の貸与奨学金のうち、国家助学ローンは高等教育の拡大に伴って実施され、国が最も力を注ぐ政策である。生源地助学ローンは国家助学ローン滞納問題の解決策として発足し、国家助学ローンの不足を補完する目的で、近年利用者が増えている。一方、大学無利息助学ローンと一般銀行助学ローンの利用者は少ない。本書での貸与奨学金に関する分析は、主に利用人数の多い国家助学ローンと生源地助学ローンを中心に行う。

また、貸与奨学金が利用される際に、利子も加算されている。国家助学ローンと生源地助学ローンのような貸与奨学金は、在学中4年間の利子が政府によって補助されるが、大卒後に貸与奨学金元金、及び利子の返済が要求されている。利子率の水準は、ローンの返済負担が大きいかどうか、また利用者が増加するかどうかにつながる重要な要因である。貸与奨学金の利子率に関しては、国家助学ローンも生源地助学ローンも同じく中国人民銀行が同期に発表した利子率（貸付基準利子率）を基準にし、変動しないと規定されている。2012年7月6日時点で、中国人民銀行が発表した貸付基準利子率は、返済期間が5年以上の場合に6.55％である[21]。参考としては、住宅積立金[22]を利用して住宅積立金ローン[23]を組んでいる場合の利子率は2012年7月6日時点で4.50％であるのに対して、商業銀行の貸付利子率は基準利子率の0.9～1.7倍であり、信用銀行の貸付利子率は基準利子率の0.9～2.0倍である。これはアメリカの4.5％（2011年）と日本の最高3％（小林2012：29）と比べて、返済利子率がかなり高いことが分かる。インフレ率やデフレ率などを考慮した実質利子率についても、中国の貸与奨学金の利子率は高い[24]。ただし、返済期間を延ばして毎期の返済負担を減らせば、滞納のリスクが減少できるはずである。中国の最長返済期間は前述のように、国家助学ローンは8年間、生源地助学ローンは10年間である。これはアメリカの10～25年、イギリスの25年と日本の20年（小林2012：29）と比べて短い。返済期間が短く、かつ利子率が高いことは、就職状況が良くない現段階においては、かなり厳しい返済条件となってきた。このような背景で、滞納率が高いのは、悪質な滞納者であるためというより、経済的に返済能力を持たない学生が多いためであると考えられる。貸与奨学金の利用者が拡大しないのはこうした制度上の問題を反映している。

2　給付奨学金の受給の流れ

表1-2-2に時間軸を中心に国家奨学金、国家励志奨学金と国家助学金の流れをまとめている。この三つの奨学金プログラムは、給付奨学金のうち最も中心的なものであり、政策及び実施まで多数の政府部門と関わってきた。

表1-2-2　給付奨学金受給の流れ

	日付	国家奨学金	国家励志奨学金	国家助学金
受給人数と予算の制定	5/31	全国学生支援管理センターは財務部・教育部が決めた受給定に従い、各省と中央レベル高等教育機関の国家奨学金受給人数の割当提案を財務部・教育部に提出し、財務部と教育部の承認を仰ぐ。	中央主管部門と各省主管部所管所属の高等教育機関の国家励志奨学金受給人数の割当提案を財務部・教育部に提出する。	中央主管部門と各省主管部所管所属の高等教育機関の国家助学金受給人数の割当提案を財務部・教育部に提出する。
	7/31	財務部・教育部は国家奨学金受給人数の割当と予算を中央主管部門と各省財政・教育部門に伝達する。	財務部・教育部は、中央主管部門と各省主管部門が提出した割当方案に関する審査作業を、全国学生支援管理センターに委託する。	
	9/1		財務部・教育部は全国学生支援管理センターの審査結果を参考にし、受給者の割当と予算を、中央主管部門と各省財政・教育部門に伝達する。	
↓		中央主管部門と各省財政・教育部門は受給人数の割当と予算を各高等教育機関に伝達する。		
申請と選抜	9/30	高等教育機関の学生支援管理部が奨学金の申請と評価を担当する。学生支援管理部が各学部から推薦した受給者リストを取りまとめ、大学幹部の審査を終え、大学構内で受給者リストを公示する。公示期間が少なくとも五日間の勤務日である。異議がなければ、中央レベルの高等教育機関は受給者名簿を直接に中央所管部門へ、地方レベルの高等教育機関は受給者名簿をボトムアップ行政システムに従い、最終的に省教育部門へ報告する。	申請と審査は各高等教育機関で行う。高等教育機関は選抜の詳細を制定し、中央主管部あるいは省レベル教育行政部門に報告して記録に記載しなければならない。選抜と審査する際に、農業・林業・水産業・地質・鉱山・石油などの諸特殊専攻の学生を優先する。	
			学生は申請手続きを行い、申込書「普通本科高校、高等職業学校国家励志あるいは、国家助学金）申請表」を大学に提出する。	
			高等教育機関の学生支援管理部が奨学金の申請と評価を担当する。学生支援管理部が各学部から推薦した受給者リストを取りまとめ、大学幹部の審査を終え、大学構内で受給者リストを公示する。公示期間が少なくとも五日間の勤務日である。異議がなければ、中央レベルの高等教育機関は受給者名簿を直接に中央所管部門へ、地方レベルの高等教育機関は受給者名簿をボトムアップ行政システムに従い、最終的に省教育部門へ報告する。	高等教育機関の学生支援管理部は家計困難学生の認定と等級分けを行い、国家助学金受給者リスト、及び受給等級の草案を大学幹部に提出する。大学幹部の承認を終え、受給者名簿を高等教育機関の所属別に中央主管部門、あるいは省教育部門へ報告する。

第1章　中国奨学金政策の変遷と概要　69

申請と選抜 ↓ 支給	10/31	中央所管部門と省教育部門は審査、取りまとめの後、教育部に報告して指示を仰ぐ。教育部は審査を経て承認し、公告を公開する。	中央主管部門と各省教育部門は承認する。	
	11/15	高等教育機関は国家奨学金を一括で受給者に支給し、奨励証書を授与すると同時に、学生の学籍調書に記入する。	高等教育機関は国家励志奨学金を一括で受給者に支給し、学生の学籍調書に記入する。	高等教育機関は国家助学金を月ごとに受給者に支給する。
	11/30			

出所)『普通本科高校、高等職業学校国家奨学金管理暫行弁法』(財教［2007］90号)、『普通本科高校、高等職業学校国家励志奨学金管理暫行弁法』(財教［2007］91号)、『普通本科高校、高等職業学校国家助学金管理暫行弁法』(財教［2007］92号)

　表1-2-2に示したように、定員の制定機関、審査機関、審査のルートと許可機関がそれぞれ異なるが、時間軸で受給の流れを見ると、9月までに受給人数と予算を制定し、9月から11月中旬ごろまでに申請と選抜を行い、11月中旬から下旬にかけて支給する、という流れが各給付奨学金プログラムの共通点である。そのほか、国家奨学金の受給に関する規定が一番細かく、国家励志奨学金と国家助学金に関する規定と似ている部分が多い。以下では具体的にそれぞれの給付奨学金プログラムの受給がどの機関を通じて行うのかについて、詳細を整理する。

(1) 国家奨学金

　国家奨学金受給の流れは図1-2-1に示した。

　まず、全国学生支援センターは国家奨学金の定員と各省分配方案を作成し、毎年の5月31日までに財政部・教育部に提出する。財政部・教育部が定員枠と各省への分配方案について検討した上で決定し、7月31日までに中央主管、あるいは地方主管に定員枠と各省分配方案を伝達する。9月1日までに中央主管と地方主管が各高等教育機関に定員枠と各省分配方案を伝達する。

　9月1日から新学期が開始し、大学が国家奨学金の募集要項を掲載するに伴い、申請募集が始まる。大学は受給者の選考を行い、推薦者リストを学内

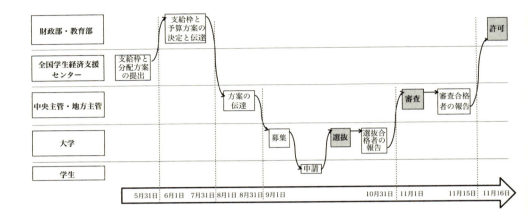

図1-2-1　国家奨学金受給の流れ
出所）『普通本科高校、高等職業学校国家奨学金管理暫行弁法』（財教［2007］90号）より筆者整理。

で公示した後、異議がなければ、10月31日までに推薦者リストを、中央主管、あるいは地方主管に報告する。中央主管と地方主管は受給者の申請書類を審査する上で財務部・教育部に報告し、11月15日までに財務部・教育部が受給者を認定する。

(2) 国家励志奨学金

　国家励志奨学金の受給の流れについては図1-2-2のように、国家励志奨学金の定員枠と分配方案の制定は国家奨学金と違い、まず中央主管・地方主管によって行われる。中央主管と地方主管は毎年の5月31日までに、所属大学の定員枠と分配方案を、財務部・教育部に提出する。財務部・教育部は分配方案の審査を全国学生支援センターに委託し、全国学生支援センターの審査及び評価結果を参考にした上で、7月31日までに中央主管と地方主管に定員枠と予算を伝達する。中央主管と地方主管は9月1日までに所属の各高等教育機関に定員と予算を伝達する。

　9月1日から大学で国家励志奨学金の申請と選抜を行い、大学が推薦者リ

第1章　中国奨学金政策の変遷と概要　71

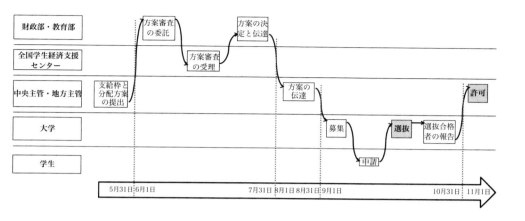

図1-2-2　国家励志奨学金受給の流れ
出所）『普通本科高校、高等職業学校国家励志奨学金管理暫行弁法』（財教［2007］91号）より筆者整理。

ストを中央主管、あるいは地方主管に報告する。中央主管と地方主管は10月31日までに審査する上で、受給者を認定する。

(3) 国家助学金

国家助学金の受給の流れは**図1-2-3**に示したように、国家励志奨学金と同じく、毎年の5月31日までに中央主管・地方主管が方案を制定してから、財務部・教育部に提出する。そして全国学生支援センターが財務部・教育部から方案審査の依頼を受け、方案を決定する。7月31日までに財務部・教育部から方案を伝達して、8月31日までに中央主管・地方主管から各高等教育機関に方案を伝達する。

9月1日から学生が大学に国家助学金の申請を提出し、大学が受給者を選抜して認定する。11月15日までに大学は受給者リストを中央主管、あるいは地方主管に報告する。

以上のように、国家奨学金、国家励志奨学金と国家助学金の受給の流れか

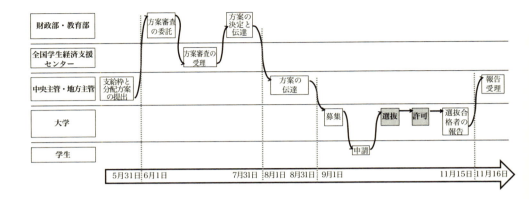

図1-2-3　国家助学金受給の流れ
出所)『普通本科高校、高等職業学校国家助学金管理暫行弁法』(財教［2007］92号) より筆者整理。

ら分かるのは、給付奨学金政策の実施に関わる部門が同じであるものの、方案の制定から選抜、及び受給決定までの流れが若干異なることである。支給枠及び分配方案の提案について、国家奨学金は全国学生経済支援センターで行われ、国家励志奨学金と国家助学金は全国学生経済支援センターの下部機関である中央主管・地方主管で行われる。提案の審査と確定については、国家奨学金は最高行政部門である財政部・教育部で行われ、国家励志奨学金と国家助学金は財政部・教育部が所管する全国学生経済支援センターに審査を委託される。さらに、給付奨学金の申請と選抜はいずれも大学で行われるものの、奨学生の決定部門はそれぞれ違う。具体的には、国家奨学金の選抜と審査は一番厳しく、中央主管・地方主管が審査する上で、財務部・教育部で最終的に決定する。これに対して、国家励志奨学金受給者の最終決定部門は中央主管・地方主管であり、国家助学金受給者の最終決定部門は大学である。申請条件と選抜基準の厳しい奨学金ほど、受給者の選抜に直接関わる行政部門が多いのに対して、選抜基準がそれほど厳しくない奨学金であれば、受給者の選抜に関わる行政部門が少ないことが分かる。

3　貸与奨学金の利用及び返済の流れ

　国家助学ローンにしても、生源地助学ローンにしても、実施される際に共通しているのは、学生在学中の利子補助とリスク補填金の支払いである。貸与奨学金が利用される際に、大学在学中の4年間は、利子の全額が国の財政によって助成されるため、利子が発生しない。在学中利子補助の負担については、中央所属の高等教育機関に進学する場合は、中央財政が負担する。地方所属の高等教育機関に進学し、かつその進学先が学生の出身省以外に立地する場合は、中央財政が負担する。地方所属の高等教育機関に進学し、かつその進学先が学生の出身省に立地する場合は、地方政府が負担する。大学卒業後の利子は学生と親が負担する。

　また、貸与奨学金の実施は銀行にとっては、大きなリスクとコストを抱えている。なぜなら貸与奨学金は、政策性によって推進され、その業務の営利性が低く、収益の見込みが高くないからである。この問題を解消するために、リスク補填金制度が設けられた。これは銀行の貸付リスクを低く抑えるために、政府と高等教育機関が銀行に出資する制度である。リスク補填金の金額は実際に発生した貸与奨学金金額の10％～15％と設定されている。しかし、この比率が一時20％にも達した滞納率より下回り、銀行のリスクを補う役割は決して高くないという意見もあった（焦2009）。

　このように貸与奨学金の利子とリスク補填金が、滞納リスクを最小限に抑え、銀行の業務遂行のインセンティブを高められると期待されている。しかし、貸与奨学金は政策性が強いものの、大学もリスクを背負い、政府・大学・銀行の利害関係がさらに複雑になる懸念もある。

　以下ではそれぞれの利用、及び返済の流れを詳細に整理する。

（1）利用の流れ
a. 国家助学ローン

　図1-2-4に国家助学ローン受給の流れを示した。申請する際にまず、学生は学生証、戸籍証明、県政府などの民政部門が発行した家庭経済困難証明書、及び「国家助学ローン申請審査表」などの書類を準備した上で、大学に申請

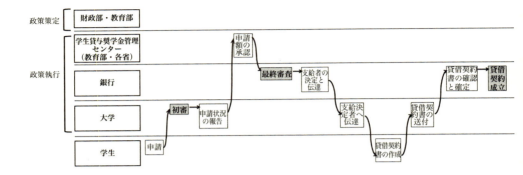

図1-2-4　国家助学ローン受給の流れ
出所）中華人民共和国財政部教科文司、中華人民共和国教育部財務司、全国学生資助管理中心『高等学校学生資助政策簡介』25（2012年6月）より筆者整理。

を申し込む。大学の担当部門が申請書類の最初の審査を行う。

次に、大学は初審の結果を全国学生支援センターに報告する。学生支援センターが申請の貸与額を承認し、業務提携の銀行に報告する。銀行が申請書類の完備性、真実性、合法性と有効性について最終審査を行い、審査の結果を学生の在籍大学に通知する。それから、学生が作成した貸与奨学金の契約書類を、大学を通して銀行に提出する。銀行は書類の最終チェックを行った後、貸付通知書を発行し、学生の在籍大学に通知する。

貸与金額は銀行から直接学生に支給する。大学は学生の貸与奨学金の使用状況を監督する。また、学生の学籍変動、休学と退学のいずれかの場合には、大学を通して利用中止の手続きを行う。貸与奨学金の返済については、学生が大学を卒業する前に、大学を通して返済期間の猶予や返済誓約書などの手続きを行う。

b.生源地助学ローン

図1-2-5に生源地助学ローン受給の流れをまとめた。申請する際にまずは、

第1章　中国奨学金政策の変遷と概要　75

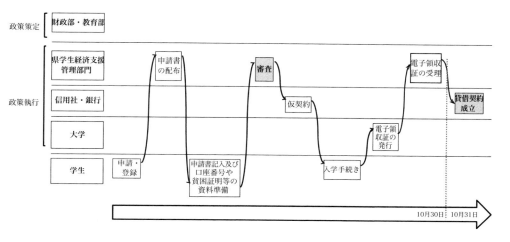

図1-2-5　生源地助学ローン受給の流れ
出所）中華人民共和国財政部教科文司、中華人民共和国教育部財務司、全国学生資助管理中心『高等学校学生資助政策簡介』（2012年6月）より筆者整理。

　学生が貧困証明書類、身分証明書類と郵貯銀行口座を持って、県（市・区）教育局学生支援管理部門で申請登録し、「国家開発銀行生源地信用助学ローン申請表（以下略称「申請表」）を入手する。申請者は申請表に記入し、必要な関係部門の証印をもらう。

　次に、学生とその両親が準備した書類を県（市・区）教育局学生支援管理部門に提出する。県（市・区）教育局学生支援管理部門が諸書類について審査する。その後、国家開発銀行が学生とその両親と仮契約を結び、銀行口座から利子を差し引く権限が授与される。それから、学生は仮契約を持って大学入学手続きを行った後、仮契約を郵送（2011年からネット送信方式へ変更）で教育局学生支援管理部門に返却しなければならない。仮契約が返却される時点で、本契約の締結となる。この一連の手続きは毎年の10月31日までに完了しなければならない。入学後30日間以内に教育局学生支援管理部門に仮契約が返却されない場合、助学ローン申請の取り消しとして処理される。

　契約を締結してから、信用社・銀行は契約で決まった日に、指定口座

(2011年以降、オンライン決済サービス「Alipay（中国語で「支付宝」という）」の利用が進められている）に貸与奨学金を入金する。返済も同じ口座（あるいは「Alipay」）から引き落とす。

　このように国家助学ローンと生源地助学ローンは、同じく貸与奨学金であるものの、貸与奨学金の業務に関わる部門が異なる。具体的には、国家助学ローンは銀行、大学と学生以外に、学生貸与奨学金管理センターも関与している。特に大学は学生の申請機関であるほか、審査などの業務にも関わり、銀行と学生の間の架け橋としての役割を果たしている。一方、生源地助学ローンの場合には、大学と学生のほか、信用社や信用銀行が業務提携の金融機関として業務を遂行する。学生貸与奨学金管理センターではなく、地元の県レベルの学生支援管理部門が生源地助学ローンの実施に直接に関わり、大きな役割を果たす。地元の管理機関が学生の情報を最も把握しやすいことが、生源地助学ローン普及の理由である。

　(2) 返済の流れ

　国家助学ローンと生源地助学ローンの返済に当たって、いずれも猶予期間（最長2年）が設けられている。猶予期間には、元金の返済が必要ではないが、利子の返済が必要となる。劉（2011：16）の試算によると、2年猶予期間が付いた場合の返済総額（33,491元）は返済猶予なしの場合の返済総額（29,063元）よりも多くなった。返済の猶予期間は返済負担を軽減するための方策であるにもかかわらず、学生の返済負担とリスクを高める結果に至ったという。

　貸与奨学金返済の流れを、国家助学ローンと生源地助学ローン別に整理していく。

　　a.国家助学ローン

　図1-2-6に国家助学ローン返済の流れを示した。学生が卒業前に返済確認の手続きを行い、返済方式を決めていく。返済には三つのパターンがある。

　一つ目のパターンは、計画通りに返済する場合である。返済の方式は、卒業後の生活地域によって異なる。学生の卒業後の生活地域が大学所在地と違

第1章　中国奨学金政策の変遷と概要　77

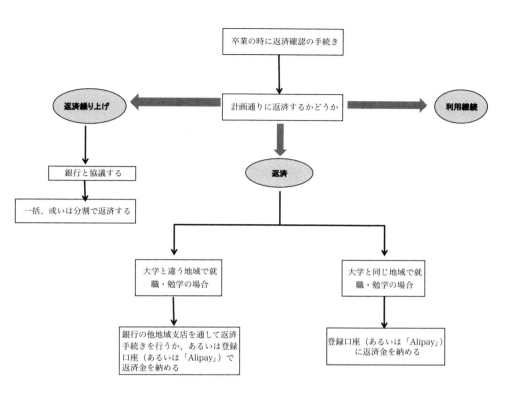

図1-2-6　国家助学ローン返済の流れ
出所）中華人民共和国財政部教科文司、中華人民共和国教育部財務司、全国学生資助管理中心『高等学校学生資助政策簡介』（2012年6月）より筆者整理。

う場合、卒業後の生活地域にある銀行支店を通して返済手続きを行うか、あるいは登録された口座（あるいは「Alipay」）で返済金を納めて返済するか、という二つの方法がある。一方、学生の卒業後の生活地域が大学所在地と同じ場合、口座（あるいは「Alipay」）に返済金を納めて返済する。

　二つ目のパターンは、卒業前に返済を希望する場合である。返済の方式については一括で返済するか、あるいは分割で返済するか、という二つの方法があるが、学生は銀行と相談する上で決めていく。

　三つ目のパターンは、卒業後に大学院に進学し、貸与奨学金利用を延長す

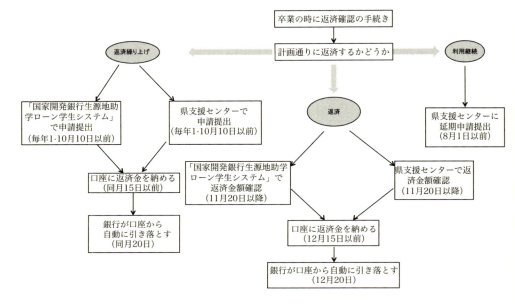

図 1-2-7　生源地助学ローン返済の流れ

注）2011年以降、銀行口座よりオンライン決済サービス「Alipay」の利用のほうが勧められ、主流となっている。
出所）中華人民共和国財政部教科文司、中華人民共和国教育部財務司、全国学生資助管理中心『高等学校学生資助政策簡介』(2012年6月) より筆者整理。

る場合である。学生は大学卒業前に、銀行に利用延長の書類、及び大学院入学許可の書類を提出する。銀行は、大学院の在籍情報を確認する上で、貸与奨学金利用の延長を許可する。大学院の在籍期間中に利子補助が適用される。

b. 生源地助学ローン

図 1-2-7 に生源地助学ローン返済の流れを示した。国家助学ローンの返済と同じで、学生が卒業前に返済確認の手続きを行い、返済方式を決めていく。返済には三つのパターンがある。

一つ目のパターンは、計画通りに返済する場合である。学生は11月20日以降に返済金額を確認する。「国家開発銀行生源地助学ローン学生システム」のホームページで返済金を確認するか、あるいは県支援センターで返済

金を確認するか、という二つの方法がある。それから、学生が12月15日までに登録された口座（あるいは「Alipay」）に返済金を納める。銀行が12月20日に口座（あるいは「Alipay」）から引き落とす。

　二つ目のパターンは、卒業前に返済を希望する場合である。毎年10月10日以前に、学生が繰り上げ返済の申請を提出する。申請提出の方式については、「国家開発銀行生源地助学ローン学生システム」のホームページで申請するか、あるいは県支援センターで申請するか、という二つの方法がある。それから、同月15日までに、学生が登録された口座（あるいは「Alipay」）に返済金を納める。銀行は同月20日に口座（あるいは「Alipay」）から引き落とす。

　三つ目のパターンは、卒業後に大学院に進学し、貸与奨学金利用期間を延長する場合である。毎年の8月1日までに、学生が県支援センターに利用延長の書類、及び大学院入学許可の書類を提出する。銀行や農村信用社は、在籍状況が確認する上で、貸与奨学金の利用延長を認可する。国家助学ローンと同様に、大学院の在籍期間中に利子補助が適用される。

　以上は、国家助学ローンと生源地助学ローンの受給、及び返済の流れについて概観した。契約通りに返済できず滞納する場合に、滞納金が課され、法的な責任を負わなければならないほか、学生の将来の信用情報にも影響を与える。中国の個人信用情報データベースについては1999年から十数年にかけて徐々に整備され、2013年3月からようやくテスト運営が開始された（付表3を参照）。このような個人信用情報データベースによる一括管理が、貸与奨学金の滞納者の追跡及び返済管理に役立つ。

第3節　奨学金実施のマクロ的な推移

　前述のように中国における奨学金の研究に最も大きな制約は統計データの不備であり、時系列で奨学金の実施状況を見ることができない。2007年以降のデータの一部が公開されており、本節は2007年〜2011年のマクロデータを用いて、給付奨学金と貸与奨学金の実施の推移を把握する。

表1-3-1　給付奨学金の受給人数及び学生総数に占める割合[1]（2007～2011年）

		奨学金[2]	助学金	貧困学生手当	食費補助	ワークスタディ	授業料免除(a)[3]	授業料免除(b)[4]
人数（万人）	2007年	477	572	180	861	271	27	1
	2008年	573	628	275	2290	222	37	2
	2009年	724	675	187	886	295	42	4
	2010年	732	631	231	1554	276	16	5
	2011年	739	665	208	1732	272	34	8
％	2007年	25.3	30.3	9.5	45.7	14.4	1.4	0.1
	2008年	28.4	31.1	13.6	113.3	11.0	1.8	0.2
	2009年	33.7	31.5	8.7	41.3	13.8	1.9	0.2
	2010年	32.8	28.3	10.4	69.6	12.4	0.7	0.2
	2011年	32.0	28.8	9.0	75.0	11.8	1.5	0.3

注）①受給人数が学生全体に占める割合（％）＝（給付奨学金項目の受給人数／同年度普通高等教育機関の全体学生数）×100
②奨学金には中央政府と地方政府が設立した給付奨学金、大学の事業収入のうち学生支援に使う給付奨学金、及び社会から寄付された給付奨学金が含まれている。
③授業料免除（a）は普通高等教育の学生を対象とする授業料免除である。
④授業料免除（b）は師範大学の学生を対象とする授業料免除である。
出所）『中国学生資助発展報告（2007－2011年）』

1　給付奨学金

（1）受給人数の推移

　表1-3-1には2007年から2011年までの給付奨学金プログラム（奨学金、助学金、貧困学生手当、食費補助、ワークスタディと授業料免除が含まれている。下同）別に受給人数、及び学生全体に占める割合をまとめている。プログラム別に見ると、「食費補助」を受ける学生が一番多く、学生全体の4割以上を占めている。次に受給人数が多いのは、「奨学金」と「助学金」であり、それぞれ学生全体の3割前後を占めている。「ワークスタディ」と「貧困学生手当」を受ける学生は学生全体の1割で、「授業料免除」を受ける学生が最も少ない。

第1章 中国奨学金政策の変遷と概要　81

表1-3-2　給付奨学金の支給総額（2007～2011年）（億元）

項目 年	奨学金[1]	助学金	貧困学生手当	食費補助	ワークスタディ	授業料免除（a）[2]	授業料免除（b）[3]
2007年	66.1	64.7	7.1	14.3	12.4	7.8	1.1
2008年	68.6	92.0	9.1	30.8	14.8	10.5	2.4
2009年	92.9	95.3	7.0	15.9	14.3	8.1	4.2
2010年	108.7	124.4	5.5	16.8	15.5	3.6	5.5
2011年	110.2	152.1	6.1	31.4	17.1	18.1	6.3

注）①奨学金には中央政府と地方政府が設立した給付奨学金、大学の事業収入のうち学生支援に使う給付奨学金、及び社会から寄付された給付奨学金が含まれている。
　　②授業料免除（a）は普通高等教育の学生を対象とする授業料免除である。
　　③授業料免除（b）は師範大学の学生を対象とする授業料免除である。
出所）『中国学生資助発展報告（2007－2011年）』

　また、時系列に見ると、受給者が増加する傾向があり、より多くの学生が給付奨学金の恩恵を受けるようになっていることが分かる。「食費補助」、「奨学金」と「助学金」の受給者が比較的多い。

（2）支給総額の推移
　表1-3-2には、2007年から2011年までに、給付奨学金プログラム別の支給総額を示した。各プログラムの支給総額が年々増加し「奨学金」と「助学金」の支給総額が最も高い。表1-3-1の受給人数と合わせてみると、「奨学金」と「助学金」は受給人数が多く、支給総額が高く、給付奨学金の中で重要な役割を果たしていることが分かる。
　一方、「食費補助」は受給人数が多いが、支給総額がそれほど高くないため、給付奨学金の補完的な支援プログラムとして見られる。「ワークスタディ」の支給総額も年々増加したものの、他のプログラムの支給総額と比べると、決して高いわけではない。また、「貧困学生手当」と「授業料免除」のような支援プログラムは、ごく一部の学生しか受けられず、支給総額が比較的に低いことが分かる。

表1-3-3　貸与奨学金の利用人数及び学生総数に占める割合[1]（2007～2011年）

		国家助学ローン	生源地助学ローン	返済特別免除[2]	大学無利子貸与奨学金
人数（万人）	2007年	131	11	0	7
	2008年	111	15	0	6
	2009年	85	86	5	9
	2010年	81	128	6	7
	2011年	73	170	10	7
％	2007年	6.9	0.6	0.0	0.4
	2008年	5.5	0.8	0.0	0.3
	2009年	3.9	4.0	0.2	0.4
	2010年	3.6	5.8	0.3	0.3
	2011年	3.2	7.4	0.4	0.3

注）①受給人数が学生全体に占める割合（％）＝（貸与奨学金項目の受給人数／同年度普通高等教育機関の全体学生数）×100
　　②返済特別免除には、2007年と2008年の兵役免除データが含まれていない。
出所）『中国学生資助発展報告（2007－2011年）』

2　貸与奨学金

（1）利用人数の推移

表1-3-3には、2007年から2011年にでの貸与奨学金の受給人数の推移と学生全体に占める割合を示した。プログラム別に見ると、「国家助学ローン」と「生源地助学ローン」の受給人数は、「返済特別免除」と「大学無利子貸与奨学金」の受給人数より多い。貸与奨学金の中では、「国家助学ローン」と「生源地助学ローン」が主な支援策であり、よく利用されていることが分かる。

また、時系列で見ると、「国家助学ローン」を利用する学生が徐々に減少し、「生源地助学ローン」を利用する学生が増加している。しかも、2009年から、「生源地助学ローン」の利用人数が、「国家助学ローン」の利用人数を上回った。「生源地助学ローン」の実施が、2007年から始まって数年の間、利用者が急速に拡大したことが分かる。ただし、いずれせよ、貸与奨学金の

利用人数が年々伸びているものの、学生全体に占める割合は1割を大きく下回っている。学生全体から見ると、貸与奨学金の利用者が極めて少ないことが分かる。

(2) 支給総額の推移

貸与奨学金プログラム別に利用総額（表1-3-4）を見ると、「国家助学ローン」と「生源地助学ローン」の利用総額が比較的多い。時系列で見ると、「国家助学ローン」と「大学無利子貸与奨学金」の利用総額が減少の傾向を表し、「生源地助学ローン」と「返済特別免除」の利用総額が増加の傾向を表した。「国家助学ローン」と「生源地助学ローン」については、2009年から「生源地助学ローン」の利用総額が「国家助学ローン」より上回った。つまり、利用総額にしても、「生源地助学ローン」が最もよく利用される貸与奨学金プログラムであることが分かる。

また、給付奨学金と貸与奨学金の利用総額の時系列変化を合わせて示したのは図1-3-1である。2007年に国家助学ローン（貸与）の利用総額は最も多く、給付奨学金の利用総額よりも上回っていた。しかし、2007年以降に国家助学ローン（貸与）の利用総額が急減に減少し、2011年に最も低いプログラムとなった。これに対して、政策的転換により、生源地助学ローンの利用

表1-3-4　貸与奨学金の利用総額（2007～2011年）（億元）

項目 年	国家助学ローン	生源地助学ローン	返済特別免除[1]	大学無利子 貸与奨学金
2007年	73.1	6.0	0.1	11.6
2008年	57.4	8.6	0.2	1.8
2009年	44.7	48.9	7.0	3.5
2010年	41.9	71.7	7.8	3.0
2011年	39.4	97.0	11.3	2.9

注）返済特別免除には、2007年と2008年の兵役免除データが含まれていない。
出所）『中国学生資助発展報告（2007－2011年）』

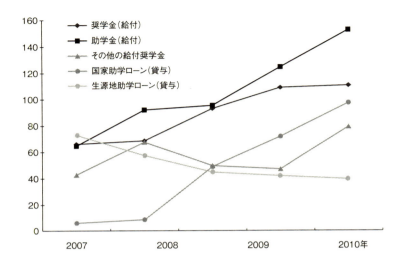

図1-3-1　奨学金の支給総額の比較（2007～2011年）（億元）

注）①奨学金（給付）は、表1-3-2の「奨学金」を指す。
　　②助学金（給付）は、表1-3-2の「助学金」を指す。
　　③その他の給付奨学金は、表1-3-2の「困難学生補助」、「食費補助」、「ワークスタディ」、「授業料免除（a）」と「授業料免除（b）」の合計を指す。
　　④国家助学ローン（貸与）は、表1-3-4の「国家助学ローン」を指す。
　　⑤生源地助学ローン（貸与）は、表1-3-4の「生源地助学ローン」を指す。
出所）『中国学生資助発展報告（2007－2011年）』

総額は、2007年から急速に増え、2011年に給付奨学金の支給総額に追いつく勢いで急増した。一方、給付奨学金のどのプログラムにおいても、増加の傾向を表している。特に2008年から助学金（給付）の支給総額は、他のプログラムと比べて最も多い。

　さらに、1人当たりの支給額（図1-3-2）を比較してみると、貸与奨学金は給付奨学金より1人当たりの支給金額が高いことが分かる。給付奨学金の受給人数が多いものの、1人当たりの金額は決して高くない。奨学金と助学金の1人当たりの支給額は1,000元～3,000元の水準で、貧困学生手当と食費補助の1人当たりの支給金額はさらに低い。一方、前に述べたように貸与奨学金の利用人数は少ないものの、1人当たりの金額が高い。国家助学ローンと

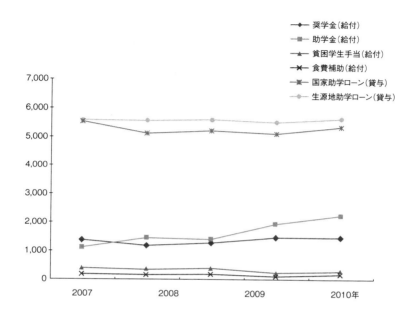

図1-3-2　1人当たりの奨学金支給額の比較（2007～2011年）（元）

注）1人当たりの奨学金支給額＝支給総額／利用人数
　　支給総額のデータは表1-3-2（給付奨学金）と表1-3-4（貸与奨学金）のデータを用いる。
　　利用人数のデータは表1-3-1（給付奨学金）と表1-3-3（貸与奨学金）のデータを用いる。
出所）『中国学生資助発展報告（2007－2011年）』

生源地助学ローンの1人当たりの利用金額は5,000元～6,000元の水準である。

小　括

　本章は、中華人民共和国建国後に中国の高等教育が拡大する中で、奨学金制度の変遷と発展を整理し、現段階（2013年）における奨学金体制の構成、及び奨学金の利用状況を考察した。

　具体的に第1節では、1952年以来の奨学金制度の変遷を三段階に分けて整理した。まずは、1952年から1982年までは（第1段階）、奨学金政策実施の初段階であった。人材養成の政治意図を実現するために、エリートとしての

学生の生活を全面的に支援し、給付型の奨学金がメインであった。続いて、1983年から1998年までは（第2段階）、奨学金制度が徐々に充実した段階であった。一部の学生を対象とする授業料の徴収に対応して、奨学金政策の改善と充実が行われた。奨学金の対象が学生全員でなくなったものの、支援項目には給付奨学金のほか、貸与奨学金も取り入れられた。奨学金制度のさらなる充実を図ったのは、1999年から現在までの第3段階である。授業料の全面徴収に伴い、高等教育の量的拡大を遂げた背景で、奨学金政策の重要性が高まった。奨学金政策は授業料政策と組み合わされて設計されたというより、むしろ授業料政策より遅れて実施され、授業料上昇の格差を是正するために位置づけられたものと見られる。給付奨学金の拡大だけでなく、貸与奨学金の充実により、奨学金システムが多様化した。

　しかし、奨学金プログラムが多様になったが、第2節で各プログラムの概要を考察した結果、採用基準の不透明性と制度上の不合理性が存在していることが分かった。例えば、採用基準は具体性に欠ける傾向にあり、客観的な評価指標がない。貸与奨学金の返済期間が短く、金額が低いという制度設計は、貸与奨学金の利用を妨げる恐れがある。このように制度上の欠点が、実際に奨学金の実施にどのような問題をもたらしたのか、奨学金政策の役割が果たしたのかは、実証分析の部分で考察する。

　第3節では、マクロレベルにおいて、給付奨学金にも貸与奨学金にも、受給人数と支給総額が増加し続けることが分かった。特に生源地助学ローンの利用総額が近年急増し、一部の給付奨学金プログラムの支給総額よりも上回っていた。貸与奨学金の重要性がますます増えていることが分かる。しかし、これはあくまでもマクロデータから得られた結果である。

　奨学金プログラムのうち、国家奨学金は最も学業優秀な学生を奨励する給付奨学金であるほか、国家励志奨学金や大学独自奨学金も奨励の目的が含まれている。また、国家助学金や貧困学生手当のような給付奨学金は家計困難な学生への支援が主な政策意図となっている。一方、貸与奨学金は高等教育の拡大及び授業料の上昇という背景で、教育機会の均等を実現するための方策となっている。このように各種の奨学金はそれぞれの政策意図に基づいて

作られたものであるが、実際に政策意図通りに学生の勉学や生活に役割を果たしているのかは、必ずしも明らかになっておらず、マクロレベルの考察には限界がある。従って、以下の章節で高校生と大学生を対象とする質問票調査のデータを用い、大学進学前と在学中に焦点を当て、奨学金の配分と効果を究明する。

【注】

1　大躍進段階は第1次5か年計画（1953-57年）が終わる頃から、大衆を大量に動員することによって、短期間のうちに農工業の大増産政策を施行した時期である。教育分野でも授業と並行して労働が行われたり、学校が無理に増設されたりするなどした。しかし、人々の混乱や自然災害の発生により失敗に終わった（楠山2010：51）。

2　勤工助学はワークスタディを指す。

3　「委託生」は委託先に大学費用を出資してもらい、卒業後に委託先で就職する学生を指す。

4　中国語原文『高等学校接受委託培養学生的実行弁法』（教計財［1984］110号）

5　中国語原文『中共中央関於教育体制改革的決定』（1985年5月27日）

6　国家教育委員会は現在の教育部に相当する機関である。1997年から教育部に改称した。

7　優秀学生奨学金の対象者は多面に優れている学生である。受給金額は三つのランクに分ける。一等奨学金は1人当たり年間350元で、在籍学生数の5％が受給する。二等奨学金は1人当たり年間250元で、在籍学生数の10％が受給する。三等奨学金は1人当たり年間150元で、在籍学生数の10％が受給する。（出所：1986年『普通高等教育機関の人民助学金と学生貸与制度に関する改革について』）

8　専攻奨学金は師範、農林、民族、体育と航海専攻学生向けの奨学金である。一等専攻奨学金は1人当たり年間400元で、在籍学生数の5％が受給する。二等専攻奨学金は1人当たり350元で、在籍学生数の10％が受給する。三等専攻奨学金は1人当たり200元で、85％の学生が受給できる。（出所：1986年『普通高等教育機関の人民助学金と学生貸与制度に関する改革について』）

9　定向奨学金は卒業後辺境地域や貧困地域での就職を希望する学生、あるいは鉱業や水利などの業界で就職を希望する学生のために、設置された奨学金である。年間1人当たりの受給金額基準は、一等が500元、二等が450元、三等が400元

である。(出所:1986年『普通高等教育機関の人民助学金と学生貸与制度に関する改革について』)
10 国家教育委員会『普通高等教育機関が自費学生募集に関する規定』(1990年)
11 中国人民銀行は中国の唯一の中央銀行である。金融市場を主管する政府機能を持つ。
12 中国工商銀行は中国建設銀行、中国銀行、中国農業銀行とともに中国四大商業銀行の一社である。
13 農村信用社は中国農村部に展開する金融機関である。農民が個人で融資を受ける。
14 出所:「貧困性資助政策之:助学貸款無法回避的困境」(2008年8月14日) (http://edu.aweb.com.cn/2008/8/14/5118200808141519700.html) 2012年11月23日検索。
15 出所:『中国教育報』2009年6月23日付
16 中国語原文:中国人民銀行『関於下達2003年国家助学貸款指導性貸款計画的通知』(2003年8月8日)
17 西部地域はチベット、内モンゴル、広西、重慶、四川、貴州、雲南、陝西、甘粛、青海、寧夏と新疆という12省(自治区、直轄市)、及び湖南湘西、湖北恩施、吉林延辺自治州、海南省原黎族苗族自治州に属する6つの民族自治県(陵水県、保亭県、瓊中県、楽東県、白砂県、昌江県)、東方市と五指山市に属する県級以下の地域を指す。辺鄙地域は西地域以外に、国務院が指定した貧困地域である。(出所:高等教育機関における卒業生を対象とする国家助学ローンの返済免除に関する通知」(財教[2006]133号))
18 農村信用社は中国農村部に展開する金融機関である。
19 西部地域はチベット、内モンゴル、広西、重慶、四川、貴州、雲南、陝西、甘粛、青海、寧夏と新疆という12省(自治区、直轄市)を指す。中部地域は河北、山西、吉林、黒龍江、安徽、江西、河南、湖北、湖南と海南という10省を指す。辺鄙地域は中西地域以外に、国務院が指定した貧困地域である。(出所:『高等教育機関における卒業生を対象とする授業料免除、及び貸与奨学金の返済免除についての暫定方法』(財教[2009]15号))
20 2007年に設立した国家奨学金は、2002年に実施した国家奨学金の名称を踏襲した。しかし、支援対象は学業が最も優秀な学生であり、支援の基準は1人当たり年額の5,000元(2005年の国家助学奨学金の奨学金年額)から8,000元まで上がった。
21 出所:和讯銀行ホームページ(http://data.bank.hexun.com/ll/dkll.aspx?page=1)

2013年3月3日検索。
22 「住宅積立金の管理条例」(2002)によれば、住宅積立金(中国語では、住房公積金)とは、国家機関、国有企業、都市部集団企業、外商投資企業、都市部私営企業及びその他の都市部企業、事業単位、民営非企業単位、社会団体及びその在職従業員が積み立て、従業員が自ら居住する住宅を購入、建築、改築、修繕する場合に使用される長期住宅準備金をいう。
23 住宅積立金ローンは、各地の住宅積立金管理センターが住宅積立金で在職中或いは住宅積立金を納付した退職の従業員の担保付貸付に商業銀行を頼むことである。
24 実質利子率＝借りる時の名目利子率－予期される物価の変動率。2012年の物価の変動(中国【＋2.65％】、アメリカ【＋2.08％】、日本【－0.04％】)に基づき、計算した実質利子率は、中国3.50％、アメリカ2.42％、日本3.04％である。
25 (http://www.moe.gov.cn/publicfiles/business/htmlfiles/moe/s6197/201208/140381.html) 2012年8月検索。

第2章　奨学金の進路選択に与える影響

　本章では、高校生の進路選択に影響を与える要因を分析し、奨学金、特に貸与奨学金の機会均等への効果の一端を明らかにすることを目的とする。まず本章の分析目的と枠組みを設定し（第1節）、高校生の進学選択の基本的な構造を明らかにする（第2節）。そして、高校生の間での貸与奨学金に対する認知度と利用希望を分析し（第3節）、その上で進学選択に対する貸与奨学金の影響を検討する（第4節）。

第1節　進路選択分析視点の構築

1　分析の留意点

　まず重要なのは、中国では給付奨学金の受給は大学在学中の成績を基準にした上で選抜を行うため、大学入学後に決定されることである。高校時代の勉学能力によって大学で給付奨学金を受ける可能性を見込むことがある程度できるが、それはごく一部の最も成績優秀な学生[1]に限った話で、多くの学生にとっては給付奨学金の利用有無が不確実なことである。高校生の進路選択にとって費用負担の見直しを考える上では、給付奨学金の給付は確実なものではない。他方で、貸与奨学金は入学前に利用を決定できるため、進学選択に影響を与えるものと考えられる。従って本章においては貸与奨学金のみを考察の対象とする。さらに、基礎とするデータの性質によって、実際に分析し得る点は限定されることをまず断っておかねばならない。

　第一に、高等教育への進学機会の均等性は、基本的には同世代人口の総体の中で、どのような属性を持った若者が最終的に高等教育機関に進学するこ

とができるか、を問題にしなければならない。そのような分析のためには、同世代人口の全体のデータ、またはランダムに抽出することが必要であるが、中国全土にわたるこのような調査は極めて難しい。序章で述べたように、中国ではそのようなデータによる分析は行われてこなかった。

本章では、調査が可能であった河北省A市[2]の四つの普通高校における高校生のデータを用いる。これらの普通高校の学生は、大学進学の希望率が高く、実際に大学へ進学したものがほとんどである。また、進学意欲が高いだけでなく、学業成績についても一定の水準に達したものが入学しており、家庭背景の上でも進学により有利な学生が多い。多数の高校生が、大学への進学を選択している。

このため、高等教育への進学か就職かという二分法の選択だけではなく、進学するにしても、どのような高等教育機関への進学を希望しているか、そしてそこに奨学金がどのような影響を与えているのか、を問題にすることにする。

第二に、奨学金の機会均等に対する影響を分析するためには、高校生の実際の進路を知らなければならない。しかし、高校を卒業した後の進路を把握することは、調査実施上では極めて難しい。そのために本章の調査では、学生の卒業後の高等教育機関への進学そのものではなく、高校の最終学年における進学希望を聞くことにとどまった。本章では実際に進路を知る間接的な情報として、進路希望を分析の対象とする。

ただし、高校の最終学年では、学生は進路についてある程度イメージがつく時期にあたっており、この段階での進路希望は、実際の進路に強く関係しているものと考えられる。

第三に、高等教育機関への進学は、基本的に家庭の所得水準などの家庭背景と、本人の学業成績によって強く規定されている。特に中国においては、高等教育機関の間で、選抜性の差が著しいため、進学選択は入学可能性にも大きく影響を与える。しかし、調査の上からは、本人の成績を客観的に示すデータを得ることが出来なかった。これは分析に大きな制約を与える。しかし、最終学年においては、自分の成績の客観的な水準については、高校生は

ほぼ自覚しており、それは進学選択、あるいは進学先の選択に反映しているものと思われる。

以上の点に留意しつつ分析を行う。

2 高校生の進学選択

序章で述べたように中国の高校生の進学先は、具体的には大きく四つに分けられる。いわゆる、本科Ⅰ（全国重点大学と省重点大学）、本科Ⅱ（普通本科大学）、本科Ⅲ（独立学院、私立大学）と専科（専科大学）である。本科Ⅰと本科Ⅱは国立四年制大学であり、本科Ⅲは私立四年制大学である。一方、専科は三年制大学である。入学難易度は本科Ⅰ、本科Ⅱ、本科Ⅲと専科の順に下がり、大学ランクもそれに対応している。

大学への入学は、全国統一試験によって決定される。大学ランクごとの最低合格点数は省によって異なる。調査対象である河北省における大学類型別の合格最低点（2012年）は図2-1-1に示したように、理系より文系の点数が若干高いが、本科Ⅰ（文572点、理564点）から本科Ⅱ（文529点、理509点）、本科Ⅲ（文425点、理340点）、専科（文200点、理200点）の順に合格点数が減っていく傾向が大学ランク順と一貫している。

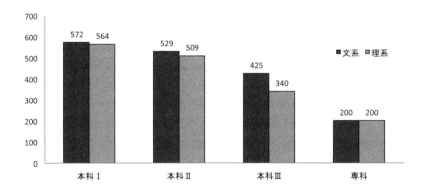

図2-1-1 河北省における大学類型別の全国統一入試合格最低点数（2012年）
出所）河北省大学入試ホームページ（http://www.gaokao.com/hebei/）2013年1月23日検索

表2-1-1 調査対象者の進路希望（%）

	進学				就職	その他	合計
	本科Ⅰ	本科Ⅱ	本科Ⅲ	専科	就職	留学	
理想の進路	78.0	12.0	1.5	1.9	1.7	4.9	100.0
可能性の高い進路	41.3	39.5	2.9	12.6	2.5	1.2	100.0

出所）高校生調査

　また、大学ランク別に入学点数が異なるだけでなく、大卒後の就職率も違ってくる。中国の大学拡張政策は、大学の入学率を上げたと同時に、就職難の問題ももたらした。2013年の大卒者数は2012年より19万人増の699万人に上り、史上最悪の就職難に直面する年であった。中国教育部が発表したデータによると、全国大卒者の就職率は72.2％（2010年）であり、大学ランク別に本科Ⅰ（「985工程」の大学）、専科、本科Ⅰ（「211工程」の大学）[3]、本科Ⅲ（独立学院）と本科Ⅱの順に就職率が減り、地方普通本科大学の就職率が最も低い（2012年）という[4]。

　このような背景のもとで、調査対象の高校生はどのように進路を希望しているのか。調査表の中に進路希望については二つの項目があり、一つは「理想の進路」、もう一つは「可能性の高い進路」である。表2-1-1には、それぞれの項目に対する回答の比率をまとめている。

　まずは理想の進路について、就職を希望する学生が少なく、進学を希望する学生が多い。また、進学先を見ると、本科Ⅰの中の全国重点大学を希望する学生が、学生全体の半数以上を占めている。学生はよりレベルの高い進学先を希望することが分かる。次に、可能性の高い進路については、就職を希望する学生は2.5％しかおらず、ほとんどの学生が進学を希望する。本科Ⅰと本科Ⅱを希望する学生が多いのに対して、本科Ⅲと専科を希望する学生は少ない。

3　進学選択の理論モデル

　実際に進学先はどのように決まるのか、また奨学金の制度はそれにどう関

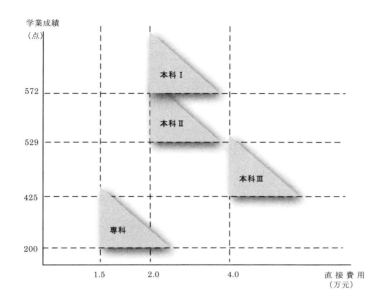

図2-1-2　進学の制度的制約

注）学業成績は2012年の成績基準を用いる（図2-1-1）。直接費用は授業料の年間負担額が2007年以降に大きな変動がないため、それの四年間の総額を計算したものである。

わっているのか。金子（1987；1988）は進学選択の理論モデルを提供した。進学の選択が、進学の動因に基づいて行われ、その動因が利益と費用の比較によって、前者が後者より大きい場合には、進学を選択するという（金子・小林2000：64）。利益をR、費用をC、動因をIという記号で表せば、[I＝R－C]と定義できる。Iがプラスなら進学し、マイナスなら進学しないことになる。

　この進学選択の理論モデルを用い、序章の図0-4-3に示した授業料の水準を組み合わせて中国における進学選択を考えると、いくつかの可能性があることになる。**図2-1-2**には、縦軸に学業成績、横軸に就学に必要な直接費用（本科については4年間の授業料合計、専科については3年間の授業料合計）をとった。大学進学にはこの二つの条件を満たさなければならない。例えば本科Ⅰでは、大学入試の統一試験で（河北省2012年文系の場合）約570点より上を獲得し、

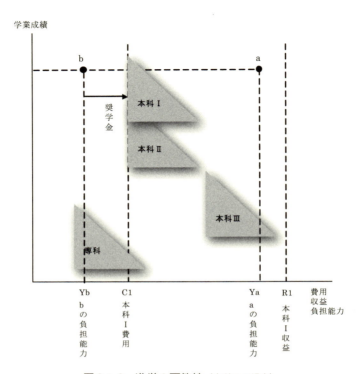

図2-1-3　進学の可能性（本科Ⅰの場合）

そして直接費用2.0万元を負担する能力が求められる。

　中国においては、本科Ⅰ大学の労働市場での優位性、従って将来の所得の高さが自明とされているのと同時に、伝統的に大学入試の統一試験において、大学別の合格最低点が明示されるため、大学別の入試難易度が誰にも明らかである。そのために、基本的には進学先の大学は、高校生自身の<u>選択</u>よりも、統一試験における獲得点数による<u>選抜</u>で決定されると一般には考えられる。また、学生もそのように行動する。

　しかし、いくつかの進学オプションがある場合には、それらの間の選択は自明ではない。これを示すために図2-1-3と図2-1-4の横軸に費用、（学生及びその家庭所得による）費用負担の能力、そして個々の高等教育機関を出たと

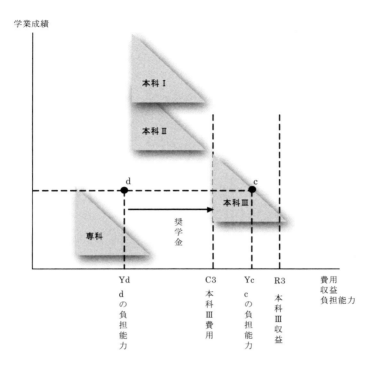

図2-1-4 進学の可能性（本科Ⅲの場合）

きの将来の収益を取った。

まずは本科Ⅰの場合を見る。図2-1-3で、本科Ⅰの教育を受けた際の収益がR1であるとしよう。aという学生の学力と、費用負担能力（Ya）が図のようだとする。この学生は成績が上位であるため、本科Ⅰに合格することができる。また、この学生の負担能力（Ya）は本科Ⅰの費用（C1）を超えているため、進学も可能である。しかも、この学生にとっては、本科Ⅰを卒業したときの収益（R1）は、本科Ⅰの費用（C1）より大きいため、この学生は本科Ⅰに進学する。

しかし、同じ成績でも、家庭所得が低い学生bを考えてみよう。この場合には負担能力（Yb）は本科Ⅰの費用（C1）に達していない。そのために、そ

のままではこの学生は、負担能力の制約によって本科Ⅰに進学できない。その代わり、この学生は専科への進学は可能である。しかも、専科を卒業した際の収益が費用を上回れば、専科に進学する。そうでなければ全く進学せず、就職することになる。

しかし、この学生bが、本科Ⅰを卒業することができれば、明らかに収益（R1）は費用（C1）を大きく上回る。親戚などからの借金あるいは貸与奨学金を得ることによって、費用を負担できれば、将来の収益が少なくとも費用の上での制約を超えることができる。その場合、もし期待値としての純収益（収益−奨学金返済額[5]）が費用を上回れば、この学生は進学を選択することになる。ただし、所得がさらに低くて貸与奨学金の返済額が大きくなれば、純収益（収益−奨学金返済額）は小さくなり、費用を下回る。その結果、この学生は経済的には進学を選択しない。

これは成績の点で、本科Ⅰに合格することができたとしても、経済的には専科に進学あるいは就職せざるを得ないことがあることを示している。そして一定の条件を備えた場合には、貸与奨学金によって、そうした学生が本科Ⅰに進学する可能性を持つことを示している。

次に本科Ⅲの場合を見る。図2-1-4で、学生cの場合を考えてみると、この学生は本科Ⅲには学力の点では入学できる。しかも費用負担能力（Yc）は、本科Ⅲの費用（C3）を上回るため、本科Ⅲに入学することができる。また、本科Ⅲに入学することの純利益（R3−C3）はプラスであるため、本科Ⅲに入学したほうが経済的にもプラスである。従って、この学生は本科Ⅲに入学するだろう。

他方で同じ学業成績の学生dの場合は、家庭所得が低いために、費用負担能力（Yd）が本科Ⅲの費用（C3）を下回る。従ってこの学生はそのままでは、本科Ⅲには入学できないことになる。

もし貸与奨学金が入手可能であれば、負担能力は本科の費用を上回るために、入学は可能となることになる。しかし、この場合も、家庭所得が低くて多額の貸与奨学金を借りなければならない。返済額が大きくなり、本科Ⅲに進学することの純利益（収益−貸与奨学金返済額）が小さくなり、それが費用

を下回るのであれば、貸与奨学金を借りて本科Ⅲに進学することは経済的には意味がない。また、大卒後の就職率が低い現段階においては、貸与奨学金を利用して進学しても、将来の便益が必ず確保されず、逆に将来の便益が低くなる可能性が高い。従って、貸与奨学金の利用が決して経済的な選択ではない。

以上の議論は、学業成績による選抜が大きな影響力を持っているとしても、家庭所得、及び貸与奨学金制度が、進学選択に重要な影響を与えるということである。それを大まかにまとめれば、以下のようになる。

第一に、より地位の高い進学オプション（すなわち本科Ⅰ）への進学は、まず学業成績によって決まる。しかし、家庭所得が低い場合には、費用の負担能力が一定水準に達せず、進学できないことになる。この場合にはそれより費用の低い進学オプションあるいは就職を選択せざるを得ない。

第二に、個人的な借金あるいは貸与奨学金が利用可能な場合は、費用の負担能力の障壁を回避することができる。しかしこの場合にも、家庭所得がある程度より低ければ、借金ないし貸与奨学金の貸与額が多額となり、従って返済額が多額になるために、やはり進学を断念することになる。この意味で、貸与奨学金は、すべての人に教育の機会均等を保障するものとはならない。

第三に、以上のような、進学選択の構造は、それぞれの進学オプションの卒業後に期待される収益、費用及び家庭所得に依存する。しかしその構造は、比較される進学オプションによって異なる。

4　分析の課題

以上のような考えに基づき、実証分析では、以下の点を検証したい。

（1）進学選択の基本構造

より地位の高い進学オプションと、下位の進学オプションとの選択は、一般的には、成績と正の関係を、家庭所得とも正の関係を持っている。しかしこの関係は一様ではない。特にどのような選択に際して、どのような変数が影響力を持つかを検証する。

(2) 貸与奨学金についての情報の普及

上の理論モデルからも、貸与奨学金は進学選択に大きな意味を持つことが予想される。しかし、貸与奨学金については、前述の文献レビューに示したように、その情報が広く高校生ないしその保護者に理解されているか否かは必ずしも明確ではない。特に卒業後のリスクや、返済の方法などについての詳細な知識がなければ、奨学金制度の利益も理解できず、その知識も共有されない。その実態を検証する。

(3) 貸与奨学金への需要

理論モデルから期待されるように、貸与奨学金の必要性は、学業成績や家庭所得などの変数と重要な関係を持っている。しかもそれは、選択される進学オプションの組み合わせによっても異なる。また、例えば家庭所得との関係についてみれば、一般には家庭所得が低いほどその需要が高まるが、ある程度より低ければ、需要は低下する、というような非線型的な関係を持っている。そうした関係を実証的に検証する。

第2節　高校生の進路希望の構造

前節で設定した分析課題を踏まえ、本節で調査データを用いて高校生の特性を明確にする。その上で、高卒後の進路希望、及びその規定要因の考察を試みる。

1　調査対象の特性

まずは、学生属性の考察を通して調査対象である高校生の特性を把握する。

(1) 特性別分布

表2-2-1には高校立地別に学生の特性をまとめている。学生の特性には、学生の属性（性別、出身、きょうだい数、家庭所得層、親の学歴、親の職業と成績）に関する項目が含まれている。

表2-2-1　調査校学生の特性（%（人））

学生属性	高校立地	都市立地	農村立地	合計
性別	（N）	(617)	(992)	(1609)
	女子	58.5	57.5	57.9
	男子	41.5	42.5	42.1
	計	100.0	100.0	100.0
出身	（N）	(610)	(996)	(1606)
	都市出身	86.4	11.1	39.7
	農村出身	13.6	88.9	60.3
	計	100.0	100.0	100.0
きょうだい数	（N）	(612)	(997)	(1609)
	きょうだいなし	71.7	27.3	44.2
	1人	22.1	47.2	37.7
	2人	2.9	13.2	9.3
	3人	3.3	12.2	8.8
	計	100.0	100.0	100.0
家庭所得層	（N）	(422)	(688)	(1110)
	低（月収2000元未満）	13.0	42.0	31.0
	中（月収2000元〜4000元未満）	45.3	45.1	45.1
	高（月収4000元以上）	41.7	12.9	23.9
	計	100.0	100.0	100.0
親の学歴	（N）	(679)	(1036)	(1715)
	両親ともまたは片方が大学	39.8	8.7	21.0
	両親とも非大学	60.2	91.3	79.0
	計	100.0	100.0	100.0
親の職業	（N）	(679)	(1036)	(1715)
	両親ともまたは片方が専門管理職	59.1	29.9	41.5
	両親とも非専門管理職	40.9	70.1	58.5
	計	100.0	100.0	100.0
成績	（N）	(635)	(975)	(1610)
	上	44.7	26.9	33.9
	中	32.9	40.7	37.6
	下	22.4	32.4	28.4
	計	100.0	100.0	100.0

出所）高校生調査から集計

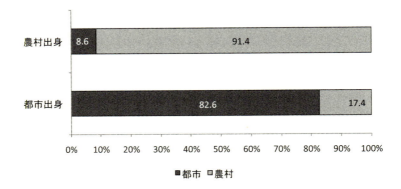

図2-2-1　学生出身地別調査高校の分布（％）
出所）高校生調査

　性別については、女子が6割、男子が4割、男子より女子が若干多い。学生の出身については、都市立地高校のうち、都市出身の学生が86.4％、農村出身の学生が13.6％である。一方、農村立地高校のうち、都市出身の学生が11.1％、農村出身の学生が88.9％を占めている。都市立地高校には都市出身の学生が多く、農村立地高校には農村出身の学生が多い。これは、中国で高校教育を受ける際に、基本的には地元に近い高校に進学するためである。調査校では図2-2-1のように、農村出身学生の91.4％は農村立地の高校で勉強し、8.6％の学生は都市立地の高校で勉強する。一方、都市出身学生の82.6％は都市立地の高校で勉強し、17.4％の学生は農村立地の高校で勉強する。高校段階での地域間移動は、大学ほど大きくない。
　きょうだい数について、都市立地高校には「きょうだいなし」と答えた学生が71.7％を占め、きょうだいを持たない学生が多いという回答を得た。これに対し、農村立地高校には「きょうだいなし」と答えた学生が3割以下で、きょうだいを持つ学生が多数占めている。中国の人口政策である一人っ子政策が、実施し始めてからすでに30年間の年月が経った。都市部では、物価の高騰による生活のプレッシャーや一人っ子政策が徹底的に実施された結果、子ども一人の世帯が多い。一方、農村部では、農業に従事する労働力の需要

と従来の「多子多福」の封建的な考え方の影響で、一人っ子政策の実施は決して徹底されているとはいえない。従って、都市部では一人っ子の世代が多いのに対し、農村部ではきょうだいを持つ世代が多いことになる。

また、学生の家庭所得層[6]については、中国で同じ基準に基づいた全世帯の所得分布のデータが存在しておらず、保護者調査の実施が極めて困難な背景で、学生に回答してもらわない限り、家庭の所得状況を把握できない実態がある。従って、都市立地高校の学生の家庭所得分布と農村立地高校の学生の家庭所得分布を十分に配慮した上で、サンプルを低所得層家庭（両親の月収が2,000元未満）、中所得層家庭（両親の月収が2,000元〜4,000元未満）、高所得層家庭（両親の月収が4,000元以上）という三つの所得層に区分した。都市立地高校の学生は、農村立地高校の学生より、「家庭所得層が低い」と答えた学生の割合が低く、「家庭所得層が高い」と答えた学生の割合が高い。また、親の学歴については、農村立地高校の学生が「両親がともに非大学」と答えた割合は9割に上るのに対し、都市立地高校の学生の6割しか「両親がともに非大学」と答えなかった。さらに、農村立地高校の学生が「両親がともに非専門管理職」と答えた割合は7割であるのに対し、都市立地高校の学生のうち、4割しか「両親がともに非専門管理職」と答えなかった。つまり、都市立地高校の学生の家庭背景は、農村立地高校の学生の家庭背景より、社会的階層が上位であることが分かる。

学生の成績については、学生による自己申告の成績であり、統一した基準で測ったものではない。しかし、調査の高校（職業高校を除く）は都市立地、農村立地とも、いずれも有名な進学校[7]であり、進学率に関して高校間の差がほとんどないと考えてよい。そのため、学生による自己申告の成績には、高校別による差は少ないと考えられる。また、中国の高校では一般的に、学科別成績及びクラス内順位が公表されるため、学生が自分の成績水準を把握し、自己申告した成績水準には信頼性があると考えられる。学生の成績を見ると、都市立地高校の学生は、農村立地高校の学生より、成績のレベルが全体的に高い。

以上、高校の立地別に学生の特性を見た結果、都市立地高校は、農村立地

高校より、学生のきょうだい数が少なく、家庭の経済状況がよい。都市立地高校の学生の両親は、学歴から見ても、職業から見ても、社会的階層が比較的に高いことが分かった。このような学生属性の違いが進学選択に影響を与えるのか、以下の分析で検討していきたい。

(2) 学生属性の変数化

進学選択の規定要因を検討するためには、各進学オプションに対し、考えられる要因の影響を考察する必要がある。統計的にはロジスティック回帰分析を用いる。その分析を行う際に、必要となる変数について説明する。

まず従属変数は、ランク別に区分された進学希望先を投入する。各進学オプションは成績水準や授業料の負担額が異なるだけでなく、将来の就職や収入に関わる利益の見込みともリンクしていると考えられる。進学選択の理論モデルでは、学生にとっての進学は純利益がプラスである場合の選択であり、貸与奨学金の返済額を含めて純利益がプラスであれば、進学する際に貸与奨学金の利用が可能となると示した。実証分析では、調査の限界で純利益の計算ができないが、各進学オプションをそれの代替変数として投入する。ランク別の進学を選ぶのであれば、経済的にその進学選択の純利益が多いと見られる。

また、第1節の進学選択の理論モデル（図2-1-2）にも示したように、進学選択が制度的には学業成績と直接費用に制約される。しかし、高額の大学費用が家計に負担をかけることから、家庭の経済状況も学生の進路希望に影響を与えると思われる。提示した進学モデルはあくまでも学生自身の立場から考える理論モデルであり、実施の進学選択においては、学生個人の意志決定よりはむしろ家庭の経済状況を配慮しながら、家庭全体の選択である。従って、家計に関係する親の月収、親の学歴と職業の変数を取り入れ、学生の属性と家庭背景に関する変数を独立変数に用いることにした（表2-2-2）。

それぞれの独立変数の相関を表2-2-3に示した。それぞれの変数は、相関係数が高くないため、独立していることが確認され、独立変数として用いることは問題ないと思われる。

表2-2-2　独立変数の定義

独立変数	調査票の項目	変数の定義
男性ダミー	性別	男子＝1、女子＝0
農村出身ダミー	出身	県／鎮、あるいは農村＝1、その他＝0
きょうだいいるダミー	きょうだい	きょうだいいる（1人,2人,3人）＝1、きょうだいなし＝0
親の月収（対数変換）	親の月収	父親の中間値と母親の中間値を足したものに対して対数変換
親高学歴ダミー	親の学歴	両親ともまたは片方が大学（あるいは大学院）＝1、その他＝0
親職業専門管理職ダミー	親の職業	両親ともまたは片方が専門・管理職＝1、その他＝0。（専門・管理職は問30の「管理職」、「技術者」、「公務員」と「教師」を含む）
成績上位ダミー	成績	上のほう、中の上、あるいは中＝1、その他＝0

出所）高校生調査

表2-2-3　独立変数間の相関

	性別	出身	きょうだい	親の月収	親の学歴	親の職業	成績
性別	1.000	0.051	−0.224	0.076	0.048	−0.007	−0.116
出身	0.051	1.000	0.499	−0.411	−0.443	−0.360	−0.035
きょうだい	−0.224	0.499	1.000	−0.269	−0.388	−0.223	0.006
親の月収	0.076	−0.411	−0.269	1.000	0.426	0.515	−0.013
親の学歴	0.048	−0.443	−0.388	0.426	1.000	0.415	0.013
親の職業	−0.007	−0.360	−0.223	0.515	0.415	1.000	−0.070
成績	−0.116	−0.035	0.006	−0.013	0.013	−0.070	1.000

出所）高校生調査

2 進学選択

(1) 進学対就職

こうした属性を持つ学生は、まずは高校を卒業して進学するか就職するかの選択を考察する。前述の通り、調査校においては進学を志望する学生が多く、就職を志望する学生が少ない。その進路選択の規定要因を探るために、ロジスティック回帰分析を行った。

モデルに投入する変数、及びその変換は表2-2-2の通りである。従属変数には、調査票の「可能性の高い進路」の項目から進学ダミー変数を作成した。

分析の結果が**表2-2-4**に示したように、有意な結果が出てきたのは、農村出身ダミー（－）と成績変数（＋）である。都市出身、成績上位の学生は進学を希望する。つまり、進学か就職かの進路選択に当たって、都市出身の学生は進学志向が強い。成績の良い学生が進学を希望し、成績の良くない学生が就職を選ぼうとしていることが分かる。

表2-2-4 進路志望（進学対就職）規定要因のロジスティック回帰分析

男性ダミー	0.237
農村出身ダミー	－1.537 *
きょうだいいるダミー	0.318
親の月収（対数変換）	0.023
親高学歴ダミー	－0.652
親職業専門管理職ダミー	0.885
成績上位ダミー	1.416 **
定数	3.404
-2 対数尤度	197.416 **
Cox & Snell R 2 乗	0.021
N	976

***P<.001　**P<.01　*P<.05　+P<.1

注）①従属変数＝進路志望…進学1、就職0.
　　②独立変数＝表2-2-2を参照する。
　　③係数値は非標準化偏回帰係数である。
出所）高校生調査から算出

ただし、調査対象であるこの進学高校においては、進学を見込んでいる学生が多く、就職を見込んでいる学生が極めて少ないため、単に進学と就職との間の選択モデルの適用には限界があることに留意する必要がある。

(2) 進学先の選択

進学高校という調査校の特徴を踏まえ、学生の進学希望についてさらに考察する余地がある。進学を志望する学生のうち、どの進学先を志望するのか、進学先を選ぶ際にどの要因が影響を与えるのか。これらの課題を明らかにするために、進学先別に進学希望について考察する。

学生の特性

進学先は、前述の通りに選抜性の高い順から「本科Ⅰ」、「本科Ⅱ」、「本科Ⅲ」と「専科」に分かれている。図2-2-2に学生の属性別に進学先志望の分

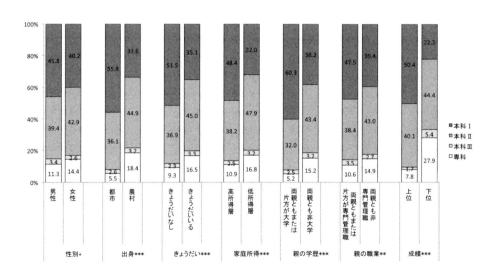

***P<.001　**P<.01　*P<.05　+P<.1

図2-2-2　学生属性別の進学志望率（%）

出所）高校生調査

布を示している。

　結果から見ると、男性、都市出身、きょうだいなし、高所得層、親の学歴が高い、親の職業のよい学生がランクの高い進学先を志望する割合が高い。家計状況の良い、成績の良い学生は、よりランクの高い進学先を志望していることが分かる。特に成績上位の学生は「本科I」の希望者が多い。一方、家計状況の良くない、成績の良くない学生は、ランクの低い進学先を選ぶ割合が高いと見られる。

進学先選択の規定要因

　では、どの要因が学生の進学先選択に影響するのか。第1節で述べたことを踏まえて考えられるのは、まずはより地位の高い進学オプションへの進学は、経済要因が影響するかどうかということである。次は地位の低いかつ費用差の大きい進学オプションへの進学は、経済要因と成績要因がどのように進学選択に影響を与えるのかということである。従って、従属変数は「可能性の高い進路」の回答を用いて、**表2-2-5**のように定義した。四つのモデルのうち、モデル①は本科を1、専科を0とした。モデル②は本科IIIを1、本科III・専科を0とした。モデル③は本科Iを1、本科IIIII・専科を0とした。モデル④は本科IIIと専科の間の選択で、本科IIIを1、専科を0とした。独立変数には、いずれのモデルには男子ダミー、農村出身ダミー、きょうだいいるダミー、親の月収、親高学歴ダミー、親職業専門管理職ダミー、成績上位ダミーを投入した。**表2-2-6**にはモデル①、②、③の分析結果を、表2-2-7

表2-2-5　各分析モデルの従属変数の定義

大学ランク ＼ 分析モデル	モデル①	モデル②	モデル③	モデル④
本科I	1	1	1	—
本科II	1	1	0	—
本科III	1	0	0	1
専科	0	0	0	0

表2-2-6 進学先選択規定要因のロジスティック回帰分析

	モデル①		モデル②		モデル③	
男性ダミー	0.445	*	0.274		0.260	+
農村出身ダミー	−1.360	***	−1.089	***	−0.629	***
きょうだいいるダミー	0.231		0.111		−0.079	
親の月収（対数変換）	−0.047		−0.045		0.290	*
親高学歴ダミー	0.430		0.466		0.505	*
親職業専門管理職ダミー	0.210		0.149		−0.235	
成績上位ダミー	1.541	***	1.605	***	1.091	***
定数	1.832		1.481		−3.106	**
-2対数尤度	627.022	***	709.496	***	1198.593	***
Cox & Snell R 2乗	0.094		0.103		0.105	
N	953		953		953	

***P<.001　**P<.01　*P<.05　+P<.1

注）①従属変数：モデル①…本科ⅠⅡⅢ1，専科0；モデル②…本科ⅠⅡ1，本科Ⅲ・専科0；
　　モデル③…本科Ⅰ1，本科ⅡⅢ・専科0．
　　②独立変数＝表2-2-2を参照する．
　　③係数値は非標準化偏回帰係数である．
出所）高校生調査から算出

にはモデル④の分析結果を示した。

　まずは、表2-2-6の分析結果を見ると、［本科］対［専科］（モデル①）、［本科ⅠⅡ］対［本科Ⅲ・専科］（モデル②）と［本科Ⅰ］対［本科ⅡⅢ・専科］（モデル③）の選択モデルのいずれでも、農村出身ダミー変数（−）と成績変数（＋）が有意な結果を得た。都市出身、成績のよい学生がランクの高い進学先を志望する。

　それぞれの分析結果を具体的に見ると、［本科］対［専科］の選択（モデル①）については、男性ダミー（＋）、農村出身ダミー（−）と成績上位ダミー（＋）が統計的に有意である。男子、都市出身、成績のよい学生は、本科を選ぶ傾向がある。［本科ⅠⅡ］対［本科Ⅲ・専科］の選択（モデル②）については、農村出身ダミー（−）と成績上位ダミー（＋）が統計的に有意である。都市出身、成績のよい学生は本科ⅠⅡを選ぶ傾向がある。

表2-2-7　進学先選択規定要因のロジスティック回帰分析

	モデル④	
男性ダミー	0.896	*
農村出身ダミー	−1.112	*
きょうだいいるダミー	0.542	
親の月収（対数変換）	−0.254	
親高学歴ダミー	−0.239	
親職業専門管理職ダミー	0.551	
成績上位ダミー	0.357	
定数	−1.882	**
-2対数尤度	188.622	+
Cox & Snell R 2乗	0.050	
N	222	

***P<.001　　**P<.01　　*P<.05　　+P<.1

注）①従属変数：モデル④…本科Ⅲ1，専科0．
　　②独立変数＝表2-2-2を参照する。
　　③係数値は非標準化偏回帰係数である。
出所）高校生調査から算出

　また、［本科Ⅰ］対［本科ⅡⅢ・専科］の選択（モデル③）については、男性ダミー（＋）、農村出身ダミー（−）、親の月収（＋）、親高学歴ダミー（＋）と成績上位ダミー変数（＋）が統計的に有意である。男子、都市出身、家庭所得の高い、親の学歴の高い、成績のよい学生は、本科Ⅰを選ぶ傾向がある。すなわち、都市出身、成績の良い学生は、より高い進学先を希望する中、特に本科Ⅰのような重点大学を志望する際に、成績だけでなく、家計状況が良いほど、親の学歴が高いほど、進学志望度が高くなる。

　中国においては、都市と農村の格差が経済面から教育面までの様々なところに表れている。進学選択においても、都市出身の学生は農村出身の学生より、ランクの高い進学先の希望が強い。都市と農村の間に、都市発展水準の違いから教育理念の差異をもたらす可能性があると考えられる。

　金子（1988：120）は日本の高校生追跡調査を通して、「家庭所得と進学確

率との間には明確な対応があり、学業成績の指標としての出身高校や他の家庭背景の要因を加えて測定すると、段階別の進学選択への家庭所得の影響は一般に小さくなる」との結果を得た。なぜ家庭所得の影響が他の変数の導入に従って少なくなるのか、その理由を「学業成績は家庭の文化的・経済的背景と高い相関を持つことが知られているから、進学による便益は学業成績を通じて家庭背景と密接な関わりを持つものと考えられる」と解釈している（金子1987：41）。

　従って中国の高校生を対象とする本研究では、家庭所得の影響が（モデル③以外に）あまり出てこなかった理由は、学業成績の要因に吸収されたのではないか、という推測が出てくる。しかし、学業成績を除いて行なった分析（表略）でも、家庭所得の要因が統計的に有意でなかった。すなわち、進学選択における分析では、学業成績要因を入れるかどうかに関係なく、統計的に家計所得要因があまり学生の進学選択に影響しないことを意味している。ただし、親の月収が進学選択に影響を与えないとはいいきれない。なぜなら、調査対象となるのは進学率の比較的に高い進学高校であり、成績と家計状況のバラツキがある程度に抑えられたと考えられるからである。これはあくまでも調査校の特徴であることに注意する必要がある。

　また、本科Ⅰへの進学にこだわるのは、親学歴の高い家庭であり、親が自身の学歴より高い学歴を取得する望みは子どもの勉学に影響を与え、子どもの勉学意欲を高めていく可能性がある。従って、学生の成績だけでなく、勉強の環境や家庭環境から学生の進学選択に影響を与えると解釈できる。

　次に、学生は本科Ⅲと専科の間でどのように選択するのか。統計的に、［本科Ⅲ］対［専科］の進路選択（モデル④）規定要因の分析結果（表2-2-7）を見ると、男性ダミー（＋）と農村出身ダミー（－）が統計的に有意である。男子、都市出身の学生は本科Ⅲを選ぶ傾向が見られた。ただし、成績要因は統計的に有意ではなかった。学校のランク別から考えると、本科Ⅲが専科よりランクが高く、本科Ⅲの入試成績合格ラインが専科の入試成績合格ラインより高いことから推論すると、本科Ⅲと専科の進路選択では成績要因が効くはずである。しかし、統計的に成績要因が有意でないことは、成績要因が本

科Ⅲと専科の進学選択に影響する要因ではないことを意味している。言い換えると、(成績基準から専科の学生が本科Ⅲに進学することは不可能という場合を除き)、成績水準が本科Ⅲに進学可能な学生の一部は、本科Ⅲを選ばずに専科を選択しようとするため、成績による差がなくなっている。結局、本科Ⅲに進学しようとするのは、男子、都市出身の学生である。

なぜ成績的には本科Ⅲに進学できるはずの学生が、ランクの低い専科を選ぼうとしているのか。図2-1-3を参照しながら進学選択の理論モデルに従って説明すると、これらの学生はおそらく学生dの場合に似ている。すなわち、本科Ⅲに進学可能な学力を持っているものの、家計所得の負担能力 (Yd) が低く、本科Ⅲの費用 ($C3$) を負担できない学生層である。借金や貸与奨学金などの経済面での援助を利用すれば、本科Ⅲに進学できる。しかし、このような金銭的な援助がなければ、学力が高いにもかかわらず、専科に進学せざるを得ないことになる。

成績変数と家計所得変数を除いてロジスティック回帰分析を行っても、同じ結果を得た（表略）。男性ダミー（+）と農村出身ダミー（-）が統計的に有意である。都市出身の男子学生は、本科Ⅲを選ぼうとしている。農村出身の学生は、より実用的な教育を志向する傾向があると見られる。

以上の進路選択の分析結果をまとめてみると、[本科] 対 [専科]（モデル①）、[本科Ⅰ・Ⅱ] 対 [本科Ⅲ・専科]（モデル②）、[本科Ⅰ] 対 [本科Ⅱ Ⅲ・専科]（モデル③）の選択では、社会的背景の影響は小さく、成績要因が大きな影響を与えていることが分かった。成績水準がモデル①、②、③のそれぞれの選択を決めている。他方で、[本科Ⅲ] 対 [専科] の選択（モデル④）では成績要因が効かずに、男子、都市出身がランクのより高い進学先を選ぶことになっている。

第3節　貸与奨学金の認知、ニードと利用

学生の進学に影響を与えるのは学業成績と家庭所得である。家庭の所得格差が教育格差につながらないために、貸与奨学金の役割が期待されている。

しかし、貸与奨学金を利用するかどうかの考察を行う前に、実際には学生が奨学金制度について知っているのか、どのような学生が奨学金への需要を持っているのかを把握することが重要である（王 2013b：42）。本節では貸与奨学金の認知度、ニードと利用について考察する。

1　貸与奨学金の認知

中国の奨学金制度において、大学進学前に利用できるのは、国家助学ローンや生源地助学ローンのような貸与奨学金のみである。貸与奨学金は比較的に新しい制度であり、中国、特に農村部にはローンという制度自体のなじみがうすい。貸与奨学金がどのような学生に、どのようなルートで知られているのか、情報ギャップの問題が存在しているかどうか、のような一連の課題について、貸与奨学金認知の規定要因に関する分析を通して明らかにする。

（1）学生の特性と奨学金の認知

調査票の中、「貸与奨学金の認知」の質問に、「非常に詳しい」、「知っている」、「あまり知らない」と「全く知らない」の4件法で答えを求めた。集計上に「非常に詳しい」と「知っている」を「知っている」として、「あまり知らない」と「全く知らない」を「知らない」として、学生の属性別の回答を図2-3-1に示した。

結果から分かるのは、全体的に貸与奨学金を「知っている」と答えた割合が低く、学生全体の2割前後を占めている。都市出身、きょうだいなし、高所得層、親の学歴が高い、親の職業が良い、成績の良い学生は、貸与奨学金を「知っている」と答えた比率が比較的に高い。

貸与奨学金制度はあまり知られていない。しかも、貸与奨学金を「知っている」と答えた学生には、家計状況のよい、成績の良い学生が多い。これに対して家庭状況の良くない学生は貸与奨学金への認知度が決して高くないことが分かる。

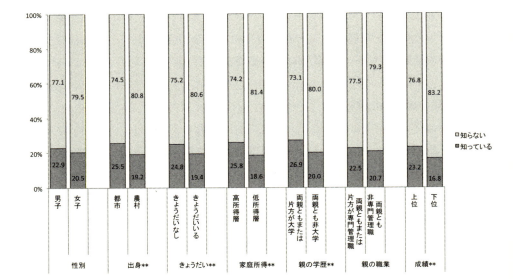

***P<.001　　**P<.01　　*P<.05　　+P<.1

図2-3-1　学生属性別貸与奨学金の認知率（%）

出所）高校生調査

(2) 貸与奨学金認知の規定要因

次は、統計的に貸与奨学金の認知に関する規定要因をロジスティック回帰分析で考察する。従属変数には「貸与奨学金を知っている」ダミー変数を入れ、独立変数には男性ダミー、農村出身ダミー、きょうだいいるダミー、親の月収、親高学歴ダミー、親職業専門管理職ダミーと成績上位ダミー変数を入れた。

ロジスティック回帰分析の結果（表2-3-1）を見ると、農村出身ダミー（－）、親の月収（＋）と成績変数（＋）が有意な結果を得た。都市出身、親の月収の多い、成績優秀な学生の間で貸与奨学金の認知度が高い。

農村出身の学生が貸与奨学金の認知度が低いことについては、中国では地域間格差が大きいため、都市部と農村部において経済面の格差からもたらした情報面のギャップが、学生の貸与奨学金への認知にも影響を与えると考え

表2-3-1　貸与奨金認知度の規定要因のロジスティック回帰分析

男性ダミー	0.222	
農村出身ダミー	−0.447	*
きょうだいいるダミー	0.084	
親の月収（対数変換）	0.159	+
親高学歴ダミー	0.098	
親職業専門管理職ダミー	−0.220	
成績上位ダミー	0.331	+
定数	−2.493	*
-2対数尤度	1116.709	*
Cox & Snell R 2乗	0.016	
N	1037	

***P<.001　**P<.01　*P<.05　+P<.1
注）①従属変数＝貸与奨学金…知っている1、知らない0.
　　②独立変数＝表2-2-2を参照する。
　　③係数値は非標準化偏回帰係数である。
出所）高校生調査から算出

られる。そして、親の月収変数は有意水準10％でプラス有意な結果を得た。この結果は、アメリカの先行研究（Horn, Chen and Champa 2003 ; Long 2008 ; Olson and Rosenfeld 1984）の結果と一致している。家計所得の少ない学生は、手に入る情報が少ない。また、成績上位の学生は、10％の有意水準で貸与奨学金の認知度が高い結果となった。

　このように、都市出身、高所得層、成績優秀で家庭状況の良い学生は貸与奨学金の認知度が高く、家庭状況の良くない学生は認知度が低い。学生の間で貸与奨学金の認知差が生じていることが分かった。

　奨学金政策は1990年代までには給付奨学金を中心に実施されていた。そのため、奨学金政策といえば、いわゆる返済義務のない給付奨学金政策を意味するのが一般的なイメージであった。1990年代後半の高等教育の拡大に従って、貸与奨学金政策が充実し、利用者も増えた。しかし、この十数年間の貸与奨学金政策の浸透と普及度は、従来の給付奨学金政策とは比べものにならない。大学受験の学生も、学生の両親も、貸与奨学金の利用経験が少な

い。また、貸与奨学金は、学生とその親が制度に関する情報や詳細を認知した上で、利用するかどうかの判断を下す必要がある。情報を知らない限り、貸与奨学金を利用するかどうかの選択について不適切な判断を下す可能性が高く、進学選択に影響を与える恐れがあると考えられる。特に農村出身の学生と都市出身の学生との間での相違が大きい。

(3) 情報入手ルート

学生はどのようなルートで情報を入手し、どのような要因で影響されるのか。調査票の中で、情報の入手経路としては「高校の先生」「友達」「メディア」「ネット」「パンフレット」というルートが含まれた。「高校の先生」と「友達」が比較的学生の勉学環境と生活環境に関係するのに対し、「メディア」と「ネット」が比較的最新の通信手段に依存するルートである。

「パンフレット」は、政府の学生支援センターによって作成され、国の規

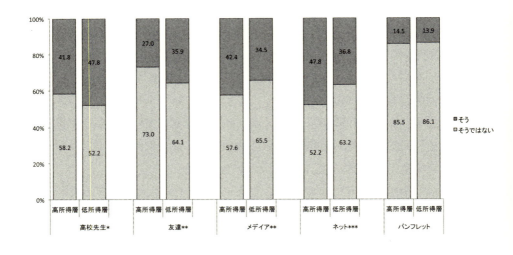

***P<.001　**P<.01　*P<.05　+P<.1

図2-3-2　家庭所得層別の情報入手ルート（%）

出所）高校生調査

定により大学の合格通知書に同封する資料であるため、大学合格者にとって最も一般的な情報ルートである。しかし、本調査の時点が大学入試の半年間前であるため、「パンフレット」配布の時期ではないことに留意する必要がある。この点も踏まえて、学生属性、成績と高校特性別に、各情報入手ルートの状況をみる。

家庭所得別に、情報入手ルートに関する学生の回答（図2-3-2）には、パンフレットのルートで入手したと答えた割合が一番低く、1割強しかない。これはパンフレットの配布時点と調査時点のズレがもたらした結果だと考えられる。

また、高校の先生と友達のルートで情報を知る場合には、低所得層学生の割合が高い。メディアとネットのルートで情報を知る場合には、高所得層学生の割合が高い。つまり、低所得層の学生は高校の先生や友達のような周囲の環境に依存して情報を手に入れる傾向が強いのに対し、高所得層の学生はメディアやネットのような通信設備を通じて情報を入手する傾向が強いことが読み取れる。このように家庭所得層別に情報入手ルートを見る限り、高所得層と低所得層の間に、学生の情報入手ルートの違いがあると見られる。

次に、成績別による情報入手ルートの間に大きな差が見られなかった。また、成績別と出身地別の考察では、出身地別の場合には、農村出身の学生は友達のルートで情報を知る割合が高い一方、都市出身の学生はメディアで情報を知る割合が高い。つまり、農村出身の学生は友達などの個人的関係に依存して情報を手に入れる傾向が強いのに対し、都市出身の学生はメディアのような通信設備を通じて情報を入手する傾向が強い。生活環境によって情報入手ルートの違いがあるといえる。

ではそれぞれの情報入手ルートについては、どのような学生が利用し、どのようなルートの違いがあるのか、統計的に考察していく。その規定要因を探るために、男性ダミー、農村出身ダミー、きょうだいいるダミー、親の月収、親高学歴ダミー、親専門管理職ダミーと成績上位ダミーを独立変数として、ロジスティック回帰分析を行った。

分析の結果は表2-3-2のように、高校の先生、友達、メディアとネットを

表2-3-2 情報入手ルート規定要因のロジスティック回帰分析

	高校の先生		友達		メディア		ネット	
男性ダミー	－0.408	**	－0.359	*	－0.207	＋	0.010	
農村出身ダミー	－0.200		0.039		－0.038		0.194	
きょうだいいるダミー	－0.003		0.212		－0.241		－0.136	
親の月収（対数変換）	－0.079		－0.140		0.101	＋	0.240	*
親高学歴ダミー	－0.336	＋	－0.120		0.080		－0.063	
親専門管理職ダミー	－0.249		－0.460	*	－0.014		0.153	
成績上位ダミー	0.110		－0.182		0.139		0.055	
定数	0.755		0.610		－1.062		－2.241	*
-2対数尤度	1395.819	**	1233.854	***	1387.836	＋	1416.616	＋
Cox & Snell R 2乗	0.023		0.036		0.010		0.010	
N	1037		1037		1037		1037	

***P<.001　　**P<.01　　*P<.05　　＋P<.1

注) ①従属変数＝高校先生…そう1、そうではない0：友達…そう1、そうではない0：メディア…そう1、そうではない0：ネット…そう1、そうではない0．
　　②独立変数＝表2-2-2を参照する。
　　③係数値は非標準化偏回帰係数である。
出所）高校生調査から算出

　従属変数として投入した分析モデルにおいては、いずれも学業成績が統計的に有意ではない。奨学金の情報入手に対して成績要因が影響を与えないことを意味している。

　従属変数が「高校の先生」の場合に、統計的に有意な結果を得たのは、男性ダミー（－）と親高学歴ダミー（－）である。「友達」の場合に、男性ダミー（－）と親職業専門管理職ダミー（－）が統計的に有意である。「メディア」の場合には、男性ダミー（－）と親の月収（＋）が有意で、「ネット」の場合には、親の月収（＋）のみ有意な結果を得た。つまり、女子、親の学歴が低い学生は「高校の先生」から情報を入手し、女子、親の職業が低い学生は「友達」から情報を入手している。そして、女子、高所得層家庭出身の学生は「メディア」から情報を入手し、親の月収の高い学生は「ネット」から情報を入手していることが分かる。

ネットやメディアの情報入手手段を利用する学生は家計状況の良い学生である。これに対して、高校の先生と友達のルートについては、統計的に家計所得の変数が有意ではなかったが、親の学歴の低い学生（「高校の先生」ルートの場合）、あるいは親が非管理職に従事する学生（「友達」ルートの場合」）によく使われることが分かった。親の学歴が低いことと、親が非管理職に就くことは、家庭の社会的地位が決して高くないことを表している。社会的地位の低い家庭出身の学生は、高校の先生や友達のような人的な情報ルートに依存していると見られる。人的な情報ルートによる情報伝達のスピードは、遅いだけでなく、情報の行き届かないことが極めて多いと考えられる。特に情報の閉塞は、家計困難な学生にとって進学の選択肢を狭める可能性が高いと思われる。一方、家計状況の良い学生は、テレビやパソコンなど情報を瞬時に収集できる電子機器を有するため、人的な情報ルートに依存せず、最新情報を把握すると同時に、情報を収集する能力も高められ、さらなる情報の収集とつながっていく。このように、奨学金情報の伝達ルートが多いものの、家庭状況の異なる学生の間に情報入手ルートの違いが生じていることが分かる。家計裕福な学生は最新情報の入手に有利である一方、そうでない学生は人的な情報ルートに依存せざるを得ない。情報入手ルートの違いが、家計状況の異なる学生の間に情報ギャップをもたらす恐れが出てくると考えられる。

2　貸与奨学金のニード

貸与奨学金は、学生の家計困難を緩和することによって、大学に進学するチャンスを与えるという役割が期待されている。どのような学生が貸与奨学金を必要と考えているか、主観的なニードを分析する。

（1）学生の特性

まずは、学生の特性から貸与奨学金のニードを把握する。「貸与奨学金を利用しないと進学できない」と答えた学生は、貸与奨学金のニードを持つ学生層として見なされる。図2-3-3のように、農村出身、きょうだいがいる、低所得層、親の学歴が専門職ではない学生ほど、貸与奨学金を必要と考えて

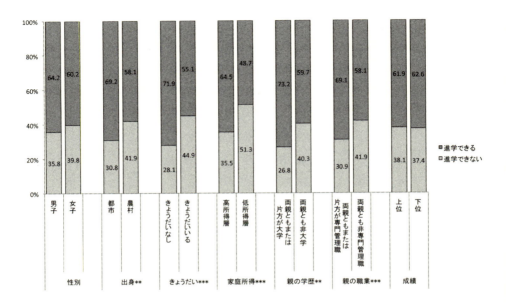

***P<.001　　**P<.01　　*P<.05　　+P<.1

図2-3-3　学生属性別「貸与奨学金を利用しないと進学できる/できない」の回答（%）

注）「貸与奨学金を利用しないと進学できないかどうか」の調査票項目について、「強くそう思う」と「そう思う」と答えた学生を「貸与奨学金を利用しないと進学できない」学生として扱い、「そう思わない」と「全くそう思わない」と答えた学生を「貸与奨学金を利用しないと進学できる」学生として扱う。
出所）高校生調査

いる。成績上位の学生が下位の学生より若干貸与奨学金のニードが高いが、統計的に有意な差がなかった。家計状況の良くない学生は、「貸与奨学金を利用しないと進学できない」と答える学生の割合が高く、貸与奨学金利用のニードが比較的に高いと見なされる。

　また、学生のどの属性にしても「貸与奨学金を利用しないと進学できない」と答える学生の割合は、全体的にほぼ5割を下回っている。これは貸与奨学金認知度の割合（図2-3-1）と比べると、「奨学金を知っている」と答える学生（全体の3割以下）のほうが少ない。貸与奨学金の必要度が必ずしもそれの知識に結びついているわけではない。家計困難な学生が多元かつ迅速な

(2) 貸与奨学金ニードの規定要因

統計的にどのような学生が貸与奨学金のニードを持っているのか、貸与奨学金ニードの規定要因についてロジスティック回帰分析を行った。従属変数は「貸与奨学金を利用しないと進学できない」学生を1、「進学できる」学生を0とした。男性ダミー、農村出身ダミー、きょうだいいるダミー、親の月収、親高学歴ダミー、親職業専門管理職ダミーと成績上位ダミー変数を独立変数として投入した。分析の結果を**表2-3-3**に示した。

統計的に貸与奨学金のニードに影響するのは、きょうだい（＋）と親の月収（−）である。きょうだい数が多ければ多いほど、家庭所得が低ければ低いほど、学生が貸与奨学金を利用するニードが高まっていく。家庭所得やきょうだい数が家庭状況を反映する要因であり、家庭状況の良くない学生が

表2-3-3　貸与奨学金ニードの規定要因のロジスティック回帰分析

男性ダミー	−0.132	
農村出身ダミー	−0.182	
きょうだいいるダミー	0.713	**
親の月収（対数変換）	−0.416	**
親高学歴ダミー	−0.234	
親職業専門管理職ダミー	0.042	
成績上位ダミー	−0.104	
定数	2.694	*
-2対数尤度	809.588	***
Cox & Snell R 2乗	0.058	
N	625	

***P<.001　**P<.01　*P<.05　+P<.1

注）①従属変数＝貸与が利用しないと進学できるかどうか…できない1、できる0．
　　②独立変数＝表2-2-2を参照する。
　　③係数値は非標準化偏回帰係数である。
出所）高校生調査から算出

奨学金のニードが高く、貸与奨学金の支援が最も必要と見なされる学生層であることが分かる。

3 貸与奨学金の利用

奨学金認知のギャップにより、貸与奨学金に関する情報を知らない学生は貸与奨学金の利用ができず、経済面の困難で進学を断念する恐れが出てくる。しかし、貸与奨学金に関する情報を知っていても、貸与奨学金の利用には必ずしも結びつかない。なぜなら、貸与奨学金に返済義務があるからである。経済低迷や将来の就職状況が見込めない現段階においては、貸与奨学金を利用する際の経済面と心理面でのプレッシャーが、いずれも貸与奨学金の利用をためらう要因となる。また、第1節の理論モデルで述べたように、貸与奨学金の返済額が大きく、純収益が小さいのであれば、学生は経済的には進学を選択しない。このような背景で、実際にどのような学生があえてローンを背負って大学に進学しようとするのか。その学生の特性と貸与奨学金利用の規定要因を探る。

(1) 学生の特性

まずは、学生の特性から貸与奨学金申請者の基本状況を把握する。調査票の「貸与奨学金を申請するかどうか」の回答を使い、貸与奨学金の申請希望者の特性を把握する。

図2-3-4のように男子、農村出身、きょうだいがいる、低家庭所得、親の学歴が低い、親の職業が非専門管理職の学生は、貸与奨学金を「申請する」と答える割合が高い。家庭状況のあまり良くない学生は、貸与奨学金を「申請しない」と答える割合が高い。成績上位の学生は、貸与奨学金を「申請する」と答える割合が高い。学生の属性別の回答結果から見る限り、経済的制約が高く、成績優秀な学生が、貸与奨学金の申請希望が高いことが分かる。

(2) 貸与奨学金利用の規定要因

次に、統計的に貸与奨学金利用の規定要因を探るためにロジスティック回

第2章　奨学金の進路選択に与える影響　123

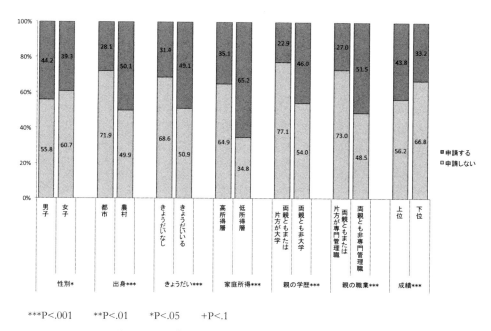

***P<.001　**P<.01　*P<.05　+P<.1

図2-3-4　学生属性別「貸与奨学金を申請する／申請しない」の回答（％）
出所）高校生調査

帰分析を行う。

　進学選択の理論モデルに従って貸与奨学金の利用を考えると、経済的な利点がないと、おそらく貸与奨学金の利用を選択しない。大学教育から得る便益が教育コストや貸与奨学金の返済負担などの費用より下回れば、貸与奨学金の利用は経済的な選択ではない。従って、経済面で困難かつ将来性の高い学生のほうは現実的な利用層であると考えられる。これらの要素を測定できる変数に変換すれば、家庭状況に関わる変数となる。例えば、性別、出身、きょうだい、親の月収、親の学歴と親の職業などである。将来性及び将来の見込みに関わる変数は成績や将来の月収見込みなどである。家庭状況が良くないのであれば、農村出身、きょうだいの多い、親の月収の少ない、親の学歴が低い、親の職業が非専門管理職のような学生特性を持つと推測する。将来の便益に対する見込みが高いのであれば、男性、成績が優秀、将来月収の

表2-3-4　貸与奨学金申請規定要因のロジスティック回帰分析

	サンプル			
	成績上位の学生		成績下位の学生	
男性ダミー	0.414	*	0.768	**
農村出身ダミー	0.168		0.316	
きょうだいいるダミー	0.584	**	0.502	
親の月収（対数変換）	−1.068	***	−0.332	
親高学歴ダミー	−0.353		−0.332	
親職業専門管理職ダミー	−0.119		−0.842	*
定数	7.782	***	1.552	
-2対数尤度	869.924	***	306.155	***
Cox & Snell R 2乗	0.184		0.148	
N	739		267	

***P<.001　　**P<.01　　*P<.05　　+P<.1
注）①従属変数＝貸与奨学金…申請1、申請しない0.
　　②独立変数＝表2-2-2を参照する。
　　③係数値は非標準化偏回帰係数である。
出所）高校生調査から算出

見込みが高いという学生特性があると想定する。

　実際に貸与奨学金の申請に影響する要因を探るために以下の分析モデルで検討する。従属変数には「進学する際に貸与奨学金を申請する」ダミー変数を入れ、独立変数には学生属性に関する変数を入れた。

　まず、成績上位と成績下位の二つのグループ別に貸与奨学金申請の規定要因分析を行う。成績上位の学生は貸与奨学金を利用しやすいと推測する。これを踏まえてまず成績別のグループで家庭状況に関する変数が貸与奨学金の利用に影響するかどうかを見ていく。

　分析結果を見ると（表2-3-4）、成績上位の学生を対象に考察した場合に、男性ダミー（+）、きょうだいいるダミー（+）と親の月収（−）が統計的に有意な結果を得た。男子、きょうだいいる、親の月収の低い学生が貸与奨学金を申請しようとしている。

　一方、成績下位の学生を対象に考察した場合に、男性ダミー（+）と親の

表2-3-5　貸与奨学金申請の規定要因のロジスティック回帰分析

男性ダミー	0.566	***
農村出身ダミー	0.174	
きょうだいいるダミー	0.518	**
親の月収（対数変換）	−0.968	***
親高学歴ダミー	−0.301	
親職業専門管理職ダミー	−0.297	
成績上位ダミー	0.509	**
貸与奨学金を知っているダミー	0.279	
30歳月収2500元以下ダミー	−0.380	*
定数	6.562	***
−2対数尤度	1075.253	***
Cox & Snell R 2乗	0.180	
N	920	

***P<.001　　**P<.01　　*P<.05　　+P<.1
注）①従属変数＝貸与奨学金…申請する1、申請しない0．
　　②独立変数＝表2-2-2を参照する。
　　③係数値は非標準化偏回帰係数である。
出所）高校生調査から算出

職業専門管理職ダミー（−）が統計的に有意な結果を得た。男子、親の職業が非専門管理職の学生は、貸与奨学金を申請する傾向が強い。親の月収変数は有意結果を得られなかった。つまり、成績優秀な学生のうち、家計状況があまり良くないのであれば、学生は貸与奨学金を利用して進学しようとしている。これに対して、成績があまり優秀でない学生にとっては、家計状況が貸与奨学金の利用とあまり関係なく、家計が困難にしても、貸与奨学金を利用するとは限らない。前述（第1節）進学選択の理論モデルを使って分析結果を考えると、成績優秀という要因が学生の将来収益への期待を高め、それが貸与奨学金の利用とつながっていると解釈できる。

次に、表2-3-5には学生全体を対象に貸与奨学金申請の規定要因分析をまとめた。今回はサンプルを分けずに貸与奨学金の認知（貸与奨学金を知っているダミー）と30歳月収見込み（2,500元以下ダミー[8]）に関する変数を独立変数

に加えて分析した。

　分析結果（表2-3-5）を見ると、男性ダミー（+）、きょうだいいるダミー（+）、親の月収（-）、成績（+）と将来の月収見込み変数（-）が統計的に有意な結果を見せた。男性、きょうだいがいる、低所得層、成績上位、将来月収の見込みの高い学生は、貸与奨学金を申請しようとしている。これらの結果は、きょうだいがいることや、親の月収が少ないといった家庭状況が裕福ではない学生は、経済的な支援が最も必要であることを意味する。男性は女性より、将来の収益と見込みが高く見込まれ、家庭からの将来期待も比較的高いため、貸与奨学金利用の可能性が高い。成績が優秀であることは、大学に進学できる確率が高く、大学教育からより多くの便益を取得する能力が高いことを意味している。また、将来の収益が高いと見込んだ学生ほど、貸与奨学金を利用する。

　なお貸与奨学金の認知に関する変数は統計的に有意な結果を得られなかった。貸与奨学金を知っているからといっても申請する行動には至らない。これは貸与奨学金が返済しなければならないことを理由として挙げられる。

第4節　進路選択における貸与奨学金の役割

　進学選択に当たって学生が貸与奨学金を利用しようとするのか、利用者にとって貸与奨学金が進学選択にどのような役割を果たすのか。本節では、進学選択の構造（第2節）に従って、貸与奨学金が学生の進路選択、また進学先の選択に与える影響を議論する。

1　進学対就職

　まず、進学か就職かの進路選択における貸与奨学金の役割を考察する。**表2-4-1**には進路希望の規定要因に関するロジスティック回帰分析の結果を示した。従属変数には調査票の「可能性の高い進路」の回答に基づき、進学ダミー変数（進学=1、就職=0）を投入した。独立変数は学生属性（男性ダミー、農村出身ダミー、きょうだいいるダミー、親の月収、親高学歴ダミー、親職業専門管

表2-4-1　進学選択規定要因のロジスティック回帰分析

男性ダミー	0.489	
農村出身ダミー	−2.200	*
きょうだいいるダミー	0.635	
親の月収（対数変換）	−0.014	
親高学歴ダミー	−1.116	
親職業専門管理職ダミー	1.178	+
成績上位ダミー	1.417	**
貸与申請ダミー	−0.278	
定数	4.133	
-2対数尤度	184.278	**
Cox & Snell R 2乗	0.026	
N	947	

***P<.001　**P<.01　*P<.05　+P<.1
注）①従属変数＝進路希望…進学1、就職0．
　　②独立変数＝表2-2-2を参照する。
　　③係数値は非標準化偏回帰係数である。
出所）高校生調査から算出

理職ダミー、成績上位ダミー）と奨学金（貸与申請ダミー）に関する変数とした。

　ロジスティック回帰分析を行った結果、統計的に有意となるのは、農村出身ダミー（−）と成績上位ダミー（＋）だけである。親の職業変数（＋）は10％の有意水準で有意な結果を得た。都市出身、親が専門管理職に従事し、成績優秀な学生が進学を見込んでいる。貸与奨学金申請の変数は、統計的に有意な結果を得られなかった。つまり、進学するか就職するかの進路選択を行う際に、経済的要因より成績要因のほうが重視されている。奨学金を受けて進路を変えたりすることがなく、学業成績が進路を決める最も重要な要因であることが分かる。

2　進学先の選択

　次に、進学を希望する学生のうち、進学先を選択する際に、貸与奨学金が

どのような役割を果たしているのかを明らかにするために、進学先別に進学希望の規定要因のロジスティック回帰分析を行った。モデル分けは第2節の表2-2-5を参照する。表2-4-2には、モデル①（[本科]対[専科]）、モデル②（[本科ⅠⅡ]対[本科Ⅲ・専科]）、モデル③（[本科Ⅰ]対[本科ⅡⅢ・専科]）の分析結果を示し、表2-4-3には、モデル④（[本科Ⅲ]対[専科]）の分析結果を示している。

最初に表2-4-2に示したように、モデル①（[本科]対[専科]）と、モデル②（[本科ⅠⅡ]対[本科Ⅲ・専科]）の選択については、男性ダミー（＋）、農村出身ダミー（－）と成績上位ダミー変数（＋）が有意な結果を得たが、奨学金の変数は有意な結果が得られなかった。しかし、モデル③（[本科Ⅰ]対[本科ⅡⅢ・専科]）の選択については、農村出身ダミー（－）、親の月収（＋）、

表2-4-2　進学先選択規定要因のロジスティック回帰分析

	モデル①		モデル②		モデル③	
男性ダミー	0.554	*	0.369	+	0.220	
農村出身ダミー	－1.449	***	－1.162	***	－0.672	***
きょうだいいるダミー	0.318		0.194		－0.096	
親の月収（対数変換）	－0.149		－0.137		0.318	*
親高学歴ダミー	0.497		0.524		0.514	*
親職業専門管理職ダミー	0.265		0.194		－0.195	
成績上位ダミー	1.568	***	1.636	***	1.048	***
貸与申請ダミー	0.085		0.028		0.329	*
定数	2.492	+	2.082		－3.429	**
-2対数尤度	609.727	***	691.936	***	1161.834	***
Cox & Snell R 2乗	0.099		0.107		0.105	
N	925		925		925	

***P<.001　　**P<.01　　*P<.05　　+P<.1

注）①従属変数：モデル①…本科ⅠⅡⅢ1、専科0；モデル②…本科ⅠⅡ1、本科Ⅲ・専科0；モデル③…本科Ⅰ1、本科ⅡⅢ・専科0．
　　②独立変数＝表2-2-2を参照する。
　　③係数値は非標準化偏回帰係数である。
出所）高校生調査から算出

親高学歴ダミー（＋）、成績上位ダミー（＋）と貸与申請ダミー（＋）が統計的に有意である。都市出身、親の月収の高い、親の学歴の高い、成績のよい、貸与奨学金を申請する学生は、本科Ⅰを選ぶ傾向があると見て取れる。3つのモデルの分析から、本科への進学は成績要因が非常に重要であることが分かる。また、最も高いランクの本科Ⅰに進学しようとする学生（モデル③）にとっては、貸与奨学金の効果があるが、ランクの低い進学先を含めて選択する場合（モデル①とモデル②）には、成績が最も重要な要因で、奨学金の効果は確認出来なかった。

　進学選択の理論モデル（図2-1-3）に従ってこの分析結果を解釈すると、本科Ⅰと本科Ⅱの間には、授業料の差はあまりないものの、成績の水準がかなり異なる。従って、大学のランクに対応する学力を持たなければ、そのランクの大学に進学できないため、成績が進学先を決める際の役割が極めて重要である。しかし、どのランクの大学に進学しても、高額の授業料を支払わなければならない。成績が良くて本科Ⅰには進学できるものの、経済面で本科Ⅰに進学できない学生（例えば図2-1-3の学生ｂの場合）は、貸与奨学金を申請して本科Ⅰに進学することを志望している（モデル③の結果）。これは、本科Ⅰの大学を卒業してからの期待収益（R1）が、本科Ⅰの費用（C1）と奨学金の返済額を合わせた費用合計より高いと見込んだ上での判断であると考えられる。本科Ⅰの学生が大卒後に比較的高い就職率は、将来の期待収入への見込みを高め、貸与奨学金の利用を可能にしたと考えられる。

　これに対して、学力が本科Ⅰに達せず本科Ⅰよりランクの低い大学を選ぶ際に、貸与奨学金の申請が統計的に有意ではなかった（モデル①と②の結果）。学力面で本科Ⅱに進学できるが、経済面で高い家庭負担能力があれば、本科Ⅱに進学するであろう。しかし、家庭の負担能力が低い場合に、外部の経済援助がなければ、おそらく本科Ⅱの直接費用（いわゆる授業料負担）を負担できず、専科あるいは就職を選ぶ。外部の経済援助あるいは奨学金があれば、家計の制約を緩和して、本科Ⅱへの進学が可能である。ただし、普通本科大学の就職率が低く、本科Ⅱの大学を卒業してからの期待収益が、本科Ⅰの大学より低いことは自明であるため、本科Ⅱの大学から得られる純収益（収益

表2-4-3　進学先選択規定要因のロジスティック回帰分析

	モデル④	
男性ダミー	0.889	*
農村出身ダミー	－1.168	*
きょうだいいるダミー	0.531	
親の月収	－0.128	
親高学歴ダミー	－0.151	
親職業専門管理職ダミー	0.694	
成績上位ダミー	0.303	
貸与申請ダミー	0.763	＋
定数	－2.211	**
-2対数尤度	184.021	*
Cox & Snell R 2 乗	0.067	
N	220	

***P<.001　**P<.01　*P<.05　+P<.1
注）①従属変数：モデル④…本科Ⅲ 1、専科 0．
　　②独立変数＝表2-2-2を参照する。
　　③係数値は非標準化偏回帰係数である。
出所）高校生調査から算出

－奨学金の返済額）は、本科Ⅰの大学より小さい。従って、学生が必ずしも貸与奨学金を利用して本科Ⅱに進学するとは限らない。

次に、モデル④の［本科Ⅲ］対［専科］の選択については、第2節の進学選択構造の分析では、成績水準が高いにもかかわらず、ランクの低い専科を選ぶ傾向を確認した。これは、本科Ⅲの進学費用が高く、成績の高い学生があえて進学費用の低い専科に進学せざるを得ないと解釈した。そこで、奨学金という経済面での支援が、学生の進路選択に影響を与えるかどうか。実際にロジスティック分析の結果（表2-4-3）、学業成績要因は統計的に有意な結果が見られなかった。本科Ⅲの大学入試最低合格点数が専科のより高いものの、実証分析では［本科Ⅲ］対［専科］の選択（モデル④）の間に成績要因による差がない。これは、成績で本科Ⅲか専科かのような進学先を選ぶわけではないことを意味する。別の言い方をすれば、本科Ⅲ学生の成績が、専科

学生の成績より上位であるはずなのに、本科Ⅲに進学するはずの学生があえて専科を選ぶことによって、本科Ⅲ学生と専科学生の成績差をなくしたと考えられる。これは進学選択の構造に関する分析結果と同様である。

統計的に有意な結果が現れたのは、男性ダミー（＋）、農村出身ダミー（－）と貸与申請ダミー（＋）である。男子で、都市出身の学生が貸与奨学金を利用して本科Ⅲを選ぼうとしている。進学選択の理論モデル（図2-1-4）と合わせてこの分析結果を考えると、都市出身の男子学生（学生ｄの場合）にとっては、貸与奨学金を利用して本科Ⅲから得られる純収益（収益－奨学金の返済額）がプラスであると思われる。一方、農村出身の女子学生にとっては、貸与奨学金を利用して本科Ⅲから得られる期待収益が低いだけでなく、奨学金の返済負担が費用を上回る可能性が高い結果、純収益（収益－奨学金の返済額）が小さくなる。さらに、前述の通りに専科の就職率が本科Ⅲより高いため、貸与奨学金を利用せずに専科を選ぶことは、最も経済的かつ確実な選択である。従って、これらの学生は経済的にコストの低い専科を選ぶ。

農村出身学生の親は、子どもの成績基準が満たす限り、よりランクの高い進学先に進学させたい。ただし、高額の授業料を払えない代わりに貸与奨学金を借りて進学させるのであれば、大きなリスクを負うことになる。従って、ランクの低い進学先は確実な選択となる。貸与奨学金をめぐって子どもの将来に対する希望の膨らみ＝「感情」とリスク回避＝「勘定」の相反する判断が支配し（藤村 2007：1）、貸与奨学金の利用をめぐって性別や出身の違いが、学生の進学選択に違いをもたらしたと考えられる。

以上のように、進学選択にあたって貸与奨学金の必要性は、成績や家庭所得などの変数と関係を持つと同時に、進学オプションの組み合わせによっても異なることを確認した。成績優秀かつ家庭所得が低いほどその需要が高まるが、進学先のランクが下がればその需要も下がり、特に大学ランクが比較的低い本科Ⅲと専科の場合にはその需要が学生の属性によって一様ではない。

前述の通り（図2-1-3）、本科Ⅰ進学の学生は成績が優秀で、大学教育からもらえる収益の見込みが最も高い。このような成績優秀な学生にとっては、家計困難で貸与奨学金の返済負担を負っても、最終的に進学から得られる純

利益の見通しが高いため、貸与奨学金の利用が可能となった。この際の貸与奨学金は家計の経済制約を緩和し、学生の進学機会を保障する役割を果たしたと評価できる。しかし、純収益の見通しが小さい、あるいはマイナスであれると判断される場合に、貸与奨学金を利用せずにランクの低い進路を選ぶ傾向も確認した。本科Ⅲと専科の進学選択を行う際に、都市出身の学生にとっては、本科Ⅲの収益が高く見込み、奨学金を利用して本科Ⅲに進学しようとする一方、農村出身の学生にとっては、奨学金を利用せずに、コストの低い専科を選ぶ。つまり、貸与奨学金の利用は学生及びその保護者が進学の費用と便益を考慮する上での判断であるため、必ずしも貸与奨学金政策が学生全員の進学機会を保障することはできない。より多くの学生に家計の経済制約を緩和して進学機会を保障するためには、貸与奨学金の返済負担を軽減できるような方策と政策設計が必要となると考えられる。

小 括

　本節では進学選択の理論モデル（第1節）に基づき、高校生の進路選択、貸与奨学金の認知とニード、及び貸与奨学金の進学選択への役割について考察した。得られた知見は以下の通りである。

　学生の進路選択の基本構造（第2節）については、第一に、進学を希望する学生の割合が非常に高い。しかも、家庭所得より成績要因のほうが最も重視され、成績優秀な学生は進学を志望している。第二に、進学オプションによって成績と家庭所得との関係は一様ではない。都市出身、家庭所得の高い、成績優秀な学生が、よりランクの高い進学先を選ぶ傾向がある。一方、本科Ⅲと専科の選択においては、成績要因に統計的な有意な結果が見られず、一部の学生があえてランクの低い専科大学を選択していることが分かった。

　貸与奨学金の認知とニード（第3節）については、第一に、奨学金については家計状況のよい、成績の良い学生の認知度が高い。一方、家計状況の良くない学生は最も奨学金を必要とするはずだが、奨学金の認知度が決して高くない。奨学金の必要度が知識とつながらない。第二に、貸与奨学金の認知

度が異なる理由を探ると、情報入手ルートに着目して分析した結果では、家計状況の異なる学生の間に情報入手のルートに格差があり、情報ギャップが存在することが分かった。第三に、家庭所得の高い学生は貸与奨学金を利用するニードが低く、利用せずに進学できる。一方、家庭所得の低い学生は貸与奨学金利用のニードが高い。

　貸与奨学金の進学選択への役割（第4節）について分析した結果、第一に、進学か就職かの進路希望においては、成績が重要な要因となっている。学生によって、家計の経済要因より、成績要因のほうが最も関心を持ち、進路選択に直接に影響する要因である。貸与奨学金は進学・就学の選択に影響を与えないが、これはサンプルがほとんど進学希望者であることにもよる。しかし、第二に、貸与奨学金の必要性は、学業成績や家庭所得などの変数と重要な関係を持つと同時に、進学オプションの組み合わせによっても異なる。ランクの高い大学に進学する際に、純収益（収益－奨学金の返済額）がプラスであれば、貸与奨学金が利用されているものと考えられる。一方、［本科Ⅲ］対［専科］の選択では、都市出身の男子学生は貸与奨学金を利用して本科Ⅲを選ぶ。これに対して、農村出身の女子学生は貸与奨学金を利用せずにランクの低い専科大学を選ぶという結果が出た。つまり、貸与奨学金が利用されるか否かは、学生自身の学力と負担能力を踏まえ、将来の期待収益と費用を比べたうえで判断されることである。将来の収益をある程度見込まなければ、貸与奨学金のニードがあっても、利用しない。貸与奨学金は、本科Ⅰのようなランクの高い大学と本科Ⅲのような大学への進学を促進する役割があるが、ランクの低い進学先の選択において必ず利用されていないことが分かった。これは貸与奨学金の利用回避問題の存在と、貸与奨学金が特定の進学先と一部の進学者しか役に立っていないことを示唆している。

　もちろん、高校生の将来への期待収益がどれぐらい正確であるのかという点に留意して、貸与奨学金を利用しない理由をさらに考察する余地がある。しかし、貸与奨学金が成績優秀な学生の進学選択や、本科Ⅲのような授業料の高い進学先への選択行動に影響を与えた点においては、部分的ながら貸与奨学金の教育機会保障の役割を評価すべきである。

第三に、情報に関しては明らかにバイアスがあり、農村出身、低所得層の学生が十分な情報を獲得する手段を持っていない。その背景には借金に対する考え方の相違もあると思われる。近年中国の経済が著しく発展するにつれ、金融や投資に関する概念が人々の日常生活まで浸透してきた。例えば、マンションを購入するとき、現金がなくても、銀行から融資を受け、住宅ローンを組んで我が家を手に入れるという考え方が一般化している。ローンを背負った暮し方はあまりにも苦痛が多いという意見もあるが、経済の発展と物価の高騰につれ、ローン生活をせざるを得ない一方、お金に関する観念が変化してきている。ローンを組んだ生活には多少のリスクが潜むものの、効率性や将来の収益性から考えると、良い選択かもしれない、という考え方も受け入れられつつある。ただし、それはまだ一般的とはいえない。

　従って、貸与奨学金に関する情報の普及は、政策面での宣伝によるものだけではなく、借金という考え方が生活ライフと意識に取り入れられるまでの社会全体の発展とも関係していると考えられる。高校で貸与奨学金に関する情報の普及と認識の共有が、貸与奨学金利用の拡大につながると考えられる。

【注】
1　支給金額が比較的高い国家奨学金の年間支援人数は5万人で、全国大学生者数の合計（2012年約2932万人）に占める割合が0.2％にも及ばない。また国家励志奨学金は年間全国大学生者数合計の3％しか支援できない。
2　調査地域A市の教育局の統計によると、2013年普通高校の学校数は110校、約21.6万人の学生が在籍していたという。そのうち、大学への進学率が最も高い学校を、今回調査の対象校として選んだ。
3　本科Iは重点大学であり、「211工程」と「985工程」という二つのプロジェクトが含まれる。「211工程」は、1995年に中国教育部が21世紀に向けて100校の大学を選び、そこに重点的に投資をするプロジェクトである。一方、「985工程」は、21世紀教育振興行動計画に基づいて1998年に定められたもので、211工程重点大学の中からさらに一部大学を選び、世界の一流大学にするために重点的投資するプロジェクトである。（出所：中華人民共和国教育部HP）
4　出所：『中国青年報』2013年7月3日付03版「地方本科高校就業率垫底現象引関注」

5　奨学金返済額には、貸与奨学金の元金と利子が含まれる。以下も同様である。
6　学生がどこまで家庭の経済状況を正確に把握しているかの問題が存在しているものの、調査票による父親と母親の月収回答について数値化したものを平均値で計算した年収結果の14,328元と、『河北経済年鑑』（2009）による2008年河北省1人当たり年収平均の13,441元と近似することから、統計上で学生の家庭所得に関する回答がある程度信頼できると見なされる。
7　調査高校の進学率に関するデータの蓄積及び公開がまだ不十分であるが、現地では有名な進学校であると知られている。毎年、文系あるいは理系の市レベル第一等の成績を修めた者は、ほぼ調査校四校に在籍する学生である。最新のデータによるとその四校のうち、一校の2004年の大学進学率は100％で、本科Ⅰの進学率が63％に達した。またもう一校の2002年の大学進学率は、本科Ⅰが49％、本科Ⅱが80％に達した。
8　30歳前後の月給の中間値が2500元以下を1、2501元以上を0とした。

第3章　奨学金の配分と選択

　本章の目的は、大学在学中の奨学金の実施状況に着目し、どのような学生が奨学金を希望し、また奨学金が実際にどのように配分されたのかを、大学生を対象とする調査データを分析することによって明らかにすることである。まずは奨学金配分のメカニズムを整理し、分析の課題を設定したうえで、奨学金の受給状況を概観する（第1節）。次に大学生を対象とする調査データを用いて、給付奨学金の申請と支給（第2節）、そして貸与奨学金の申請と利用を検討する（第3節）ことを通じて、奨学金の配分と選択の実態を論じる。

第1節　分析の枠組みとデータ

1　奨学金の配分・選択メカニズム

　中国における奨学金制度は、授業料の増額に伴う機会の不均等化に対処するために拡充されてきたのであるが、その支給は主として大学入学後に決定される。そのメカニズムを改めて図示すると以下のようになる（図3-1-1）。

　このような制度的流れの分析の前提として、個々の学生にとって奨学金制度はどのような意味を持っているかを考えておくことが必要である。すなわち給付奨学金については、学生にとっては事後の負担がないことから、その受給が望ましいことは自明である。審査の結果として受給する見込みがあれば、申請する。それに対して貸与奨学金は、卒業後に返済が必要であるため、その申請は受給の損益を考慮した上での選択による。

　しかも時間の上では、奨学金の受給の決定と選択には、三つのポイントがあることに留意しておくことが必要である。すなわち、

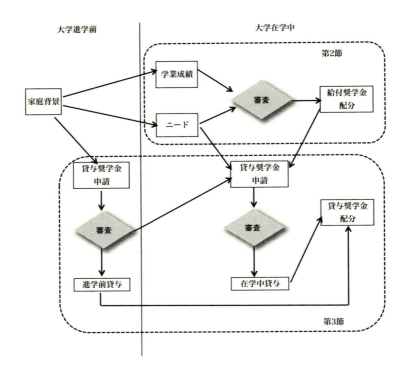

図3-1-1　分析枠組み

①大学進学前の貸与奨学金の申請と貸与。進学前に貸与奨学金を申請する学生は、大学での就学に必要な資金の調達が極めて困難であり、しかも貸与金額を返済しても、なお利益が費用を上回ると考えた学生である。しかし進学前の申請で、審査によって貸与奨学金を受けられずに入学した学生もいる。

②大学進学後の給付奨学金の給付。給付奨学金は、学業の卓越性基準ないし必要性基準に応じて、入学後に支給が決定される。この場合も、必要性基準の指標として、家庭所得あるいはきょうだい数等を用いて審査される。しかし家庭によっては、そうした指標では把握されないものの、奨学金の必要度がある場合もあると考えられる。

③大学進学後の貸与奨学金の申請と貸与。給付奨学金を給付されなかった学生で、学修に必要な経済負担ができない学生、あるいは支給されてもその額が学修を続けるのに不十分な場合には、進学後に貸与奨学金を申請することになる。また進学前に貸与奨学金を申請しても、審査によって貸与されなかった学生も、進学後に貸与奨学金を申請すると思われる。ただし、この場合にも審査の結果、貸与されない場合もある。

　このような時間的経緯に従って分析を行うことが本来は必要であるが、後述のように、実際には貸与奨学金の利用者、特に入学前の貸与奨学金の利用者は、本調査の対象者の中で実数が少ないために、統計的な分析が難しい。従って以下の実証分析では、奨学金の配分・選択については、給付奨学金の審査と給付、そして貸与奨学金の申請と審査・支給、の二つの流れに大きく整理する。前者を第2節で、後者を第3節で分析する。さらにその結果としての奨学金の配分構造については後の第5章で整理する。

2　調査対象の特性

　奨学金受給の規定要因を探る前に、調査対象となる学生の特性を把握する。機関別（大学と独立学院）に学生の性別、出身、きょうだい数、家庭所得層と成績の分布を示したのが**表3-1-1**である。

　調査対象のうち、女子の割合は男子より高い。独立学院の女子の割合は大学の女子の割合より高い。出身については、大学の農村出身者は77.3％に達したのに対し、独立学院の農村出身者は58.5％しかない。大学には農村出身の学生が多く、独立学院には都市出身の学生が多い。また、きょうだいを持つ学生の割合は、大学が独立学院と比べて高い。大学と独立学院学生の間に家族構成が異なることが分かる。

　家庭所得層については、機関別の学生の家庭所得分布を十分に配慮した上で、両親の月収合計が1,000元未満を「低所得層」とし、1,000元～3,000元を「中所得層」とし、3,000元以上を「高所得層」として区分した。以下の家庭所得層の分析でも、この分類を用いることにする。家庭所得層の分布を見ると、大学は独立学院と比べて、低所得層学生の割合が高く、高所得層学

表3-1-1 調査校学生の特性（%（人））

学生属性		教育機関の種類	大学	独立学院
性別		(N)	(602)	(217)
		女子	56.1	65.9
		男子	43.9	34.1
		計	100.0	100.0
出身		(N)	(603)	(217)
		都市出身	22.7	41.5
		農村出身	77.3	58.5
		計	100.0	100.0
きょうだい数		(N)	(593)	(210)
		なし	22.6	33.8
		1人	49.4	52.4
		2人	20.9	13.8
		3人	7.1	0.0
		計	100.0	100.0
家庭所得層		(N)	(563)	(187)
		低（月収1000元未満）	30.9	17.6
		中（月収1000元～3000元未満）	48.7	56.7
		高（月収3000元以上）	20.4	25.7
		計	100.0	100.0
成績		(N)	(598)	(216)
	上	上	11.2	15.7
		中上	37.3	36.6
	中	中	38.3	35.6
	下	中下	10.2	7.9
		下	3.0	4.2
		計	100.0	100.0

出所）大学生調査から集計

生の割合が低い。独立学院と比べて大学には家計状況の良くない学生が占める割合が多く、経済的な困難な学生が多いと考えられる。

　成績は学生の自己評価によって得られたものである。大学と独立学院のいずれでも、成績は中上と中のレベルに相当する答えが最も多いが、上の方に

偏る傾向は必ずしも見えない。学生の自己申告であっても、ある程度客観性を持っていると見ることができる。

3 受給の概況

　給付奨学金は事後の負担がないため、学生はその受給を最も望んでいる。しかし、審査が厳しく、家庭の経済状況ないし成績基準で選抜するのが一般である。また、給付奨学金の各プログラム趣旨の違いによって、選抜基準も異なる。表3-1-2に示したように、「国家奨学金」は単なる学生の学業成績を重視するプログラムである。これを「給付タイプ①」とする。「国家励志奨学金」と「大学独自奨学金」の選抜基準は家庭の経済状況と学生の学業成績の両方に規定されているが、学生の学業成績のほうがより重視されている。このような給付奨学金を「給付タイプ②」とする。給付タイプ①奨学金と給付タイプ②奨学金にはいずれも「育英」の政策目的が含まれている。そして、「国家助学金」と「貧困学生手当」の選抜基準にも家庭の経済状況と学生の学業成績の両方が入っているが、家庭の経済状況がより重視されている。このような家計困難な学生を支援し、「奨学」を目的とする給付奨学金が「給付タイプ③」と区分する。以上のような制度上の選抜基準による給付奨学金のタイプ分けは今後の分析でも用いる。

　それぞれのプログラム別の受給状況（表3-1-2）について、まず給付奨学金の場合には、給付タイプ①の「国家奨学金」は受給率が低く（大学1.8％、独立学院2.8％）、給付金額が高い（大学4,500元、独立学院4,313元）。給付タイプ②の「国家励志奨学金」は受給率が低く（大学3.5％、独立学院5.5％）、給付金額が高い（大学4,250元、独立学院3,800元）。同じく給付タイプ②の「大学独自奨学金」の受給率が学生全体の1割前後（大学9.0％、独立学院11.5％）を占め、給付金額の平均が千元以下となっている。また、給付タイプ③の「国家助学金」と「貧困学生手当」は受給率が高く、学生全体の2、3割を占めるが、給付金額の平均が比較的に低い。

　一方、「国家助学ローン」と「生源地助学ローン」のような家計困難な学生に支給する返済義務のある貸与奨学金の場合には、貸与金額が高いのに対

表3-1-2　調査校の奨学金受給状況

種類		支給基準	名称	調査校のサンプル					
				受給者（人）		受給率（%）		平均年額（元）	
				大学	独立学院	大学	独立学院	大学	独立学院
給付	タイプ①	成績	国家奨学金	11	6	1.8	2.8	4,500	4,313
	タイプ②	成績・家計	国家励志奨学金	21	12	3.5	5.5	4,250	3,800
			大学独自奨学金	54	25	9.0	11.5	501	484
	タイプ③	家計	国家助学金	136	53	22.6	24.3	1,865	1,661
			貧困学生手当	219	28	36.3	12.8	677	665
貸与		家計	国家助学ローン	29	3	4.8	1.4	3,550	5,000
			生源地助学ローン	25	0	4.1	0.0	4,741	—

注）受給率＝（受給人数／学生総数）×100
出所）大学生調査から算出

表3-1-3　時期別の奨学金受給状況

		受給者（人）			受給率（%）			受給年額（元）
		計	進学前	在学中	計	進学前	在学中	
大学	給付	257	0	257	42.6	0.0	42.6	2,212
	貸与	54	22	32	9.0	3.6	5.3	4,273
独立学院	給付	58	0	58	26.6	0.0	26.6	1,656
	貸与	3	0	3	1.4	0.0	1.4	5,000

出所）大学生調査から算出

し、利用率が低い（学生全体の1割未満）。特に独立学院の貸与奨学金の利用者は極めて少ない[1]。

　また、奨学金の種類別と時期別に見ると、表3-1-3のように大学入学前は貸与奨学金のみの利用となり、しかもその利用率が低い（大学3.6％）。一方、大学に入学してから、給付と貸与の両方を受けるのが可能となるが、給付奨学金の受給率が高い（大学42.6％、独立学院26.6％）。在学中の貸与奨学金の利用率（大学5.3％）は進学前（大学3.6％）より若干高くなったが、いずれの時

点においても、貸与奨学金の利用者数が少ない。王（2009：125）は大都市の4エリート大学を対象に調査した結果、貸与奨学金の利用率が10.6％だったという。しかし、地方大学を対象とする今回の調査では貸与奨学金の利用率が全体的に低いことが分かる。特に独立学院の場合に、給付奨学金だけではなく、貸与奨学金の利用率（1.4％）が極めて低く、貸与奨学金があまり利用されていないことが分かる。奨学金の受給に当たって、大学の学生と比べて独立学院の学生が不利であることが考えられる。中国の奨学金政策は主な大学進学後を中心に設計されていることは、サンプルから確認できる。

制度上において2007年までには、独立学院の学生は貸与奨学金を利用する資格がなかったが、2007年以降に政策上の改善で独立学院の学生も貸与奨学金を利用できるようになった。本調査の時点（2008年）においては、この政策が徹底していない可能性があるため、独立学院の貸与奨学金の利用率が極めて低いという結果となったと考えられる。今後の調査を重ねることによって、独立学院での利用をさらに考察する必要がある。

次に在学中の受給率から見ると、大学の場合に給付奨学金の受給率は42.6％で、受給年額の平均は2,212元である。一方、貸与奨学金の利用率は5.3％で、利用年額の平均は4,273元である。すなわち、給付奨学金は受給者が学生全体の4割を占め、よく利用されているが、給付金額が比較的低い。これに対して貸与奨学金は利用者が極めて少なく、学生全体の1割にも達していないが、借入金額は高い。

独立学院の場合には、給付奨学金の受給率は26.6％で、受給年額の平均は1,656元である。一方、貸与奨学金の利用率は1.4％で、利用年額の平均は5,000元である。大学と同様に独立学院の場合も、給付奨学金は貸与奨学金より受給率が高いが、給付額が低い。しかも、大学と比べて独立学院の給付奨学金と貸与奨学金の受給率が低く、特に貸与奨学金の利用者が極めて少ない。

また、二種類の奨学金を同時に受給する学生がいたが、その数は少ない。給付タイプ③と組み合わせのパターンがほとんどであることから、給付タイプ③が最も組み合わせやすい奨学金であることが分かる。いずれにせよ、一

種類のみの奨学金を受けるのが一般的である。

このように地方大学においては受給人数から見ると、多数の学生が奨学金の恩恵を受けているが、給付タイプ③のような給付金額の少ないタイプの奨学金がメインである。従って実質的には奨学金は学生への影響がそれほど強くないのではないか、という推定が出てくる。中央所属大学では、政府によって助成されているため、学生の勉学を奨励する資金が充実され、タイプ①のような給付奨学金がより多くの学生に支給できるようになった。また、中央所属大学がほとんど重点大学であるゆえに、重点大学というブラント力が貸与奨学金の利用を促進した。その結果、中央所属大学の学生は、様々な奨学金を受けるチャンス、特に高額な奨学金を受けるチャンスが多い。しかし、地方大学においては、政府資金と大学ブランド力の不足で、学生への経済支援が不十分であると考えられる。

以下は給付奨学金と貸与奨学金を分けて、それぞれの受給の規定要因を分析する上で、奨学金の配分構造を把握していく。

第2節　給付奨学金

まず本節では、給付奨学金がどのような学生に利用されているのか、またいかなる要因によって規定されているのか、の点について給付奨学金の受給、申請と採用について考察する。

1　学生の属性と受給率

まずは給付奨学金を受ける学生はどのような特性を持っているのかを概観する。図3-2-1には学生属性別に各奨学金タイプの受給率を示した。

大学の場合（図3-2-1（a））は、成績優秀な学生の給付タイプ①の受給率が高い。タイプ②の給付奨学金について受給率の高いのは成績優秀、農村出身、きょうだい数の多い、女子学生である。また、タイプ③の給付奨学金は農村出身、きょうだい数の多い、家庭所得層の低い女子学生に利用されている。すなわち、学業成績のよい学生はタイプ①とタイプ②を受給する割合が

第3章 奨学金の配分と選択　145

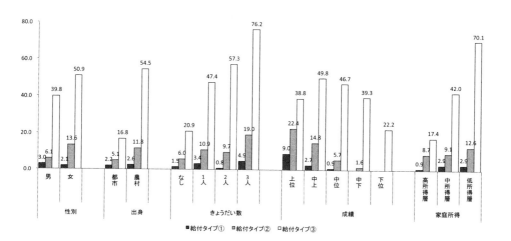

カイ2乗検定：給付タイプ①の場合には、成績　***，他は×
　　　　　　給付タイプ②の場合には、成績　***，性別　**，出身　*，きょうだい数＋，家庭所得層　×
　　　　　　給付タイプ③の場合には、出身、きょうだい数、家庭所得層　***，性別　**，成績　＋
***P<.001　**P<.01　*P<.05　+P<.1　×有意ではない

図3-2-1（a）　学生属性別給付奨学金タイプの受給－大学（％）
出所）大学生調査

高く、家庭所得層の低い学生はタイプ③を受給する割合が高い。

　次に独立学院の場合（図3-2-1（b））は、学業成績の良い学生は給付タイプ①の受給率が高い。タイプ②の給付奨学金の受給者は成績の良い、家庭所得層の低い女子学生である。また、タイプ③の給付奨学金はきょうだい数の多い、家庭所得層の低い、農村出身の女子学生に利用されている。独立学院は大学と同様に、成績優秀な学生はタイプ①とタイプ②を受給し、家計状況の良くない学生はタイプ③を受給する。

2　受給の規定要因分析

　給付奨学金がどのような学生に利用されているのか、給付奨学金のプログラム別、またタイプ別に利用の規定要因分析を通して明らかにする。

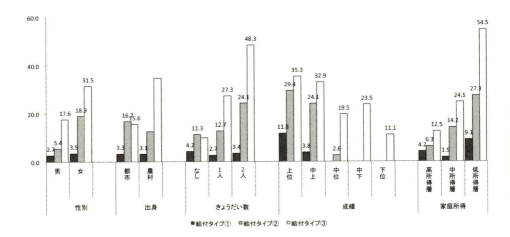

カイ2乗検定：給付タイプ①の場合には、成績 **，他は×
　　　　　　給付タイプ②の場合には、成績 ***，性別 **，家庭所得層 *，他は×
　　　　　　給付タイプ③の場合には、きょうだい数、家庭所得層 ***，出身 **，
　　　　　　性別 *，成績 ×
***P<.001 **P<.01 *P<.05 +P<.1 ×有意ではない

図3-2-1（b）　学生属性別給付奨学金タイプの受給－独立学院（%）
出所）大学生調査

(1) 用いる変数

　独立変数は表3-2-1のように定義した。給付奨学金の政策目的は育英と奨学であることから、それを測定するために学業に関わる成績変数、及び家庭状況に関わる性別、出身、きょうだいと親の月収変数に着目することになった。

　調査票での成績評価は、学生の自己申告で、「上位」「中上」「中位」「中下」「下位」という五段階を設けた。もちろん、この五段階の成績基準は、大学と独立学院によって違うだけでなく、同じ大学や独立学院にしても、学部やクラスによって成績水準も異なる。ただし、中国の大学で奨学生を選抜する際には、大学単位で選抜するのではなく、クラス内での成績順位が重視される。クラスにおける成績の自己評価が学生の学業状況を代表する尺度としては意味がある。

表3-2-1　独立変数の定義

独立変数	調査票の項目	変数の定義
男性ダミー	性別	男子＝1、女子＝0
農村出身ダミー	出身地	県/鎮、あるいは農村＝1、その他＝0
きょうだい数	きょうだい数	きょうだいなし＝1、きょうだい1人＝2、きょうだい2人＝3、きょうだい3人＝4
親の月収（対数変換）	両親の月収	父親の中間値と母親の中間値を足したものに対して対数変換
成績順位	成績	上位＝5、中上＝4、中＝3、中下＝2、下位＝1

出所）大学生調査

表3-2-2　独立変数間の相関

	性別	出身	きょうだい	親の月収	成績
性別	1.000	0.016	－0.068	0.027	－0.250
出身	0.016	1.000	0.425	－0.396	－0.024
きょうだい	－0.068	0.425	1.000	－0.387	0.013
親の月収	0.027	－0.396	－0.387	1.000	－0.038
成績	－0.250	－0.024	0.013	－0.038	1.000

出所）大学生調査

　親の月収[2]は、学生の家計状況を示す家計所得の指標である。調査票での家計所得のデータも学生の自己申告で得られたものである。保護者への調査がほとんど不可能である中国においては、今回の調査で得られたデータに誤差が若干あるかもしれない。しかし、家庭からの仕送りが主な収入源である中国においては、学生が家計状況を身近で感じ取っているため、学生から得られた家計所得のデータで一連の問題を検討する価値はあると考えられる。

　また、個々の学生の困窮度は所得額のみでは把握できない様々な要因に規定されている。実際のタイプ③給付奨学金の受給者の選抜に、貧困学生の貧困状況を把握するためには、一緒に寮生活を送るクラスメートや担任先生が把握する情報が重視されている。経済困難を支援する目的の奨学金の受給者を選抜する際に、クラス単位や学部単位での申請と選抜が多い。これは申請

者の生活状況についてクラスメートや担任の教員が最も詳しいため、自己申告の書類の真実性を裏付けられるわけである。2009年に筆者が奨学金調査チームの一員として行った調査校の奨学金担当者へのインタビュー[3]から改めて分かったのは、「一般的な採用基準があるものの、実際に大学に任せる部分が多い」ことである。このような奨学生の選抜は、申請者本人の自己申告と他人監督の併用によって、選抜の公正性と透明性を保つことができるようになっている。これは、中国特有の事情を配慮し、奨学金選抜の公正性を保つ独自なやり方であると考えられる。ただし、このような選抜指標は数量化ができず、本書の分析では親の月収変数のみで学生の困窮度を測ることにした。

(2) 奨学金プログラム別

給付タイプ①と給付タイプ②奨学金は、学習奨励という育英の政策目的を有するため、受給者の成績が上位であると推測できる。また、給付タイプ③奨学金は、学生の経済面を支援する政策意図があることから、受給者の家計状況が良くないと考えられる。実際に各給付奨学金タイプ別にそれぞれの政策意図と目的が実現されてきたのか、給付奨学金の受給の規定要因分析を通して明らかにする。

表3-2-3 (a) と表3-2-3 (b) に、大学と独立学院別にそれぞれの給付奨学金プログラムの受給ダミーを従属変数として入れ、成績変数と親の月収変数を独立変数として投入し、ロジスティック回帰分析を行った。

分析の結果は、まず大学の場合（表3-2-3 (a)）に、タイプ①の「国家奨学金」の受給では成績（＋）が統計的に有意な結果を得た。しかも、「国家奨学金」を受給する際に成績変数の決定係数が最も高く、成績要因が最も重視されていることが分かる。タイプ②のうち、国家励志奨学金の場合には、成績（＋）が統計的に有意な結果が出た。「大学独自奨学金」の場合には、成績（＋）が統計的に有意で、10％の有意水準で親の月収変数（－）も有意な結果を得た。成績と家計が両方とも「大学独自奨学金」の受給に影響していることが分かる。

表3-2-3 (a) プログラム別受給規定要因のロジスティック回帰分析－大学

	タイプ①	タイプ②		タイプ③	
	国家奨学金	国家励志奨学金	大学独自奨学金	国家助学金	貧困学生手当
成績	1.469 ***	0.936 **	0.841 ***	0.065	0.096
親の月収	－0.324	－0.305	－0.402 ＋	－0.921 ***	－0.888 ***
定数	－7.164 *	－4.701 ＋	－2.589	5.247 ***	5.516 ***
-2対数尤度	106.929 ***	147.720 **	293.237 ***	545.723 ***	656.376 ***
Cox & Snell R 2乗	0.029	0.020	0.043	0.073	0.088
N	557	557	557	557	556

***P<.001　**P<.01　*P<.05　+P<.1

注）①従属変数＝国家奨学金…受給1、受給しない0；国家励志奨学金…受給1、受給しない0；大学独自奨学金…受給1、受給しない0；国家助学金…受給1、受給しない0；貧困学生手当…受給1、受給しない0。
　　②独立変数＝表3-2-1を参照する。
　　③「親の月収」変数は対数変換したものである。
　　④係数値は非標準化偏回帰係数である。
出所）大学生調査から算出

表3-2-3 (b) プログラム別受給規定要因のロジスティック回帰分析－独立学院

	タイプ①	タイプ②		タイプ③	
	国家奨学金	国家励志奨学金	大学独自奨学金	国家助学金	貧困学生手当
成績	1.683 *	1.192 **	0.953 **	0.366 ＋	－0.038
親の月収	－0.817	－0.062	－0.936 **	－0.922 **	－1.212 **
定数	－4.051	－7.019 ＋	1.300	4.484 *	7.000 *
-2対数尤度	47.581 **	73.735 **	111.926 ***	186.524 ***	110.399 **
Cox & Snell R 2乗	0.063	0.051	0.098	0.087	0.064
N	186	186	186	186	186

***P<.001　**P<.01　*P<.05　+P<.1

注）①独立変数と従属変数は表3-2-3(a)と同様である。
　　②係数値は非標準化偏回帰係数である。
出所）大学生調査から算出

　タイプ③の「国家助学金」と「貧困学生手当」の受給には、成績変数が統計的に有意な結果がなく、親の月収変数がマイナスの結果を得た。家計所得が低ければ低いほど、「国家助学金」や「貧困学生手当」を受給する結果と

なった。制度的な意図に合致している。

次に、独立学院の場合（表3-2-3（b））は、大学と同じく、タイプ①の「国家奨学金」とタイプ②の「国家励志奨学金」の受給には成績（+）が統計的に有意であり、タイプ②の「大学独自奨学金」の受給には成績（+）と親の月収（-）が統計的に有意であり、タイプ③の「国家助学金」と「貧困学生手当」の受給には親の月収変数（-）が有意な結果を得た。タイプ①とタイプ②は学生の勉学を奨励する奨学金で、タイプ③は学生の経済面での困難を救済するという政策意図を反映している。

(3) 奨学金タイプ別

給付奨学金のタイプ別に受給の規定要因を分析した結果は**表3-2-4**、**表3-2-5**と**表3-2-6**に示した。従属変数にはタイプごとの受給ダミーを投入し、独立変数には表3-2-1に示した独立変数を投入した。

まずタイプ①給付奨学金は、国家奨学金のような成績を重視する奨学金で

表3-2-4　給付タイプ①受給の規定要因のロジスティック回帰分析

	大学		独立学院	
男性ダミー	0.695		0.352	
農村出身ダミー	-0.400		0.359	
きょうだい数	0.008		-0.731	
親の月収（対数変換）	-0.499		-1.058	
成績	1.476	***	1.812	*
定数	-5.908		-1.744	
-2対数尤度	104.565	**	45.204	*
Cox & Snell R 2乗	0.033		0.075	
N	546		177	

***P<.001　**P<.01　*P<.05　+P<.1
注）①従属変数＝給付タイプ①…受給1、受給しない0.
　　②独立変数＝表3-2-1を参照する。
　　③係数値は非標準化偏回帰係数である。
出所）大学生調査から算出

表3-2-5　給付タイプ②受給の規定要因のロジスティック回帰分析

	大学		独立学院	
男性ダミー	−0.614	+	−1.313	+
農村出身ダミー	0.740		−0.492	
きょうだい数	0.164		0.426	
親の月収（対数変換）	−0.101		−0.896	*
成績	0.852	***	0.998	**
定数	−5.383	*	0.932	
-2対数尤度	320.278	***	116.674	***
Cox & Snell R 2乗	0.065		0.161	
N	547		177	

***P<.001　**P<.01　*P<.05　+P<.1
注）①従属変数＝給付タイプ②…受給1、受給しない0．
　　②独立変数＝表3-2-1を参照する。
　　③係数値は非標準化偏回帰係数である。
出所）大学生調査から算出

表3-2-6　給付タイプ③受給の規定要因のロジスティック回帰分析

	大学		独立学院	
男性ダミー	−0.273		−0.689	
農村出身ダミー	0.690	*	0.592	
きょうだい数	0.374	**	0.825	*
親の月収（対数変換）	−0.910	***	−0.832	**
成績	0.034		0.271	
定数	5.174	***	2.538	
-2対数尤度	639.662	***	164.745	***
Cox & Snell R 2乗	0.186		0.174	
N	547		177	

***P<.001　**P<.01　*P<.05　+P<.1
注）①従属変数＝給付タイプ③…受給1、受給しない0．
　　②独立変数＝表3-2-1を参照する。
　　③係数値は非標準化偏回帰係数である。
出所）大学生調査から算出

あるため、受給基準は学業成績を重視する。実際の受給においては、表3-2-4に示したように、大学にも独立学院にも成績変数（＋）が統計的に有意な結果を得た。成績が良ければよいほど、タイプ①の給付奨学金を受給することが分かる。制度上の受給基準と受給の実態とは一致していることが分かる。

次に給付奨学金タイプ②が制度上においては学業成績の優秀、かつ家計困難な学生を対象に支給すると規定されている。実際の受給状況を見ると、表3-2-5のように大学の場合に、男性ダミー（－）と成績（＋）が統計的に有意な結果を得た。学業成績の良い学生がタイプ②の給付奨学金を受ける。一方、独立学院の場合に男性ダミー（－）、親の月収（－）と成績（＋）が統計的に有意な結果を得た。親の月収の低い、成績優秀な女子学生がタイプ②の給付奨学金を受給する。すなわち、給付タイプ②の受給は、制度上で家計困難が一つの基準として設けられたが、実際に大学で受給する際に成績への重視度が極めて高いことが分かる。また、独立学院では家庭所得と成績の両方が受給の要因となっているが、成績変数の決定係数が大きく、成績要因を重視していることが分かる。大学にも独立学院にも、タイプ②給付奨学金を受給する際に学生の学業成績と家庭所得の両方が配慮されるが、実際には学生の学業成績に偏っていることが共通の特徴であるといえよう。

またタイプ③の給付奨学金は制度上においては、家計困難な学生を救済する政策意図を持っている。タイプ③給付奨学金の受給の規定要因を分析すると、結果が表3-2-6のように、大学の場合に農村出身ダミー（＋）、きょうだい数（＋）と親の月収（－）が統計的に有意である。農村出身、きょうだい数の多い、親の月収の低い学生はタイプ③の給付奨学金を受ける。家計状況の良くない学生がこちらの奨学金を受けていることが分かる。これはタイプ③給付奨学金の制度上で設定された基準と一致している。また、独立学院の場合に統計的にきょうだい数（＋）と親の月収（－）が有意な結果を得た。きょうだい数の多い、親の月収の少ない学生はタイプ③の給付奨学金を受けている。独立学院での給付タイプ③の受給は大学と同様に、家計状況の良くない学生に支給し、制度上の基準に沿って給付していることが分かる。成績

要因は統計的に有意な結果が確認できなかった。

3　申請と採用との関係

各給付奨学金のプログラムの選抜基準が明示されているため、学生自身の状況に合わせて申請するかどうかの選択を行う。しかし、給付奨学金には財源に限りがあり、申請者全員に支給できない。奨学金の主旨に照らして厳しい選抜を行い、申請者のうち最もふさわしい学生を採用する。では、どのような学生が申請し、どのような学生が採用されているのか、給付奨学金の需要側と支給側の実態について考察していく。

（1）申請と採用の概況

まずは給付奨学金の各プログラム別の申請率と採用率を表3-2-7に示した。

まずは大学の場合（表3-2-7（a））に、タイプ①の国家奨学金の申請率（d）が低く、8.3％しかない。タイプ②の国家励志奨学金と大学独自奨学金の申請率はそれぞれ8.5％と11.3％で、いずれも学生全体の1割前後にとどまった。タイプ③の国家助学金と貧困学生手当の申請率はそれぞれ27.5％と41.1％で、申請者が多い。

表3-2-7（a）　給付奨学金プログラム別の申請と採用－大学

給付タイプ分けと基準	名称	申請あり（人）		（c）申請なし（人）	（d）申請率（％）	（e）申請者中の採用率（％）
		採用（a）	不採用（b）			
タイプ① 成績	国家奨学金	11	39	553	8.3	22.0
タイプ② 成績・家計	国家励志奨学金	21	30	552	8.5	41.2
	大学独自奨学金	54	14	535	11.3	79.4
タイプ③ 家計	国家助学金	136	30	437	27.5	81.9
	貧困学生手当	219	29	355	41.1	88.3

注）①申請率（d）＝申請者（a+b）／全体学生数（a+b+c）×100
　　②採用率（e）＝採用者（a）／申請者（a+b）×100
出所）大学生調査から算出

表3-2-7 (b)　給付奨学金プログラム別の申請と採用－独立学院

給付タイプ分けと基準	名称	申請あり（人）		(c) 申請なし（人）	(d) 申請率（％）	(e) 申請者中の採用率（％）
		採用 (a)	不採用 (b)			
タイプ① 成績	国家奨学金	6	20	192	11.9	23.1
タイプ② 成績・家計	国家励志奨学金	12	20	186	14.7	37.5
	大学独自奨学金	25	3	190	12.8	89.3
タイプ③ 家計	国家助学金	53	17	148	32.1	75.7
	貧困学生手当	28	15	175	19.7	65.1

注）①申請率（d）＝申請者（a+b）／全体学生数（a+b+c）×100
　　②採用率（e）＝採用者（a）／申請者（a+b）×100
出所）大学生調査から算出

　申請率に対して採用率（e）は、タイプ①の国家奨学金が最も低く、22.0％しかない。タイプ②の採用率は比較的に高く、国家励志奨学金と大学独自奨学金がそれぞれ41.2％と79.4％に上った。タイプ③の採用率が最も高く、申請者の8割以上が採用されている。

　つまり、タイプ①、タイプ②とタイプ③の順に、申請率と採用率が上昇していることが分かる。前述の受給規定要因の結果と合わせて考えると、タイプ①は成績を重視するため、選抜基準が厳しいゆえに、申請率と採用率が低い結果となったと考えられる。タイプ②はタイプ①より受給しやすいが、成績要因を重視するため、やはり採用率がそれほど高くない。一方、タイプ③は最も受給しやすい給付奨学金であり、家計基準を満たせれば、申請できるだけでなく、採用の確率も高いと考えられる。

　次に独立学院の場合（表3-2-7(b)）、タイプ①の国家奨学金の申請率（d）は最も低く、11.9％しかない。タイプ②の国家励志奨学金と大学独自奨学金の申請率はそれぞれ14.7％と12.8％で、比較的に高い。タイプ③の国家助学金の申請率は最も高く、学生全体の3割を占める。同じくタイプ③の貧困学生手当の申請率は19.7％で、学生全体の2割弱を占める。

　採用率（e）については、タイプ①の国家奨学金の採用率が最も低く、

23.1％しかない。これは大学と同様で、独立学院においても、タイプ①のような国家奨学金の受給が厳しいことが分かる。そして、タイプ②の国家励志奨学金と大学独自奨学金の採用率はそれぞれ37.5％と89.3％である。大学独自奨学金の採用率が極めて高いことが分かる。また、タイプ③の国家助学金と貧困学生手当の採用率は、それぞれ75.7％と65.1％で、比較的高い。しかし、大学のタイプ③の採用率と比べると、若干低いことが分かる。

独立学院の給付奨学金の申請率と採用率が大学と同様に、タイプ①の受給が厳しく、タイプ③が比較的に受給しやすいことが分かる。独立学院では大学独自奨学金が最も受けやすい奨学金であることが分かる。

(2) 申請と採用（大学）

大学における給付奨学金の申請と採用の規定要因を分析していく。分析モデルの独立変数に男性ダミー、農村出身ダミー、きょうだい数、親の月収と成績変数を投入した。このような独立変数を入れたモデルは後の独立大学における分析においても使用する。

　a. 申請

給付奨学金申請の規定要因についてロジスティック回帰分析を行った結果（表3-2-8）、男性ダミー（－）、農村出身ダミー（＋）、きょうだい数（＋）、親の月収（－）と成績（＋）が統計的に有意であった。女子、農村出身、きょうだい数の多い、成績のよい、親の月収の少ない学生は、給付奨学金を申請している。家計状況の良くない、かつ学業成績の良い学生は、給付奨学金の申請率が高いと見られる。

給付奨学金のタイプ別の特性を考慮しながら、給付タイプ別に申請の規定要因分析の結果は表3-2-9に示した。まずは給付タイプ①の場合に、男性ダミー（－）と成績変数（＋）が統計的に有意である。成績が良ければよいほど、タイプ①の給付奨学金を申請する。

次に給付タイプ②はタイプ①と同様に、男性ダミー（－）と成績（＋）が統計的に有意な結果を得た。成績上位な女子がタイプ②を申請している。一

表3-2-8　給付奨学金申請の規定要因のロジスティック回帰分析

男性ダミー	−0.597	**
農村出身ダミー	1.077	***
きょうだい数	0.365	**
親の月収（対数変換）	−0.578	***
成績	0.350	**
定数	2.099	
-2対数尤度	624.641	***
Cox & Snell R 2乗	0.199	
N	547	

***P<.001　**P<.01　*P<.05　+P<.1
注）①従属変数＝給付奨学金…申請1、申請しない0．
　　②独立変数＝表3-2-1を参照する。
　　③係数値は非標準化偏回帰係数である。
出所）大学生調査から算出

表3-2-9　給付奨学金申請の規定要因のロジスティック回帰分析

	タイプ①		タイプ②		タイプ③	
男性ダミー	−0.833	*	−0.908	**	−0.374	+
農村出身ダミー	0.115		0.289		0.780	**
きょうだい数	0.017		0.220		0.372	**
親の月収（対数変換）	−0.213		−0.136		−0.790	***
成績	0.969	***	0.760	***	0.238	*
定数	−4.304	+	−3.948	*	3.890	**
-2対数尤度	280.538	***	409.285	***	642.589	***
Cox & Snell R 2乗	0.062		0.087		0.190	
N	545		547		547	

***P<.001　**P<.01　*P<.05　+P<.1
注）①従属変数＝給付タイプ①（タイプ②・タイプ③）奨学金…申請1、申請しない0．
　　②独立変数＝表3-2-1を参照する。
　　③係数値は非標準化偏回帰係数である。
出所）大学生調査から算出

表3-2-10　給付奨学金採用の規定要因のロジスティック回帰分析

	タイプ①	タイプ②		タイプ③	
	国家奨学金	国家励志奨学金	大学独自奨学金	国家助学金	貧困学生手当
男性ダミー	2.022 *	1.404 +	1.098	0.378	0.506
農村出身ダミー	－0.849	－1.045	2.767 +	0.508	0.655
きょうだい数	－0.016	0.130	－0.082	－0.181	0.090
親の月収（対数変換）	－0.398	－0.282	0.747	－0.819 *	－0.815 *
成績	1.268	1.061 *	1.315 *	－0.197	－0.086
定数	－3.850	－2.624	－11.345 *	7.973 *	7.226 *
-2 対数尤度	35.907 +	51.918 +	48.404 +	137.397 +	153.892 +
Cox & Snell R 2 乗	0.188	0.172	0.136	0.068	0.045
N	46	46	60	152	221

***P<.001　**P<.01　*P<.05　+P<.1

注）①従属変数＝国家奨学金…採用1、採用しない0；国家励志奨学金…採用1、採用しない0；大学独自奨学金…採用1、採用しない0；国家助学金…採用1、採用しない0；貧困学生手当…採用1、採用しない0。（「採用」は調査票の「申請して採用」の回答を用いる。「採用しない」は「申請したが不採用」の回答を用いる。）
　　②独立変数＝表3-2-1を参照する。
　　③係数値は非標準化偏回帰係数である。
出所）大学生調査から算出

方、タイプ③の場合には統計的に独立変数のいずれも有意な結果を見せた。女子、農村出身、きょうだい数の多い、親の月収の少ない、成績の良い学生がタイプ③を申請する結果となった。タイプ③の申請者は成績上位、かつ家計状況の良くない学生が申請していることが分かる。従って、学生は各給付奨学金プログラムの基準に沿って、客観的に自己評価が出来ていることが読み取れる。申請者の属性と各奨学金プログラムの趣旨の間に大きな乖離はないと考えられる。

b. 申請者の採用

給付奨学金を申請した学生のうち、どのような学生が採用されたのか、供給側の支給状況を見ていく。

申請者のうち、採用されるか否かの問題を考える際に、対象である学生の属性に共通する部分が多いことを考慮するうえで、給付奨学金プログラム別に、それぞれの採用の規定要因分析を行う。

採用の規定要因の分析結果（表3-2-10）を見ると、タイプ①の国家奨学金の場合には、男性ダミー（＋）が統計的に有意な結果を得た。男子学生が採用されていることが分かる。タイプ②の国家励志奨学金と大学独自奨学金の場合には、成績（＋）が有意である。成績が良ければ良いほど、採用されている。タイプ②の国家励志奨学金と大学独自奨学金の選抜基準によれば、成績と家計の両方を考慮すると規定されているが、実際の採用においては、家計要因より成績要因のほうが重視されていることが改めて確認できた。また、タイプ③の国家助学金と貧困学生手当の場合には、親の月収（－）が統計的に有意である。家計所得層が低ければ低いほど、採用されている。ただし、成績変数は統計的に有意ではなかった。タイプ③給付奨学金の採用においては家計状況が重視されていることが分かる。

表3-2-11　給付奨学金申請の規定要因のロジスティック回帰分析

男性ダミー	－0.309	
農村出身ダミー	0.553	
きょうだい数	0.477	
親の月収（対数変換）	－0.854	**
成績	0.439	*
定数	3.935	
-2対数尤度	212.606	***
Cox & Snell R 2乗	0.168	
N	177	

***P<.001　**P<.01　*P<.05　+P<.1
注）①従属変数＝給付奨学金…申請1、申請しない0．
　　②独立変数＝表3-2-1を参照する。
　　③係数値は非標準化偏回帰係数である。
出所）大学生調査から算出

表3-2-12　給付奨学金申請の規定要因のロジスティック回帰分析

	タイプ①		タイプ②		タイプ③	
男性ダミー	0.317		－0.670		－0.605	
農村出身ダミー	0.096		－0.128		0.790	*
きょうだい数	0.198		－0.156		0.527	+
親の月収（対数変換）	－0.447		－0.898	**	－0.846	**
成績	0.623	*	0.585	*	0.154	
定数	－1.342		3.905		4.194	+
-2対数尤度	127.562		162.758	**	201.628	***
Cox & Snell R 2乗	0.051		0.114		0.166	
N	177		177		177	

***P<.001　**P<.01　*P<.05　+P<.1

注）①従属変数＝給付タイプ①（タイプ②・タイプ③）…申請1、申請しない0．
　　②独立変数＝表3-2-1を参照する。
　　③係数値は非標準化偏回帰係数である。
出所）大学生調査から算出

(3) 申請と採用（独立学院）

　独立学院の場合、まず申請の規定要因についてロジスティック回帰分析を行った結果（表3-2-11）、親の月収（－）と成績（＋）が統計的に有意であった。成績のよい、親の月収の少ない学生は、給付奨学金を申請している。このような学生は、経済的な支援が必要であると見られる。

　また給付奨学金のタイプ別に申請の規定要因を見ると、表3-2-12のように、タイプ①のモデルは統計的に有意ではない。タイプ②の場合には、親の月収（－）と成績（＋）が統計的に有意である。親の月収の少ない、成績の良い学生はタイプ②の給付奨学金を申請する。

　また、タイプ③の場合には、農村出身ダミー（＋）、きょうだい数（＋）と親の月収（－）が有意な結果を見せた。農村出身、きょうだい数の多い、親の月収の少ない学生はタイプ③の給付奨学金を申請し、給付タイプ③奨学金の支援趣旨と一致している。家計状況が良くないゆえに、給付奨学金が必要とみられる。つまり、独立学院の学生は大学の学生と同様に自分の状況を客

観的に評価したうえで、それに該当する給付奨学金の項目を申請すると考えられる。

採用の規定要因の分析に関しては、モデルが有意ではなかった（表略）。独立学院で奨学金の採用者が大学と比べて少なく、分析に使うサンプルが少ないことが一つの理由であると考えられる。

第3節　貸与奨学金

給付奨学金の受給者は、一定の基準によって大学あるいは政府が選抜することによって決定されるのに対して、貸与奨学金は返済を前提としているため、学生にとってその利用は自明ではない選択である。また貸与奨学金を申請しても、大学ないし金融機関による審査によって、実際の利用者が決まる。どのような学生が貸与奨学金を利用しているのか、またいかなる要因によって規定されているのか。本節では、貸与奨学金の利用、申請と採用について考察する。

1　貸与奨学金の利用

（1）貸与者数

申請の時期別に貸与奨学金利用者の内訳（表3-3-1）を見ると、利用者数

表3-3-1　貸与者数の内訳

		計（人）	進学前	進学後	利用率（%）
大学	計	54	22	32	9.0
	生源地助学ローン	25	17	8	4.1
	国家助学ローン	29	5	24	4.8
独立学院	計	3	0	3	1.4
	生源地助学ローン	0	0	0	0.0
	国家助学ローン	3	0	3	1.4

出所）大学生調査から算出

が極めて少数であることである。大学の場合は学生全体の9.0％、独立学院の場合は学生全体の1.4％にすぎなかった。貸与奨学金が授業料の上昇を補うものとして位置づけられたが、実際にはその利用者がまだ少ないことが分かる。

大学と独立学院を比較すると、明らかに前者での利用率が高く、後者では低い。貸与奨学金が大学の学生によく利用されているのは、独立学院と比べて大学への期待利益が高いためであると考えられる。

プログラム別に見れば、「生源地助学ローン」については進学前に借入を決める場合が多く、他方で「国家助学ローン」については、進学後に借入を決める場合が多い。また、制度上では、国家助学ローンと生源地助学ローンの二重申請が可能であるが、実際のサンプルには両者を同時に利用する学生がいなかった。貸与奨学金の重い返済負担により、貸与奨学金の二重利用が不可能であると考えられる。

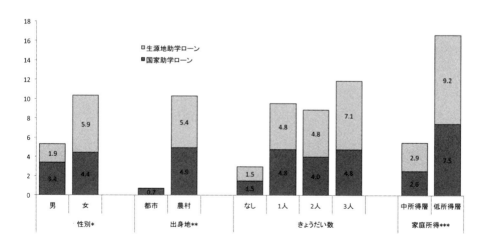

***P<.001　**P<.01　*P<.05　+P<.1

図3-3-1　学生属性別貸与奨学金の利用－大学（％）
出所）大学生調査から算出

(2) 学生の属性と貸与奨学金の利用

どのような学生が貸与奨学金を利用しているのか、学生の属性別に利用者の特性を把握していく。大学の場合（図3-3-1）、女子、農村出身、低所得層の学生は、生源地助学ローンと国家助学ローンの利用率が高い。きょうだいを持つ学生のほうが貸与奨学金を多く利用していることが分かる。独立学院の場合（図略）は大学と同様に、低所得層の学生は、国家助学ローンの利用

表3-3-2　貸与奨学金利用の規定要因のロジスティック回帰分析

		貸与奨学金計		国家助学ローン		生源地助学ローン	
大学	男性ダミー	− 0.637	+	− 0.210		− 0.969	+
	農村出身ダミー	1.830	+	0.878		17.649	
	きょうだい数	− 0.131		− 0.176		− 0.068	
	親の月収（対数変換）	− 1.063	***	− 1.220	**	− 0.801	*
	成績	0.178		0.034		0.300	
	定数	3.388		4.952		− 15.385	
	-2対数尤度	261.898	***	149.265	**	170.987	***
	Cox & Snell R 2乗	0.069		0.028		0.046	
	N	547		547		547	
独立学院	男性ダミー	− 17.209		− 17.209		―	
	農村出身ダミー	0.079		0.079		―	
	きょうだい数	− 0.183		− 0.183		―	
	親の月収（対数変換）	− 2.092	+	− 2.092	+	―	
	成績	1.954	+	1.954	+	―	
	定数	3.639		3.639		―	
	-2対数尤度	19.281	*	19.281	*	―	
	Cox & Snell R 2乗	0.061		0.061		―	
	N	177		177		―	

***P<.001　**P<.01　*P<.05　+P<.1

注）①従属変数：貸与奨学金計…国家助学ローン、あるいは生源地助学ローンのどちらかを利用する1、利用しない0；国家助学ローン…利用する1、利用しない0；生源地助学ローン…利用する1、利用しない0。
　　②独立変数＝表3-2-1を参照する。
　　③係数値は非標準化偏回帰係数である。

出所）大学生調査から算出

率が高い傾向を現わした。家計状況の良くない学生は、貸与奨学金をよく利用すると見られる。

(3) 貸与奨学金利用の回帰分析

貸与奨学金利用の規定要因を探るために表3-3-2のように、独立変数には男性ダミー、農村出身ダミー、きょうだい数、親の月収と成績変数を投入し、従属変数には国家助学ローンあるいは生源地助学ローンのどちらを利用する際の貸与奨学金計利用ダミー、及び国家助学ローンと生源地助学ローンのそれぞれの利用ダミー変数を投入した。この分析は大学と独立学院を分けて行った。

まず大学の場合に、従属変数に貸与奨学金（計）利用ダミーを投入した結果で、統計的に有意な結果を得たのは、男性ダミー（－）、農村出身ダミー（＋）と親の月収（－）変数である。農村出身、親の月収が少ない女子学生は、貸与奨学金を利用する結果となった。家庭の経済状況が良くなければ、貸与奨学金を利用する傾向が強いと見られる。

また、制度別に借入の規定要因を見ると、国家助学ローンが従属変数として入れた分析には、親の月収（－）のみが統計的に有意であった。親の月収が少なければ少ないほど、国家助学ローンを借り入れる。また、生源地助学ローンを従属変数として入れた分析にも、親の月収（－）が統計的に有意であった。10％の有意水準で男性ダミー（－）が統計的に有意であり、親の月収が少ない女子学生は、生源地助学ローンを利用する結果となった。

一般的には女子の将来収益は男子より低い。従って、女子の貸与奨学金の利用は経済的合理性が少ないと考えられる。しかし、調査結果はこの一般論と逆に、女子の生源地助学ローンの利用率が高いという結果を得た。女子学生が地元の金融機関を通じて親の保証付きのローンを利用することは、経済面で将来の収益が少なくても、大学進学・就学の機会を重視することを反映している。

次に独立学院の場合には生源地助学ローンの利用者がいないため、貸与奨学金計の分析は国家助学ローンのみの分析となった。有意水準10％で親の

月収（−）と成績（+）変数が統計的に有意な結果を得た。親の月収が少なければ少ないほど、貸与奨学金を利用する。これは大学の場合での分析結果と同様である。

しかし、大学の分析結果と違うのは、独立学院の学生は、成績が良ければ良いほど、貸与奨学金を利用することである。これは、独立学院で貸与奨学金を利用する際に、家計困難の要因に加え、成績優秀も受給の一要因となっていることを意味する。

学業成績はある程度将来の収益とリンクしているため、成績が良ければ良いほど、将来に良い就職先を見つける可能性が高く、将来の収益が比較的高いと一般的に考えられる。成績優秀な学生は貸与奨学金の返済能力が高く、滞納リスクが小さい。そのため、成績優秀は学生自身の将来への期待を表す指標だけでなく、提供側の銀行にとっても優良な顧客を判断する際の重要な基準であると考えられる。

なお、今回の調査サンプルには独立学院の貸与奨学金の利用者が極めて少ないため、統計モデルの精度と安定性が高くないことに留意する必要がある。

2　申請と採用

貸与奨学金利用の考察だけでは、奨学金の需要と供給の関係を明らかにすることができない。返済義務があるにもかかわらずあえて申請する学生はど

表3-3-3　貸与奨学金の申請と採用

		申請（人）			申請率（%）	採用率（%）	
		計	採用	不採用		学生全体中	申請者中
大学	計	128	54	74	21.2	9.0	42.2
	生源地助学ローン	60	25	35	10.0	4.1	41.7
	国家助学ローン	68	29	39	11.3	4.8	42.6
独立学院	計	14	3	11	6.4	1.4	21.4
	生源地助学ローン	3	0	3	1.4	0.0	0.0
	国家助学ローン	11	3	8	5.0	1.4	27.3

出所）大学生調査から算出

のような特性を持っているのか、どのような学生の申請が許可されたのか。このような申請と採用状況を明らかにすることで、貸与奨学金の需要と供給の関係を明確にする。

（1）申請率と採用率

　貸与奨学金の申請率と採用率は表3-3-3のように、大学の申請率は21.2％で、独立学院の申請率は6.4％である。大学が独立学院より、貸与奨学金の申請率は高い。しかし、大学の申請率が高くても、学生全体の2割にとどまっている。申請者はまだ少ないことが分かる。特に独立学院では貸与奨学金があまり利用されていないことが分かる。

　一方、採用率については、大学の学生全体の9.0％、独立学院の学生全体の1.4％しか採用されていない。学生全体のうちに貸与奨学金を利用する学生が少ないことが分かる。また、制度上の建前としては貸与奨学金の利用ニードを最大限に満たすと定められているが、実際には申請者のうちの採用率が決して高いわけではない。大学の採用率（42.2％）が独立学院（21.4％）より高いが、申請者の半分以下にとどまっていることが分かる。

　さらにプログラム別に見ると、国家助学ローンの申請率（大学11.3％、独立学院5.0％）は生源地助学ローンの申請率（大学10.0％、独立学院1.4％）より高い。採用率も国家助学ローン（大学42.6％、独立学院27.3％）が生源地助学ローン（大学41.7％、独立学院0.0％）より高い。国家助学ローンは生源地助学ローンより、よく利用されていることが分かる。

（2）学生属性別の申請と採用

　ではどのような学生が貸与奨学金を申請し、採用されているのか。学生の属性別に貸与奨学金の申請と採用はそれぞれ図3-3-2と図3-3-3に示した。独立学院の申請者と採用者が極めて少ないため、学生属性別の考察は大学のみとした。

　まず申請（図3-3-2）については、生源地助学ローンにも国家助学ローンにも、女子、農村出身、きょうだい数の多い、低所得層学生の申請が高い。家

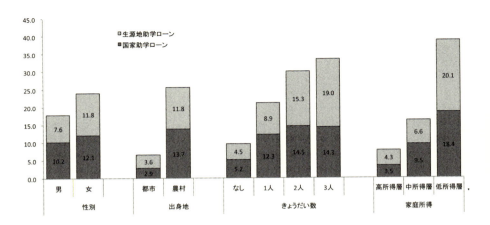

カイ２乗検定：生源地助学ローンの場合－家庭所得　***，出身地　きょうだい数　**，性別　＋
国家助学ローンの場合－出身地　家庭所得　***，きょうだい数　＋，性別　×
***P<.001　**P<.01　*P<.05　+P<.1　×有意ではない

図3-3-2　学生属性別貸与奨学金の申請－大学（％）

出所）大学生調査から算出

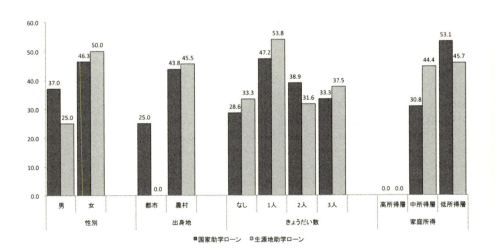

カイ２乗検定：生源地助学ローンの場合－出身地　*，性別　＋，その他　×
国家助学ローンの場合－家庭所得　＋，その他　×
***P<.001　**P<.01　*P<.05　+P<.1　×有意ではない

図3-3-3　学生属性別貸与奨学金の採用－大学（％）

出所）大学生調査から算出

庭状況の良くない学生ほど、貸与奨学金を申請しようとしている。これは、経済困難や家庭状況が良くない分、貸与奨学金で補完しようとすることで、貸与奨学金の利用を申請したと考えられる。

次に採用（図3-3-3）については、生源地助学ローンにも国家助学ローンにも、女子、農村出身と低所得層学生の採用率が高い。きょうだいを持つ学生のほうが貸与奨学金の採用率が高い。学生の属性別の集計を見る限り、家庭状況があまり良くない学生ほど採用されていることが分かる。

(3) 申請と採用の回帰分析

統計的に貸与奨学金の申請と採用にどのような要因が影響を与えるのか、プログラム別にロジスティック回帰分析で解明する。

表3-3-4　貸与奨学金申請・採用の規定要因のロジスティック回帰分析－大学

	申請		申請者中の採用	
	国家助学ローン	生源地助学ローン	国家助学ローン	生源地助学ローン
男性ダミー	－0.003	－0.237	－0.781	－0.980
農村出身ダミー	1.021　＋	0.364	－0.527	21.562
きょうだい数	0.050	0.310　＋	－0.434	－0.705　＋
親の月収（対数変換）	－0.526　＊	－0.623　＊＊	－1.064　＊	－0.401
成績	0.144	0.146	－0.153	0.397
定数	0.246	0.919	9.456　＋	－18.191
-2対数尤度	358.295　＊＊	336.891　＊＊＊	73.974	62.778　＊
Cox & Snell R 2乗	0.036	0.044	0.107	0.217
N	547	547	60	56

＊＊＊P<.001　＊＊P<.01　＊P<.05　＋P<.1
注）①従属変数：国家助学ローン…申請1、申請なし0：（申請者中の）採用1、採用なし0．
　　　生源地助学ローン…申請1、申請なし0：（申請者中の）採用1、採用なし0．
　　②独立変数＝表3-2-1を参照する。
　　③係数値は非標準化偏回帰係数である。
出所）大学生調査から算出

表3-3-4に示したように、従属変数には国家助学ローンと生源地助学ローンのそれぞれの申請ダミーと採用ダミーを投入した。独立変数には、男性ダミー、農村出身ダミー、きょうだい数、親の月収と成績変数を投入した。独立学院の申請者と採用者が少ないため、回帰分析の対象を大学のみとした。

結果から見ると、まず申請については、国家助学ローンの場合に、親の月収（−）が統計的に有意な結果を得た。有意水準10％で農村出身ダミー（＋）も有意である。農村出身、親の月収が少ない学生は、国家助学ローンを申請する傾向が強い。一方、生源地助学ローンの場合にも、親の月収（−）が統計的に有意な結果を得た。有意水準10％できょうだい数（＋）も有意である。きょうだい数が多い、親の月収が少ない学生は、生源地助学ローンを申請するという結果となった。つまり、国家助学ローンと生源地助学ローンは制度上の申請機関が異なるものの、申請の規定要因において大きな違いが見られなかった。国家助学ローンにも生源地助学ローンにも、家庭の経済状況が貸与奨学金申請の最も大きな要因である。家計困難な学生が貸与奨学金を申請することが分かる。

次に採用については、国家助学ローンの分析モデルは統計的に有意ではない。生源地助学ローンの場合に、有意水準10％できょうだい数（−）が統計的に有意な結果を得た。きょうだい数の多い学生ほど、採用されていることが分かる。

ただし、申請者のうち、採用に影響を与える要因はサンプルから必ずしも明確にできない。貸与奨学金を申請する学生は、家計状況が良くないことが共通している。家庭状況が似ているような学生の間にだれが最終的に利用できるかという採用要因は、少なくとも今回の調査から確認できなかった。この理由は家庭の経済要因や学生の属性要因以外に、特殊な家庭事情のようなことにも関わると考えられる。また、貸与者の審査と採用に関わる主体が多く、それぞれの主体の間の複雑な利害関係による審査の不透明なところが多い。提供側の銀行や大学は、貸与者を選ぶ際に貸与奨学金の必要度以外に、学生の将来の返済能力を予測しなければならない。就職率の低い地方普通大学の学生が最優先の顧客としてされていない。このように、貸与者の選抜は

必ず量的な指標で測れるとは限らない。

　以上のように貸与奨学金の採用率が低く、その規定要因も明確ではない。これは日本学生支援機構が支給する貸与奨学金の利用実態と異なる。第一種奨学金（無利子奨学金）の採用率は2010年に79.1％に上り、採用されなかった学生の一部は第2種（有利子奨学金）の貸与を受けることができる[4]。また、日本の第二種奨学金（有利子奨学金）の採用率が100％である。すなわち、日本で貸与奨学金を申請すれば、その利用はほぼ可能である。家庭収入による採用基準が明示されたため、申請と採用の明確化が実現された。一方、中国の貸与奨学金は、採用基準の設定があいまいであり、制度化されていない部分が多い。

3　申請の動機と背景

　貸与奨学金を利用しようとする動機は、おそらく経済的困難で、進学費用の調達が難しい際の選択であると考えられる。実際に学生にとって貸与奨学金がどこまで必要なのか、また貸与奨学金の利用がどのような意味を持っているのか。調査票の中に、貸与奨学金と進学の関係に関する項目（「貸与奨学金を利用しないと進学可能かどうか」）の回答を使って考察していく。

　表3-3-5のように大学の場合に、貸与奨学金を利用しないと「進学不可能」と答える学生（3.0％）が少ないが、「困難」と答える学生（40.1％）と合わせると、学生全体の4割以上を占めている。独立学院も大学と同じく、貸与奨学金を利用しないと「進学不可能」と答える学生（0.9％）が少ないが、「困難」と答える学生（33.3％）と合わせると、学生の3割以上を占めている。大学にも独立学院にも、貸与奨学金が必要とする潜在ニーズが高い。

表3-3-5　「貸与奨学金を利用しないと進学可能かどうか」の回答（％（人））

	不可能	困難	可能	計
大学	3.0 (18)	40.1 (240)	56.9 (340)	100.0 (598)
独立学院	0.9 (2)	33.3 (72)	65.7 (142)	100.0 (216)

出所）大学生調査

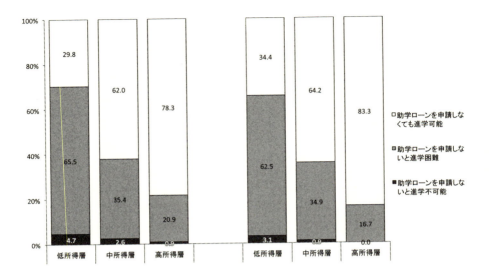

***P<.001　**P<.01　*P<.05　+P<.1
図3-3-4　家庭所得層別の貸与奨学金のニード（%）
注）家庭所得層：表3-1-1を参照する。
出所）大学生調査

　親の所得層別の考察（図3-3-4）で、大学と独立学院が同様に「助学ローンを申請しなくても進学可能」と答えたのは、高所得層に占める割合が高い。家庭所得の高い学生は、経済面で余裕を持つゆえに、貸与奨学金の利用が必要ではないと見られる。一方、「助学ローンを申請しないと進学困難」と「助学ローンを申請しないと進学不可能」を答えたのは、低所得層に占める割合が高い。家庭所得の低い学生が経済面で困難だからこそ、貸与奨学金のニードが高いと解釈できる。低所得層出身の学生にとって、貸与奨学金の支援がなければ、経済困難で進学を断念する恐れがあるため、貸与奨学金の重要性を一層高めたと考えられる。

　統計的に貸与奨学申込し込む学生の特性を考察するために、ロジスティック回帰分析を行った。従属変数には貸与奨学金利用の潜在層と見なされる「貸与奨学金を利用しないと進学不可能」のダミー変数を入れ、独立変数には男性ダミー、農村出身ダミー、きょうだい数、親の月収と成績変数を入れ

表3-3-6 貸与奨学金ニードの規定要因のロジスティック回帰分析

	大学		独立学院	
男性ダミー	0.528	**	−0.109	
農村出身ダミー	0.701	*	0.331	
きょうだい数	0.385	**	0.132	
親の月収（対数変換）	−0.862	***	−1.180	***
成績	0.301	**	0.093	
定数	3.468	**	7.619	**
-2対数尤度	636.855	***	200.470	***
Cox & Snell R 2 乗	0.183		0.138	
N	544		177	

***P<.001　**P<.01　*P<.05　+P<.1

注）①従属変数は「貸与奨学金を利用しないと進学可能かどうか」の項目回答を用い、不可能（「困難」あるいは「不可能」と答えたもの）を1、可能を0とした。
　②独立変数＝表3-2-1を参照する。
　③係数値は非標準化偏回帰係数である。
出所）大学生調査から算出

て分析した（表3-3-6）。

　大学の場合には、男性ダミー（+）、農村出身ダミー（+）、きょうだい数（+）、親の月収（−）と成績（+）が統計的に有意である。男性、農村出身、きょうだい数の多い、親の月収が少ない、成績優秀な学生は、貸与奨学金のニードが高い。成績要因が貸与奨学金のニードに影響を与えることは、ある程度見通しを持つ学生が貸与奨学金を利用しようとしていると解釈できる。一方、独立学院の場合には、親の月収変数（−）が統計的に有意である。親の月収の少ない学生は、貸与奨学金のニードが高い。つまり、大学にも独立学院にも、貸与奨学金のニードを持つ学生は、家計状況の良くない学生であることが分かる。ただし、貸与奨学金の申請者が少ないという結果と合わせて考えると、学生の貸与奨学金に対する主観的なニードは、必ずしも申請行動とつながっていないことが分かる。

　独立学院の家庭所得の低い学生は、貸与奨学金のニードが高い。しかし、

実際には、独立学院の学生の申請率が極めて低い。これは、学生が貸与奨学金を利用したくないというよりもむしろ、独立学院における貸与奨学金の利用が制限されているからである。制度上においては、奨学金の主な対象は大学の学生であり、独立学院の学生が支援対象外であった。従って、家計困難、かつ独立学院に進学を希望する学生は、奨学金支給の優先対象ではないため、彼らの進学機会が保障されたとはいいにくい。大学と独立学院の格差が、貸与奨学金の申請と利用においても現れている。

4 給料への見込み

将来の期待収入への考察は、学生の将来像への予測をある程度把握できるだけでなく、貸与奨学金受給の一要因として考察することもできると考えられる。

表3-3-7 進学前に期待収入の予測 (元/月)

給料 貸与申請	初任給		就職五年後	就職十年後
	最低額	希望額		
申請しない	1,857	3,335	6,809	13,337
申請する	1,748	2,948	6,488	13,993

F値:初任給の希望額は10％水準で有意であり、その他は有意ではない。
注) サンプルは学生全体である。
出所) 大学生調査

表3-3-8 在学中に期待収入の予測 (元/月)

給料 受給タイプ	初任給		就職五年後	就職十年後
	最低額	希望額		
受給なし	1,939	3,420	7,043	14,119
給付奨学金受給	1,774	3,208	6,497	12,442
貸与奨学金利用	1,692	3,142	7,057	15,158

F値:初任給の最低額は5％水準で有意であり、その他は有意ではない。
注) サンプルは学生全体である。
出所) 大学生調査

調査票では、大卒後、就職五年後と就職十年後の三つの時点において、期待収入の予測項目を設けた。初任給の中に最低額と希望額が含まれ、学生の回答は**表3-3-7**（進学前）と**表3-3-8**（在学中）に示した。中国の大卒者初任給の標準額は、地域によって異なり、一概に金額では表示できない。就職数年後の給料も厳密に数字で表すことができない。しかし、大学生は将来の給料水準についてある程度イメージを持つため、給料水準への予測が可能である。また、実際に学生の予測結果を見ると、初任給、就職五年後と就職十年後の順に給料が上がり、受給タイプによって若干の違いがあるが、全体として大きな偏りがないと見られる。そのため、期待収入の予測は十分に信頼できる項目である。

　進学前の場合（表3-3-7）に、貸与奨学金を申請する学生は申請しない学生より、大卒初任給の希望額が低い。この差は10％水準で統計的に有意である。初任給の最低額、就職五年後と就職十年後の期待収入は、貸与奨学金の申請による有意差が統計的に確認できなかった。

　貸与奨学金の申請と利用は、将来の便益と返済能力を踏まえたうえでの判断であると、第2章で述べた。期待収入の集計を見る限り、貸与奨学金の申請者は初任給を低く見込んでいても、長期的に収入が増加していると予測している。これで返済能力を有すると判断できる。ただし、貸与奨学金を申請するか否かの間に、将来の期待収入に統計的に差がない。貸与奨学金の申請者が必ずしも将来への経済的利益の期待が高いわけではない。

　大学在学中における将来への期待収入の予測は表3-3-8に示した。初任給の最低額のみ、奨学金受給の間に有意差が見られた。貸与奨学金の利用者は初任給の最低額への予測が最も低く、将来に必ずしも楽観的な態度を持っていないことが分かる。しかし長期的に見ると、期待収入が伸びていることから、貸与奨学金の返済能力への見込みが高い。これにより貸与奨学金の利用を裏付けられる。

5　貸与奨学金への意見

　貸与奨学金への需要があるものの、申請しない学生が存在することが、こ

れまでの分析で分かった。貸与奨学金の利用についてどのように評価しているのか、なぜ利用しないのかの点について、今まで統計分析の結果と合わせてみておく。

(1) 貸与奨学金の利用への意見

貸与奨学金の利用への意見については、情報の提供から制度上の改善まで幅広く設問して学生の意見を尋ねた。図3-3-5には貸与奨学金のニードを持つ学生のみの答えを示した。

貸与奨学金の各意見について高く評価されたのは、「詳しい情報を提供してほしい」、「利用者を増やしてほしい」と「ローンよりアルバイトの心理負担が軽い」である。そのうち、「詳しい情報を提供してほしい」と答えた割合が一番高く、現段階の情報提供が不十分であることが見られる。これは高校生調査による情報ギャップの実証結果(第2章)と一致している。高校生調査から情報ギャップが、学生に進学選択に直接に影響する要因ではないも

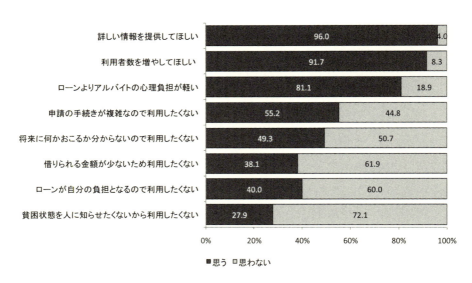

図3-3-5　貸与奨学金についての意見（%）

出所）大学生調査

のの、家計状況の良くない学生は家計状況の良い学生より、奨学金に関する情報の収集において不利であることが分かった。家計間の格差による情報ギャップは、学生の選択幅を狭め、最善な選択が行われない事態に陥る可能性が高い。そのため、家計間の格差を超える十分な情報提供が学生に求められていると考えられる。

次に、「利用者を増やしてほしい」と答えた割合も比較的に高い。これは採用率が低いという分析の結果と一致している。貸与奨学金の提供が学生のニードに完全に応じておらず、一部の学生のニードしか満たさなかった。そのため、学生は利用者人数の制限を緩和する要求が強まり、より多くの学生が利用できるように求められていると考えられる。また、「ローンよりアルバイトの心理負担が軽い」という項目への回答率が高いのは、貸与奨学金の利用を回避する傾向を反映している。貸与奨学金制度は徐々に学生とその親の理解を得て拡大されている一方、学生による返済義務を背負った生活スタイルに対して心理的な抵抗がまだ強い。人々の考え方を変えることが簡単なことではない。貸与奨学金の利用への抵抗感を弱まるような制度改善が必要だけでなく、学生を対象に融資に関する金融教育の普及も必要であると考えられる。

(2) 貸与奨学金に対する意見の規定要因分析

貸与奨学金に対する意見の規定要因分析（表3-3-9）のうち、「詳しい情報を提供してほしい」を従属変数として入れたモデルでは、男性ダミー（−）と成績（−）が有意な結果を得た。成績があまり良くない女子学生は、貸与奨学金に関する情報を提供してほしいと答えた。「ローンよりアルバイトのほうが心理負担が軽い」と思う学生は、成績のよい学生である。成績のよい学生は貸与奨学金の利用よりアルバイトで生活を維持する傾向が強いと読み取れる。

また、「借りられる金額が少ないため利用したくない」、「ローンが自分負担となるので利用したくない」と「貧困状況を知らせたくないから貸与を利用したくない」に関する分析では、いずれも親の月収変数（＋）が有意な結

表3-3-9 貸与奨学金に対する意見の規定要因のロジスティック回帰分析

	詳しい情報を提供してほしい	ローンよりアルバイトのほうが心理負担が軽い	借りられる金額が少ないため利用したくない	ローンが自分負担となるので利用したくない	貧困状況を知らせたくないから貸与を利用したくない
男性ダミー	－1.309 **	－0.156	0.397 *	0.118	1.129 ***
農村出身ダミー	0.519	0.235	－0.001	－0.106	0.394
きょうだい数	－0.237	0.112	－0.033	0.227 +	－0.008
親の月収（対数変換）	－0.212	－0.115	0.349 *	0.576 ***	0.524 **
成績	－0.499 *	0.198 +	0.193	0.131	0.567 ***
定数	7.307 *	0.988	－4.002 **	－5.591 ***	－8.244 ***
-2対数尤度	181.505 *	573.388 *	666.304 **	686.803 ***	470.879 ***
Cox & Snell R 2 乗	0.026	0.019	0.030	0.043	0.083
N	527	525	526	525	524

***P<.001 　**P<.01 　*P<.05 　+P<.1

注）①従属変数＝詳しい情報を提供してほしい…そう思う1、そう思わない0；ローンよりアルバイトのほうが心理負担が軽い…そう思う1、そう思わない0；借りられる金額が少ないため利用したくない…そう思う1、そう思わない0；ローンが自分負担となるので利用したくない…そう思う1、そう思わない0；貧困状況を知らせたくないから貸与を利用したくない…そう思う1、そう思わない。
②独立変数＝表3-2-1を参照する。
③サンプルは大学のみである。
④係数値は非標準化偏回帰係数である。
出所）大学生調査から算出

果を得た。親の月収が高ければ高いほど、貸与奨学金を利用したくない。家計状況がよいゆえに、貸与奨学金利用のニーズがあまりないと見られる。

小　括

奨学金の配分と選択への考察から得られた知見は以下の通りである。

まずは奨学金の受給状況（第1節）については、進学前より在学中での受給が中心である。給付奨学金は在学中に支給され、受給者が最も多い。貸与奨学金は進学前にも在学中にも利用可能であるが、利用者が少ない。特に独立学院の場合には、貸与奨学金の利用者が極めて少なく、大学と比べて奨学

金の利用は有利ではない。

　次に給付奨学金（第2節）については、第一に、受給の規定要因分析を通して、給付タイプ①の受給は成績要因を重視し、給付タイプ②の受給は成績と家計の両方を配慮するものだが、成績要因が最も重視されていることが分かった。一方、給付タイプ③の場合には、成績と家計の両基準のうち、家計状況が重視されている。給付タイプ①と給付タイプ②は学生の勉学を奨励する奨学金で、給付タイプ③は学生の経済面での困難を救済する奨学金であると見られる。大学と独立学院は同じような傾向を表している。

　第二に、給付奨学金の受給希望が高い。申請基準が具体化されていないが、メリット型かニード型かが明示されているため、基準に満たせば、学生が申請する。成績の良い学生は給付タイプ①や給付タイプ②を申請し、家計状況の良くない学生は給付タイプ③を申請する。申請者の属性と各奨学金プログラムの趣旨の間に大きな乖離はなかった。

　第三に、給付奨学金の申請率は高いが、成績水準への要求が高く、実際の採用率が低い。給付タイプ①の支給基準が厳しく、採用率が低いのに対し、給付タイプ③は比較的受給されやすい奨学金であり、採用率が高い。給付タイプ②の採用には成績要因が影響を与え、給付タイプ③の採用には家庭所得層の要因が影響を与えることが分かった。

　一方、中国の貸与奨学金（第3節）は、先進国での議論の影響を受けて、授業料の上昇を補うものとして位置づけられたが、実際にはその利用率がまだ低い。特に独立学院で貸与奨学金の利用者が極めて少ない。

　国家助学ローンと生源地助学ローンは制度上では異なるが、実際に申請と利用の規定要因には大きな違いが見られなかった。家計状況が良くないことが貸与奨学金利用の主な要因である。ただし、貸与利用のニードがあっても、申請者の一部しか採用されていない。それの理由は調査の限界で統計的に明確に確認できず、親の月収という経済要因以外に、家庭の事情に関わる要因も含まれていると考えられる。情報の普及や受給枠の拡大などを望む意見が多数であることが分かったが、需要者側の返済負担への心配と、供給者側の貸付リスクの考慮は貸与奨学金利用の拡大を妨げた。いずれにせよ、現段階

の貸与奨学金制度は学生の利用ニードを必ずカバーしているとはいえず、しかも利用者の選抜がかなり複雑なプロセスであることが分かった。

　進学選択の理論モデルでは、貸与奨学金の利用は将来の便益を高く見込んだ上での選択であると推測されている。しかし、今回の調査ではそのようなことは確認できなかった。なぜならば、将来の利益というよりは、大学進学を前提とした上で直接の経費負担が極めて困難である場合に貸与奨学金が利用されているからである。ただし、貸与奨学金の利用で家庭困難な学生の進学機会が保障されたことから、貸与奨学金が教育機会均等化に寄与していると評価できる。

【注】
1　そのほか、貸与奨学金のプログラムとしては「一般銀行助学ローン」及び「大学内無利子助学ローン」がある。しかし、両者とも先行研究（李 2006a）と筆者のアンケート調査から見ても利用者が極めて少ないため、今後の分析対象から外す。今後の分析で「貸与奨学金」は国家助学ローンと生源地助学ローンのことを指す。
2　調査票による父親と母親の月収回答について数値化したものを平均値で計算した年収結果の15,153元と、『中国統計年鑑』（2010）による2009年全国1人当たり年収平均の17,175元と近似することから、統計上で学生の家庭所得に関する回答がある程度信頼できると見なされる。
3　平成21年度先導的大学改革推進委託事業「高等教育段階における学生への経済的支援の在り方（代表者　小林雅之）」の現地インタビュー調査：2009年8月22日実施。
4　出所：第3回雇用政策研究会（平成24年5月24日）資料4「大学・専門学校等における社会人の学び直しについて」5頁。

第4章　入学後の奨学金の効果

　本章では、大学在学中の奨学金の効果に着目して、奨学金が学生の生活にどのような影響を与えたのかを明らかにすることを目的とする。まずは奨学金効果の分析経路を設計し、いくつかの重要な概念を整理したうえで、学生がどのような生活をしているのかを把握する（第1節）。その上で、給付タイプ①と②奨学金（第2節）、給付タイプ③奨学金（第3節）、そして貸与奨学金（第4節）の順に奨学金タイプ別に考察し、それぞれが学生の経済面と時間面にどのような影響を与えたのかを明らかにする。最後に奨学金が大学卒業後の進路選択への影響を解明する（第5節）。

第1節　分析の視点

1　奨学金の効果の経路

　奨学金政策は経済面の支援によって教育機会の均等を促し、学習効果を高めることを政策目標とした。各奨学金プログラムはこの政策目標を達成するため、実際にはそれぞれの政策意図に沿いながら、支援対象を絞った上で重点的に支援する。従って、各奨学金の機能的な経路の違いが出てくる。例えば、給付タイプ①と給付タイプ②奨学金は、学習優秀者を奨励する政策意図が含まれるため、学習効果を高めるような学習行動や生活行動が期待される。また、給付タイプ③奨学金は、主に貧困学生を中心に支援するため、生活水準の改善及び学習行動の集中ができるような機能が期待される。一方、貸与奨学金は、授業料や大学生活費の負担が困難な学生を対象に支援することから、教育機会を保障する役割が期待される。

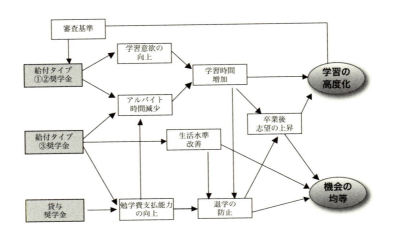

図4-1-1　入学後の奨学金が果たすと想定される機能の経路図

このように大学入学後の各種の奨学金は、図4-1-1に示したような機能的な経路を通して、学習の高度化と教育機会の均等という政策目的の実現につながると考えられている。その機能的な経路の詳細、及び効果検証の限界は、以下のように奨学金タイプ別に説明する。

(1) 給付タイプ①、②奨学金
　まず給付タイプ①、②の奨学金は育英の政策目的で、成績優秀な学生を対象に奨励し、学生の学習への誘因になることによって、学習の高度化をもたらす。また学生の収入を増やすことによってアルバイト時間を減らし、学習時間を増やすことも学習の高度化につながると考えられる。
　ただしその効果を実証的に明らかにするのは、一般に考えられているより困難である。例えば、給付タイプ①奨学金については、高い成績を上げることに、経済的な報償を与えることによって学習へのインセンティブを形成することが想定されている。しかし現実の受給者は、すでに大学での成績が高

いことを基準として選抜されている。これらの受給者は奨学金がなくても、高い学業成績を示していたかもしれない。従って、奨学金の効果自体を直接に明らかにすることは難しい。

また均等の面からしても、すでに高い成績を上げている学生は、出身家庭の学歴水準も高く、また収入も高くてアルバイトなどをする必要も少ないと考えられる。そうだとすれば、結果としては機会の均等に反して、家庭背景の有利な学生に奨学金を与えている可能性もある。

(2) 給付タイプ③奨学金

給付タイプ③の奨学金は奨学を政策目的とし、学生の所得を増やすことによってアルバイト時間を減らす。また勉学に付随する経費や一般的な生活条件を改善することによって学習を高度化するだけでなく、経済的な理由での学生の退学を防止する。これによって機会の均等をもたらすことが期待される。

ただし退学防止の効果そのものを直接に検証することは難しい。調査の対象となったのは、大学に入学した後、現在まで在学している学生であって、経済的な理由ですでに退学した学生は含まれない。従って、給付タイプ③奨学金によって、退学を免れた学生が仮にあったとしても、奨学金がないために退学した学生がサンプルに含まれておらず、そのケースと比較して統計的にその効果を検証することができない。

このような調査の限界があるが、給付タイプ③の奨学金が客観的に必要とする学生のすべてに与えられているか、あるいはその額が十分であるか否かをデータから検討することは、ある程度可能である。1990年代から2000年代にかけて進学率が上昇し、授業料も引き上げられた際には、大学入学後に経済的な負担に耐えられず、学生が自殺するなどの事例[1]が問題となった。それが、給付奨学金の拡充の背景となった。

現実の学生は、収入に応じて支出を、あるいは支出に応じて収入を調節することによって、その置かれた経済状況に適応している。家庭所得の高い学生は、家庭負担も高いと考えられるが、支出の水準も高い。あるいはそうし

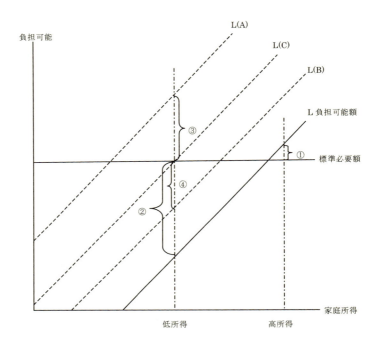

図4-1-2 給付タイプ③奨学金と支出との関係

た学生の要求に従って、出身家庭は負担をする。他方で所得の低い家庭の学生は、家庭の負担が限られることを想定して、支出を可能な限り抑制し、あるいはアルバイトを行う、あるいは出身家庭は「無理をして」仕送りをする、いくつかのパターンが考えられる。

　図4-1-2には、横軸に学生の出身家庭の所得水準を取り、縦軸に標準的な在学必要額（授業料、寮費、生活費等を含む）と、標準的な家庭負担可能額（家庭からの仕送り）、を示した。後者の家庭負担可能額は、家庭所得が高いほど高いから、右上がりの直線（L）で表せる。高所得家庭の学生を考えると、負担可能額は必要額を上回る。そこで生じる剰余額（①）は、親の仕送りを標準額より下げるか、あるいは食費、娯楽費などの消費的支出を増加させる

ことによって吸収される。これに対して低所得の学生は、家庭の負担能力が大きく必要額を下回る。その不足額（②）は、家庭が生活を切り詰めることや借金することなどによって標準額より増やすか、学生自身の生活費を切り詰めることによって吸収しなければならない。それでも差額を吸収できなければ、退学せざるを得ない。

　給付奨学金が与えられる場合には、負担可能額を表す直線（L）が、上に移動する。直線A（L（A））は負担可能額が大きい場合を示す。この場合は、低所得の学生の負担可能額は標準必要額を上回る。その差（③）は家庭負担を減らすか、消費支出を増やすことによって吸収される。奨学金が、機会均等をもたらすよりも、在学中の学生の消費を増やす、という批判は、こうした場合を想定している。

　しかし奨学金の額が少ないときには、負担可能額を表す直線はB（L（B））になる。この場合には、負担可能額が標準必要額を下回る。その不足額（④）は、家計の負担の増加、あるいは学生本人の消費を切り詰めることによって吸収しなければならない。

　これに対して、負担可能額が直線C（L（C））となった場合には、標準必要額と負担可能額とが一致する。このような状態を生じさせるような奨学金の額が、いわば「適正」な奨学金の額といえる。

　第2章で述べたように、中国では1990年代の後半から、大学の授業料は急速に増額されてきた。この図では、標準必要額が上にシフトしたことになる。そうした政策が正当化されたのは、一つには高所得の家庭には負担能力があり、費用を負担させることができる、という点であった。もう一つは、奨学金、特に給付奨学金によって、低所得家庭の出身者に負担能力を与える、という政策であった。しかしその奨学金の受給者数と、受給額が十分であったか否かはまだ、十分に検証されているわけではない。

　(3) 貸与奨学金

　貸与奨学金は、少なくとも一時的には授業料などの直接的な勉学費や、生活費などの支払い能力を形成することによって、経済的な理由で進学できな

い学生を支援し、学生が退学することを防止する。これも機会均等をもたらすことになる。またそれは、収入を得るためにアルバイトに時間を使う必要を少なくし、結果として学習の水準を高める。こうした点で貸与奨学金は、ほぼ給付タイプ③奨学金と同様の効果が期待される。

しかしこうした効果の有無を実証研究で明らかにするには、給付タイプ③と同様の問題が生じる。調査の対象となっているのは、大学に在学中の学生であり、費用を負担できないために大学に入学できなかった高校生や、大学に入ったものの、退学せざるを得なかった学生の継続への効果を直接に測定することはできない。

ただしタイプ③の給付奨学金の場合と同じように、貸与奨学金の効果について、ある程度の分析が可能である。特に重要なのは、貸与奨学金によって一時的には収入が増えるために、将来の返済を覚悟してまでも、学生が無駄な消費を行う、という批判もある。他方で、貸与奨学金を借りるのは、特に家庭所得の低い学生においては、給付奨学金を給付されない、あるいは給付されてもその額が低いために、貸与奨学金を借りる、という場合も想定される。そのいずれが正しいかを、貸与奨学金を借りた学生がどのような収入、あるいは支出構造を持っているかを分析することによって、論ずることができる。

(4) 将来への志望との関係

以上は大学在学中の奨学金の支給であったが、その奨学金は大学卒業後の学生の進路にも影響を及ぼす可能性がある。

給付タイプ①、②の卓越基準の奨学金は、学習へのインセンティブを生じさせることによって、特に優秀な学生を、卒業後に大学院への進学や留学などに導く可能性がある。よって、一定の才能を持った学生を確保するという政策的目標の実現には意味があり、その実現の有無を検証する必要がある。

他方で、タイプ③の給付奨学金、あるいは貸与奨学金は、大学在学中については、機会均等性の推進を目標としている。奨学金の受給は大学教育を受ける機会を保障したと同時に、大学卒業後の進路選択にも影響を与えると考

えられる。例えば、タイプ③給付奨学金または貸与奨学金の利用者は、大学在学中の学習生活と大学生活の余裕を感じるのであれば、さらに進学を選ぶ可能性がある。もしそうでなければ、生活面の圧迫や学習面の不安によって大卒後に就職を選ぶ可能性もある。こうして大学在学中の生活状況と学習状況が卒業後の進路選択希望を大きく左右すると考えられる。従って、大学在学中の奨学金受給は大卒後の進路選択にどのように機能しているのか。この点についても検証する必要がある。

2　収入と支出
（1）定義

ここで最も重要な観点となるのは学生の収入と支出であり、個々の学生について、**表4-1-1**に示すように区分する。

収入には、家庭負担、アルバイト収入と奨学金が含まれている。一般には学生の主な収入源は家庭からの仕送りであると考えられる。家庭の経済状況が良ければ、仕送りも多くなり、家庭の経済状況が良くなければ、高額の仕送りを捻出する余裕がないと考えられる。

また、仕送りは家庭負担の一部であるが、それ以外に家庭負担となるのは一時負担である。この一時負担が支出総額と収入総額の差額であり、授業料の教育費負担が上昇したことにつれ、一時負担の額が高くなる。この一時負担は額が高いだけでなく、一般的授業料に充当する家庭負担である。従って、これは仕送りのような在学中に費やす費用ではなく、勉学が始まる前の段階で支払わなければならない費用、あるいは教育機会を得るための家計負担として見ることができる。家計が裕福な家庭であれば、高額の教育費を支払う能力があり、一時負担が低い。他方、家計が裕福ではない家庭にとっては、この一時負担はかなりの重荷になり、その額が大きい。それを支払えない場合に、学生が退学せざるを得ない。これの対策としての奨学金政策は、教育機会均等の促進に寄与する政策である。実際に奨学金は家庭負担、特に一時負担の軽減につながるかどうかの点については分析から明らかにする。

仕送りと奨学金のほかに、学生のもう一つの収入源はアルバイト収入であ

表4-1-1　収入と支出の定義（年額）

			出所	計算方法
収入	家庭負担	仕送り	両親からの仕送り	毎月仕送り額×12
		一時負担	—	支出総額－毎月仕送り×12
	アルバイト収入	アルバイト収入	アルバイトによる収入	毎月アルバイト額×12
	奨学金	給付タイプ①	国家奨学金	国家奨学金の受給金額
		給付タイプ②	国家励志奨学金、大学独自奨学金	国家励志奨学金、あるいは大学独自奨学金の受給金額の平均。
		給付タイプ③	国家助学金、貧困学生手当	国家助学金、あるいは貧困学生手当の受給金額の平均。
		貸与奨学金	国家助学ローン、生源地助学ローン	国家助学ローン、あるいは生源地助学ローン金額の平均。
支出	固定支出	授業料	授業料	大学は5000元、独立学院は10000元である。
		寮費	寮費	年額
	裁量支出	食費	食費	毎月食費×12
		勉学費	勉学費	毎月勉学費×12
		娯楽費	娯楽費	毎月娯楽費×12

出所）大学生調査

る。ただし、中国の大学事情としては、アルバイトはあくまでも社会経験の一種であり、大学で設けられたポスト以外に、大学外でアルバイトを行う機会はそれほど多くない。そのため、アルバイトが学生の収入に占める割合は低く、学生の生活を補うほどの金額ではないと考えられる。

もちろん、親戚や他のルートから資金を調達する場合があるが、収入に占めるその割合は極めて低い。従って、本研究では仕送り、アルバイト収入と奨学金の三つのルートに絞って考察していく。

次に支出の中には、固定支出と裁量支出がある。固定支出は大学が規定する教育費用（授業料）である。また、中国では大学生が地元を離れて大学所在地で生活するため、大学の寮に入るのが一般である。従って、大学教育を受ける際に、授業料と寮費が最も基本的な支出項目である。

また、固定支出のほか、食費、勉学費と娯楽費が主な日常生活の支出項目である。いずれも学生の裁量によって金額が決まる。学生の生活面に余裕があれば、支出額も多くなる。余裕がなければ、節約志向で支出を切り詰めると考えられる。このように学生の支出を把握することによって、学生の生活状況を考察することができる。

　もちろん、食費、勉学費と娯楽費以外の活動に伴う支出もあるが、本研究では学生全体にわたる一般的、かつ生活に欠かせない支出項目のみに絞って考察していく。

　以上の定義上、収入総額と支出総額は一致している。年間を通じて、収入が支出を下回る、いわば赤字となるのは、学生本人、あるいは家族の借金によって賄われるものと考えられる。その借金の額も、「一時負担」に含まれる。

(2) 収入・支出の概要

　上の定義に従って、調査校の学生の収入と支出を、家庭所得別に概観する。

　まず大学の場合（図4-1-3 (a)）には収入（支出）総額が家庭所得層によって差があると見られる。家庭所得層の低い学生は収入（支出）総額が低く、家庭所得層の高い学生は収入（支出）総額が高い。

　収入については、学生の主な収入源が仕送りであることが確認できる。仕送りが学生収入のほとんどを占め、しかも家計所得層によって異なる。家計所得が高ければ、仕送りが多くなることも確認できる。

　アルバイト収入は学生の収入総額に占める割合が低く、金額的に低いことが確認できる。中国の大学生が在学中にアルバイトしても、生活を補うほどの収入ではなく、生活への影響が比較的小さいと考えられる。ただし、家計所得層別に見ると、低所得層の家庭出身の学生はアルバイト収入が多く、高所得層の学生はアルバイト収入が少ない。すなわち、アルバイト収入が学生収入に占める割合は高くないが、低所得層の学生は家計状況が良くない分、アルバイトから収入を得ていることが分かる。

　奨学金については低所得層の学生は奨学金の受給金額が高く、高所得層の

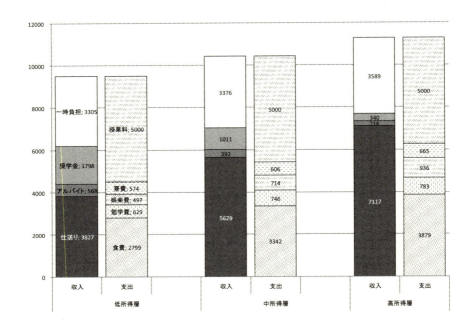

図4-1-3（a）　家庭所得層別の収入と支出－大学（元／年）
注）収入と支出の各項目の定義は表4-1-1を参照する。それぞれの項目の金額は平均額である。
出所）大学生調査から算出

学生は奨学金の受給金額が低い。奨学金の金額は学生の収入に与える影響が仕送りほどではないが、アルバイト収入より多い。

一方、支出については、授業料は他の支出項目の金額より高いことに留意する必要がある。寮費の金額がそれほど高くないが、授業料と合わせた固定支出が支出総額の約半分を占めている。固定支出が教育費支出のうちに極めて高いことが分かる。

固定支出以外の各支出項目の割合については、食費の出費が一番多く、勉学費と娯楽費の支出は食費ほど多くない。食生活は大学生活の基本であることが分かる。食生活の水準が大学生活の質に関係する重要な要素であり、大学生活改善の最も代表的な指標である。従って、学生生活の改善に対する奨学金の効果が食生活の状況から把握できると考えられる。

第4章 入学後の奨学金の効果 189

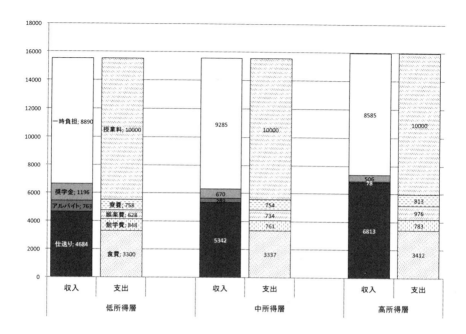

図4-1-3（b） 家庭所得層別の収入と支出－独立学院（元／年）
注）収入と支出の各項目の定義は表4-1-1を参照する。それぞれの項目の金額は平均額である。
出所）大学生調査から算出

　家庭所得層別に支出を見てみると、食費の支出は家庭所得層によって異なる。低所得層家庭出身の学生は食費の支出が低く、高所得層家庭出身の学生は食費の支出が高い。家庭所得層の違いが学生の食生活にも違いをもたらしたことが分かる。そして食費のほかに、娯楽費も家庭所得層の間にも違いがある。高所得層出身の学生は娯楽費が若干高く、低所得層出身の学生は娯楽費の支出が低い。家庭所得層の間に勉学費の違いはあまりなかった。
　また、仕送りの収入は、低所得層学生の日常支出総額（授業料を除く総額）をカバーできず、アルバイト収入を加えても、経済面の余裕があまり見られなかった。つまり、低所得層の学生にとっては、仕送りだけで日常生活は成り立たず、仕送り以外の収入が最も必要な学生であることが分かる。一方、中高所得層の学生は、仕送り額だけで日常支出の総額（授業料を除く総額）を

カバーできている。

　授業料を支出総額に入れると、どの所得層においても、支出総額が経常収入総額を大幅に超過していることが分かる。その差額が「一時負担」によって補われている。低所得層学生の一時負担は、高所得層学生より、若干低い。これは、奨学金の受給は収支の差額を若干縮め、授業料の家計負担の一部を緩和したと考えられる。

　次に独立学院の場合（図4-1-3（b））、まず収入（支出）総額から見ると、家庭所得層別による差があまり見られなかった。独立学院の学生の収入（支出）水準がどの所得層においてもほぼ一定の水準を維持している。大学（図4-1-3（a））のような家庭所得層による収入（支出）総額バラツキが独立学院で確認できなかった。

　収入と支出の各項目を見ると、まず収入については、学生の主な収入源が仕送りであることは、大学と同様である。仕送りが学生収入のほとんどを占め、しかも家計所得が高ければ、仕送りが多くなることが確認できる。

　アルバイト収入は学生の収入総額に占める割合が低く、金額的に低いことが確認できる。低所得層の家庭出身の学生はアルバイト収入が多く、高所得層の学生はアルバイト収入が少ない。アルバイト収入が学生収入に占める割合は多くないが、低所得層の学生は家計状況が良くない分、アルバイトから収入を得ていることが分かる。この点については大学と同様である。

　奨学金については低所得層の学生は奨学金の受給金額が高く、高所得層の学生は奨学金の受給金額が低い。奨学金の金額は仕送りほどではないが、アルバイト収入より高い。

　一方、支出については、独立学院の授業料は大学の倍であるため、支出総額に占める割合が最も高い。授業料と寮費の固定支出は支出総額の大半を占めていることが分かる。また、固定支出以外の各支出項目の割合については、大学と同様に、食費の出費が一番多く、勉学費と娯楽費の支出は食費ほど多くない。

　家庭所得層別に支出を見てみると、食費の支出は家庭所得層によって若干異なり、家庭所得層の高い学生の食費支出がやや高い。ただし、大学と独立

学院の同じ低所得層家庭の学生にしても、大学の食費支出平均（図4-1-3（a）2,799元）は独立学院の食費支出平均（図4-1-3（b）3,300元）よりも低い。大学の低所得層の学生はより切り詰めた生活をしていることが分かる。大学と独立学院の特性の違いは学生の支出面にも表している。

そして独立学院では食費のほかに、娯楽費と寮費も家庭所得層の間に違いがある。高所得層出身の学生は娯楽費が若干高く、低所得層出身の学生は娯楽費の支出が低い。家庭所得層の間に勉学費の違いはあまりなかった。

さらに、仕送りの収入は、低中所得層学生の日常支出総額（授業料を除く総額）をカバーできず、アルバイト収入を加えて、かろうじて日常支出の総額をカバーできた。一方、高所得層の学生は、仕送り額だけで日常支出の総額（授業料を除く総額）をカバーできている。

授業料を支出の総額に入れて収支を見ると、どの所得層においても、支出総額が経常的な収入総額を大幅に超過していることが分かる。その差額は、奨学金を受けても、授業料を負担できるような金額ではない。それを補うために「一時負担」が大きいことが分かる。

以上のように家庭所得層別に大学と独立学院の学生の支出と収入状況を考察した結果、大学の収入（支出）総額には明らかに家庭所得層による差があることが分かった。独立学院の場合に家庭所得層による差が、収入（支出）総額では明確ではなかったが、仕送り額ではその差が明確である。また、大学でも独立学院でも仕送りが主な収入源である。家庭の経済状況が直接に学生の生活に影響すると考えられる。一方、支出のうち、授業料や寮費のような固定支出が、支出総額の大半を占め、家計負担が大きい。奨学金の受給は大学学生の家庭の一時負担を軽減できたが、高額の授業料と比べて、家庭負担を緩和する効果がかなり限定されていると考えられる。特に独立学院の場合に、家庭の一時負担が高く、奨学金を受けても、家計負担を緩和できるような効果が極めて小さいことが見られる。

3　生活時間の概要

学生生活と関わるのは金銭面の収支だけでなく、時間面の配分も伴ってい

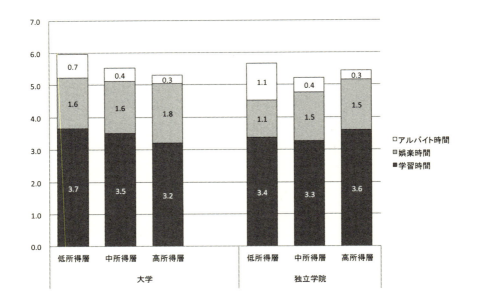

図4-1-4　家庭所得層別の生活時間（時間/日）
注）それぞれの項目の時間は平均である。
出所）大学生調査から算出

る。奨学金の効果経路を考えると、奨学金の利用が学生に経済面の余裕をもたらし、学習時間の増加とアルバイト時間の縮小という効果が期待できる。生活時間の考察は主に学生の学習行動に関わる学習時間、及び生活行動に関わる娯楽時間とアルバイト時間に着目して見ていく。ここでいう学習時間は授業外の学習時間を指すものであり、以下も同様である。

　図4-1-4には家庭所得層別の生活時間の配分を示した。まずは大学の場合、学習時間が最も長く、アルバイト時間が比較的短い。各所得層別に見ると、低所得層家庭出身の学生は、学習時間（3.7時間）とアルバイト時間（0.7時間）が長く、娯楽時間（1.6時間）が比較的短い。一方、高所得層家庭出身の学生は、学習時間（3.2時間）とアルバイト時間（0.3時間）が短く、娯楽時間（1.8時間）が比較的長い。家庭所得層の違いによって生活時間の配分が異なって

くることが分かる。

次に独立学院の場合、大学と同様に学習時間が娯楽時間とアルバイト時間より長い。各所得層別に見ると、低所得層家庭出身の学生はアルバイト時間（1.1時間）が最も長いが、娯楽時間（1.1時間）が最も短い。一方、高所得層家庭出身の学生は、アルバイト時間（0.3時間）が最も短く、娯楽時間（1.5時間）が比較的長い。ただし、学習活動にも長い時間（3.6時間）をかけている。

このように大学も独立学院も家庭所得層によって生活時間の配分が違ってくる。低所得層家庭出身の学生は学習とアルバイトに時間を回し、娯楽にあまり時間をかけているのに対し、高所得層学生の場合は娯楽に回す時間が長い。実際に各奨学金が学生の生活にどのような効果を果たし、それぞれに期待される役割を果しているかどうか。以下の節では、給付タイプ①と給付タイプ②奨学金、給付タイプ③奨学金、及び貸与奨学金に分けて、それぞれの効果を考察していく。

第2節　給付タイプ①・②奨学金の効果

給付タイプ①、②奨学金は学業を奨励する目的から、学生の勉学を促進する効果が期待されている。本節では、受給者の収入、支出及び時間配分を通して、給付タイプ①、②奨学金の効果を検討する。

1　収入構造への影響

図4-2-1では、所得階層別に、給付タイプ①ないしタイプ②を受給している学生の収入と支出と、受給していない学生との対比を示した。

収入には仕送り、アルバイト収入、奨学金と一時負担が含まれた。一時負担は前述のように支出総額と収入総額の差額で、仕送り以外の家計負担である。

大学の場合（**図4-2-1（a）**）に、収入の各項目の中に、仕送りが占める割合は一番高く、学生の主な収入源であることが分かる。また、受給しない学生の仕送りは給付奨学金の受給者より多く、高所得層ほどその仕送り額が高い。

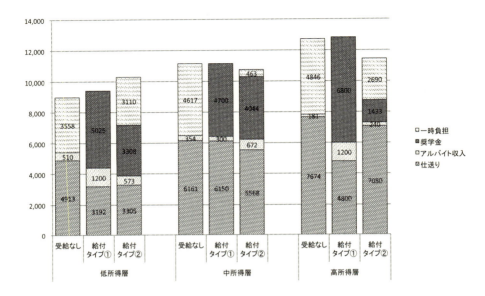

図4-2-1 (a) 給付タイプ①・②奨学金受給別の収入－大学（元/年）
注）収入の各項目の定義は表4-1-1を参照する。金額は平均額である。
出所）大学生調査から算出

家庭の経済状況が仕送り、及び学生の生活に影響すると見られる。

アルバイト収入は、学生の収入総額に占める割合が比較的低い。また、給付奨学金を受けてもアルバイトから収入を得ていて、しかも受けない学生より高い。受給しない学生のアルバイト収入は、低所得層ほど、その額が高くなっている。これは家庭所得層による学生の収入の不足分を、アルバイトで補うことであると見られる。

給付タイプ①の金額が高く、受給者の収入総額に占める割合が高い。しかも、給付タイプ①の受給者は、家計による一時負担がなくなっている。つまり、給付タイプ①は、一時負担までカバーし、負担可能額が必要額を上回り、家庭負担への代替効果が認められる。この超過額は一時的な所得として貯蓄し、金銭的に余裕があると見られる。

一方、給付タイプ②の金額は、給付タイプ①ほど高金額ではないが、受給

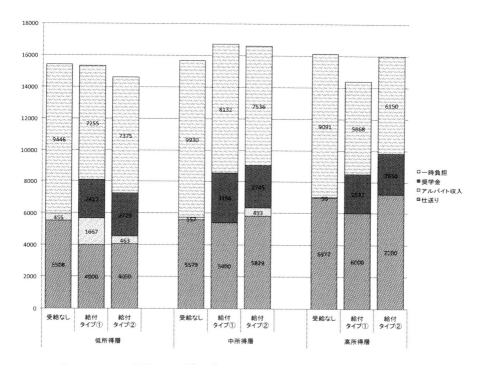

図4-2-1（b）　給付タイプ①・②奨学金受給別の収入－独立学院（元／年）
注）収入の各項目の定義は表4-1-1を参照する。金額は平均額である。
出所）大学生調査から算出

者の収入に占める割合が高い。ただし、給付タイプ②を受けても、家計による一時負担がまだ残っている。給付タイプ②は家庭負担への代替効果が認められない。もちろん、奨学金を受けない学生と比べると、一時負担の金額を減らしたため、家庭負担の一部を軽減する効果が認められる。

独立学院の場合（図4-2-1（b））は大学と同様に、仕送りが学生の主な収入源である。家庭所得層が高いほど、仕送りが高くなっている。アルバイト収入は収入総額に占める割合が高くない。低所得層の学生は給付奨学金を受けても、アルバイトで収入を得ている。

給付タイプ①と②の金額が比較的高いが、独立学院の一時負担をカバーできる金額ではない。給付奨学金の受給者が受給しない学生より、一時負担の

金額が低いことから、給付奨学金は一時負担を軽減する効果があると評価できる。しかし、この効果が極めて弱く、家庭負担への代替効果が認められない。

　ここまでは奨学金タイプ別に収入の状況を考察した。奨学金は学生の生活にどのような役割を果たしているのか。これを検討するために、重回帰分析を行って明らかにする。

　学生の収入のうち、仕送りが不足であれば、アルバイトまたは奨学金の収入ルートがある。ただし、この二つのルートの根本的な違いは、アルバイトで収入を得るには、時間を費やさざるを得ないため、学習時間の確保に影響を与える恐れがあることである。これに対して奨学金を受ける場合に、給付奨学金はもちろん、貸与奨学金の返済負担があるにしても、少なくとも大学在学期間中に奨学金を返済する必要がなく、学習に集中できるような生活環境が可能である。従って、奨学金の受給と利用は、仕送りや一時負担のような家庭負担を軽減するほかに、アルバイト収入を減らす効果があると予測する。この仮説は給付タイプ①と②奨学金に関する考察だけでなく、給付タイプ③奨学金と貸与奨学金に関する考察でも通用する。この考えに基づき、以下の三つの仮説を作った。

　　仮説1-1-1　給付タイプ①と②奨学金を受給する学生は仕送りが少ない。
　　仮説1-1-2　給付タイプ①と②奨学金を受給する学生は一時負担が少ない。
　　仮説1-1-3　給付タイプ①と②奨学金を受給する学生はアルバイト収入が少ない。

　この仮説を統計的に検証するために以下の重回帰分析モデルを作った。表4-2-1に示したように、仕送り額、アルバイト収入額と一時負担が従属変数として入れ、独立変数には男性ダミー、農村出身ダミー、きょうだい数、親の月収（対数変換）、給付タイプ①受給ダミーと給付タイプ②受給ダミーを投入した。

表4-2-1 (a) 収入の規定要因の重回帰分析－大学

	仕送り		アルバイト収入		一時負担	
(定数)		**		*		
男性ダミー	0.057		－0.028		0.052	
農村出身ダミー	－0.011		－0.071		－0.022	
きょうだい数	－0.158	***	0.138	**	－0.048	
親の月収（対数変換）	0.372	***	－0.100	*	0.060	
給付タイプ①受給ダミー	－0.002		0.045		－0.190	***
給付タイプ②受給ダミー	0.000		0.031		－0.214	***
調整済みR2乗	0.212		0.025		0.098	
F値	24.114	***	3.245	**	8.969	***
N	518		521		439	

***P<.001 **P<.01 *P<.05 ＋P<.1

注) ①従属変数＝収入の各項目の定義は表4-1-1を参照する。
　　②独立変数＝表3-2-1を参照する。
　　③係数値は標準化偏回帰係数（β）である。
出所) 大学生調査から算出

表4-2-1 (b) 収入の規定要因の重回帰分析－独立学院

	仕送り		アルバイト収入		一時負担	
(定数)				**		***
男性ダミー	－0.009		－0.056		0.154	＋
農村出身ダミー	0.095		－0.019		－0.007	
きょうだい数	－0.205	*	0.121		－0.030	
親の月収（対数変換）	0.202	*	－0.255	**	－0.083	
給付タイプ①受給ダミー	－0.037		0.121		－0.136	
給付タイプ②受給ダミー	0.021		0.035		－0.108	
調整済みR2乗	0.068		0.100		0.020	
F値	3.048	**	4.130	**	1.483	
N	169		170		143	

***P<.001 **P<.01 *P<.05 ＋P<.1

注) ①従属変数＝収入の各項目の定義は表4-1-1を参照する。
　　②独立変数＝表3-2-1を参照する。
　　③係数値は標準化偏回帰係数（β）である。
出所) 大学生調査から算出

結果を見ると大学の場合（表4-2-1（a））に、従属変数が仕送りの際に統計的に有意な結果を得たのは、きょうだい数（−）と親の月収（+）である。きょうだい数が多い、親の月収が少ない学生は、仕送り額が少ない。しかも、親の月収変数の標準係数が最も高いため、仕送り額への影響が最も大きいことが分かる。給付奨学金タイプ①と②は統計的に有意な結果が得られなかった。

アルバイト収入については、統計的に有意な結果を得たのはきょうだい数（+）と親の月収（−）である。きょうだい数の多い、親の月収の少ない学生は、アルバイト収入が多い。きょうだい数の多い家庭では、きょうだい1人当たりの教育費用が低く、アルバイトで大学生活の費用を補う必要が出てくると考えられる。また、親の月収が少なければ、家庭からの援助金額が少なくなる。金銭面で不足であれば、アルバイトでその不足分を補うため、アルバイト収入が多くなると見られる。

一時負担については、統計的に有意なのは、給付タイプ①受給ダミー（−）と給付タイプ②受給ダミー（−）である。給付奨学金タイプ①と②を受給すればするほど、一時負担が少なくなる結果となった。給付奨学金タイプ①と②は、家庭の一時負担を減らす効果が統計的に確認できた。

一方、独立学院の場合（表4-2-1（b））に、仕送りについての分析では、大学と同様にきょうだい数（−）と親の月収（+）が統計的に有意である。きょうだい数の少ない、親の月収の多い学生は、仕送り額が多い。家庭の経済状況が学生の仕送りに影響を与えることは、大学にも独立学院にも同様である。奨学金変数は統計的に有意ではない。

また、アルバイト収入を従属変数として分析した結果には、親の月収（−）が統計的に有意である。親の月収の少ない学生はアルバイト収入が多い。家計状況の良くない学生は、家計による援助の不足分を、アルバイトで収入を得ていると見られる。これも大学の分析結果と同じである。

一時負担に関する分析モデルは統計的に有意ではなかった。

以上の分析から、家計状況が学生の収入に影響を与えることを統計的に確認できた。家計状況の良くない学生は、仕送りが少ない分、アルバイトで収

入を得ていることが分かった。給付奨学金タイプ①と②は仕送りとアルバイト収入への影響が統計的に確認できなかったが（仮説1-1-1と仮説1-1-3支持しない）、家計の一時負担を減らす効果が統計的に確認できた（仮説1-1-2支持）。ただし、その効果は大学に限って見られたが、独立学院では確認できなかった。その理由として、独立学院の給付タイプ①と②の金額が大学より低く、家計負担の軽減や学生の収入に与えるインパクトには限界があると考えられる。もう一つ考えられるのは、独立学院の授業料が高額で、家計負担が極めて高いため、給付奨学金を受けても、それが標準必要額と負担可能額の差額を埋めるほどの金額ではないと考えられる。

2　支出構造への影響

支出構造については、図4-2-2に家庭所得層別に、給付タイプ①、②奨学金の受給と、奨学金を受給しない学生の支出状況を示した。

まず大学の場合（図4-2-2（a））に、授業料が高く、支出総額の半分を占めている。特に低所得層の学生にとって、支出に占める授業料の割合は高い。寮費は比較的低い。

授業料と寮費以外に、食費、勉学費と娯楽費は主に日常生活での支出である。食費の支出額が大きく、日常生活の主な支出項目である。高所得層の学生は食費の支出が若干高い。奨学金を受けない学生は給付奨学金タイプ①と②の受給者より、食費の支出が若干多い。しかし、給付奨学金の受給の有無による食費に大きな違いが見られなかった。

勉学費の支出が多くないが、高所得層の給付タイプ①の受給者は勉学に費用をかけていることが分かる。その他には、家庭所得層や奨学金の受給によって勉学費支出の大きい違いが見られなかった。また、娯楽費について、低所得の学生は娯楽費が低く、高所得層の学生は娯楽費が高い。中高所得層の学生のうち、給付タイプ①の受給者は娯楽費の支出が高い。

次に独立学院の場合（図4-2-2（b））に、授業料が年額10,000元であり、支出総額の大半を占めていることが分かる。寮費は一定の水準であり、家庭所得層にも奨学金の受給タイプにも、大きな違いが見られなかった。

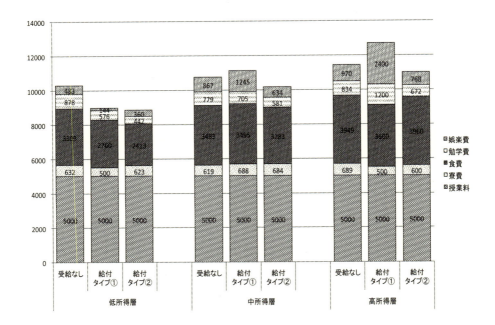

図4-2-2（a） 給付タイプ①・②奨学金受給別の支出－大学（元/年）
注）支出の各項目の定義は表4-1-1を参照する。金額は平均額である。
出所）大学生調査から算出

　日常生活の支出のうち、食費の支出が最も多い。ただし、家庭所得層や奨学金の受給による大きな差が見られなかった。勉学費については、その額が大きくない。中高所得層の学生のうち、給付タイプ②の受給者は勉学費が若干高い。また娯楽費については、金額が高くないが、奨学金を受けない学生のほうが、その額が若干高い。

　以上の結果に共通しているのは、授業料が支出に占める割合が最も高く、食費が日常生活の主な支出項目であることである。大学の日常生活の支出額は、奨学金より家庭所得層からの影響を受けている。一方、独立学院の場合に、奨学金と家庭所得による支出の変化があまり見られなかった。

　学生の支出に奨学金がどのような役割を果たしているかについて、支出項

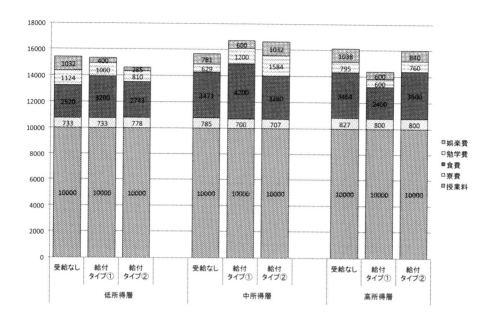

図4-2-2（b） 給付タイプ①・②奨学金受給別の支出－独立学院（元／年）
注）支出の各項目の定義は表4-1-1を参照する。金額は平均額である。
出所）大学生調査から算出

目の規定要因に関する重回帰分析を通して明らかにする。

奨学金の受給による生活水準の改善と学習の高度化が期待されていることから、生活水準に関わる食費支出の増加が予想され、学習に関わる勉学費の支出が多くなると予想される。この仮説は給付タイプ③奨学金と貸与奨学金に関する検討でも通用する。この推測に従い、以下の三つの仮説を作った。

仮説1-2-1　給付タイプ①と②奨学金を受給する学生は食費支出が多い。
仮説1-2-2　給付タイプ①と②奨学金を受給する学生は娯楽費支出が少ない。
仮説1-2-3　給付タイプ①と②奨学金を受給する学生は勉学費支出が多い。

表4-2-2（a）　支出の規定要因の重回帰分析－大学

	食費		勉学費		娯楽費	
（定数）						
男性ダミー	0.308	***	0.024		0.087	*
農村出身ダミー	－0.016		－0.031		－0.122	*
きょうだい数	－0.050		－0.057		－0.007	
親の月収（対数変換）	0.318	***	0.021		0.122	*
給付タイプ①受給ダミー	0.000		0.002		0.052	
給付タイプ②受給ダミー	－0.006		－0.077	+	－0.030	
調整済みR2乗	0.220		0.005		0.049	
F値	25.754	***	1.479		5.568	***
N	527		536		536	

***P<.001　**P<.01　*P<.05　+P<.1

注）①従属変数＝支出の各項目の定義は表4-1-1を参照する。
　　②独立変数＝表3-2-1を参照する。
　　③係数値は標準化偏回帰係数（β）である。
出所）大学生調査から算出

表4-2-2（b）　支出の規定要因の重回帰分析－独立学院

	食費		勉学費		娯楽費	
（定数）		**				
男性ダミー	0.278	***	0.096		0.085	
農村出身ダミー	－0.072		0.121		－0.014	
きょうだい数	－0.159	+	－0.059		－0.160	+
親の月収（対数変換）	－0.030		－0.034		0.047	
給付タイプ①受給ダミー	0.019		0.051		－0.049	
給付タイプ②受給ダミー	－0.016		0.281	***	0.048	
調整済みR2乗	0.082		0.058		0.011	
F値	3.449	**	2.767	*	1.301	
N	166		172		171	

***P<.001　**P<.01　*P<.05　+P<.1

注）①従属変数＝支出の各項目の定義は表4-1-1を参照する。
　　②独立変数＝表3-2-1を参照する。
　　③係数値は標準化偏回帰係数（β）である。
出所）大学生調査から算出

分析モデルの従属変数には、食費、勉学費と娯楽費が投入し、独立変数には、男性ダミー、農村出身ダミー、きょうだい数、親の月収、給付タイプ①受給ダミーと給付タイプ②受給ダミーが投入した。分析結果は、表4-2-2に示した。

　まず大学の場合（表4-2-2（a））に、食費についての分析では、男性ダミー（＋）と親の月収（＋）が統計的に有意な結果を得た。食生活、及びそれの支出は生活の質に関わる重要なファクターである。親の月収の多い、男子学生は、食費の支出が多いという結果は、家庭の経済状況が学生の生活の質に影響を与えていることを意味する。低所得層の学生は食費を切り詰め、生活の質を落としていると考えられる。家庭所得の格差が学生の生活にも影響を及ぼしていることが分かる。

　娯楽費についての分析では、男性ダミー（＋）、農村出身ダミー（－）と親の月収（＋）が統計的に有意な結果を得た。都市出身、親の月収の多い男子学生は、娯楽費の支出が多い。中国では、都市と農村の格差は経済面だけではなく、地域のインフラ整備、文化と意識の様々な面で違いが現れている。農村地域では娯楽の関連施設が少ないだけでなく、消費習慣の違いも、農村出身学生の娯楽費の低下とつながっていると考えられる。また、親の月収が多ければ多いほど、学生の経済面にある程度余裕があり、娯楽費のような基本生活を確保する以上の消費が生じたと考えられる。

　勉学費を従属変数とした分析モデルは、統計的に有意ではなかった。

　このように各支出項目に対する給付奨学金タイプ①とタイプ②の影響が統計的に有意な結果が見られなかった。奨学金の受給より、むしろ家庭所得のほうが学生の支出を影響する。

　次に独立学院の場合（表4-2-2（b））に、食費についての分析結果では、男性ダミー（＋）が有意な結果を得た。きょうだい数（－）が10％有意水準で有意である。きょうだい数の少ない、男子学生は食費が高い。奨学金が統計的に有意ではなかった。

　また、勉学費を従属変数として分析した結果では、給付タイプ②受給ダミー（＋）が統計的に有意である。給付タイプ②を受ける学生は、勉学にか

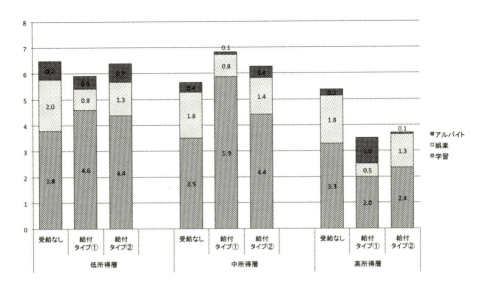

図4-2-3 (a)　給付タイプ①・②奨学金受給別の生活時間－大学（時間／日）
出所）大学生調査から算出

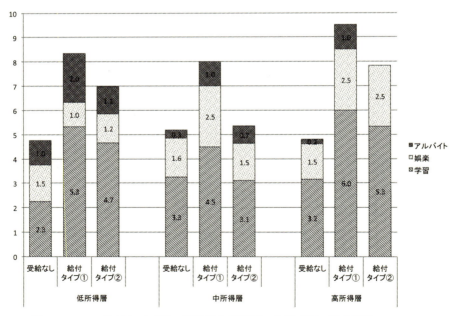

図4-2-3 (b)　給付タイプ①・②奨学金受給別の生活時間－独立学院（時間／日）
出所）大学生調査から算出

ける費用が多い。娯楽費に関する分析モデルが有意ではなかった。

以上の分析から、独立学院の場合のみ、給付タイプ②の受給が勉学費の増加に影響すると見られる（仮説1-2-3支持）。それ以外の場合では、給付奨学金タイプ①と②の受給によって、学生の日常生活の支出に明確な影響は見られなかった（仮説1-2-1と仮説1-2-2支持しない）。奨学金より、むしろ家庭所得が学生の支出に影響を与えている。特に食費のような生活の質に関わる支出には、家庭所得の影響が最も大きい。

3　生活時間への影響

家庭所得層の違いを統制した上で、奨学金の種類別に生活時間の配分を見ると、図4-2-3のように大学の場合（図4-2-3（a））に、学習時間が娯楽時間とアルバイト時間より長い。低中所得層のうち、給付奨学金タイプ①を受給する学生は学習にかける時間が最も長く、受給しない学生の学習時間が短い。しかし、高所得層の給付奨学金を受ける学生の学習時間は必ず長いわけではない。

娯楽時間はどの所得層も受給しない学生のほうが長く、給付タイプ①の受給者のほうが短い。また、アルバイト時間は、低所得層学生のほうが長い。

独立学院の場合（図4-2-3（b））には、給付タイプ①受給者の学習時間が長く、低所得層と給付タイプ①受給者のアルバイト時間が長い。低所得層の給付奨学金の受給者は娯楽時間が短い。

給付タイプ①と②奨学金は学習を奨励する政策意図が含まれているため、学習時間の増加及び娯楽時間とアルバイト時間の減少が予想されている。この推測に沿って、以下の三つの仮説が考えられる。

　　仮説1-3-1　給付タイプ①と②奨学金を受給する学生は学習時間が長い。
　　仮説1-3-2　給付タイプ①と②奨学金を受給する学生は娯楽時間が短い。
　　仮説1-3-3　給付タイプ①と②奨学金を受給する学生はアルバイト時間が短い。

重回帰分析を行った結果、まず大学の場合（表4-2-3（a））に、学習時間が従属変数として分析した結果には、親の月収（−）と給付タイプ①受給ダミー（＋）が統計的に有意である。親の月収の少ない、給付タイプ①受給の学生は学習時間が長い。学生は本業の学習活動に回す時間が長く、学習に熱心な学生層である。親の月収の少ない学生は、学習活動や勉学のチャンスを重視していると考えられる。また、給付奨学金タイプ①の受給者は、成績優秀な学生層である。一般的には学業成績が学習時間と正比例しているため、学習時間が確保できなければ、その結果が成績に表れないと考えられる。ただし、給付奨学金タイプ①の受給によって、経済面で余裕ができて、学習時間を伸びた場合と、学習に専念して勉学時間が長い結果が給付タイプ①の受給資格を得た場合が併存している。給付タイプ①の受給と学習時間の因果関係は、本研究の一時点で行われた調査からは分からない。奨学金の受給前後の成績と学習時間を比較しない限り、給付奨学金の勉学への効果は明確にならない。しかし、本研究で分かったのは、給付タイプ①の受給者は、他の学生より学習時間が長く、勉学を熱心する学生層であることである。これは、勉学奨励の報償である給付タイプ①の政策主旨と一致している。給付タイプ①奨学金の有効性が評価できると推論される。

　娯楽時間に関する分析には、農村出身ダミー（−）、給付タイプ①受給ダミー（−）と給付タイプ②受給ダミー（−）が統計的に有意な結果を得た。農村出身、給付タイプ①と②の受給者は、娯楽にかける時間が短い。これは表4-2-2（a）で述べた農村出身の学生の娯楽費が低いという結果を、時間面で立証した。つまり、農村出身の学生は娯楽活動にあまり時間を使っていないことが分かった。また、奨学金政策を批判する一つの理由は奨学金が娯楽費として使われ、学習活動に使われていないことである。本研究では一時点の調査で、給付奨学金の受給前後に娯楽時間の変化を考察することができず、給付奨学金の受給と娯楽時間の因果関係を測定できない。しかし、本研究の結果から、給付奨学金タイプ①と②の受給者は、娯楽時間が低いことがいえる。給付タイプ①と②の受給者は、必ず娯楽活動に多くの時間をかけているわけではない。逆にそれの受給者は娯楽時間が短く、娯楽活動にあまり参加

表4-2-3（a） 生活時間の規定要因の重回帰分析－大学

	学習時間		娯楽時間		アルバイト時間	
（定数）		***		**		***
男性ダミー	0.067		0.054		0.052	
農村出身ダミー	－0.050		－0.101	*	－0.008	
きょうだい数	－0.030		－0.026		0.055	
親の月収（対数変換）	－0.113	*	0.006		－0.197	***
給付タイプ①受給ダミー	0.103	*	－0.132	**	－0.044	
給付タイプ②受給ダミー	0.062		－0.078	+	－0.029	
調整済みR2乗	0.019		0.034		0.039	
F値	2.688	*	4.047	**	4.620	***
N	522		524		532	

***P<.001　**P<.01　*P<.05　+P<.1
注）①独立変数＝表3-2-1を参照する。
　　②係数値は標準化偏回帰係数（β）である。
出所）大学生調査から算出

表4-2-3（b） 生活時間の規定要因の重回帰分析－独立学院

	学習時間		娯楽時間		アルバイト時間	
（定数）						**
男性ダミー	－0.056		0.091		0.042	
農村出身ダミー	0.034		－0.164	+	－0.019	
きょうだい数	0.068		－0.018		0.166	+
親の月収（対数変換）	0.139	+	0.046		－0.264	**
給付タイプ①受給ダミー	0.182	*	0.087		0.159	*
給付タイプ②受給ダミー	0.089		0.035		0.032	
調整済みR2乗	0.022		0.010		0.133	
F値	1.650		1.277		5.365	***
N	174		173		171	

***P<.001　**P<.01　*P<.05　+P<.1
注）①従属変数＝収入の各項目の定義は表4-1-1を参照する。
　　②独立変数＝表3-2-1を参照する。
　　③係数値は標準化偏回帰係数（β）である。
出所）大学生調査から算出

していないことが分かった。

またアルバイト時間については、親の月収（-）が統計的に有意な結果を得た。親の月収が少なければ少ないほど、アルバイト時間が長くなる。家庭の経済状況が良くない代わりに、アルバイトで収入を稼がざるを得ないと考えられる。給付奨学金タイプ①と②は統計的に有意な結果が見られなかった。

次に独立学院の場合（表4-2-3（b））に、学習時間と娯楽時間の分析モデルは統計的に有意ではない。アルバイト時間の分析モデルには、きょうだい数（+）、親の月収（-）と給付タイプ①受給ダミー（+）が統計的に有意である。きょうだい数の多い、親の月収の少ない、給付タイプ①受給の学生は、アルバイト時間が長い。きょうだい数の多い、かつ親の月収の少ない家庭は、経済状況が良くないと考えられる。そのため、学生は経済面の不足をアルバイトで補う。また、給付タイプ①は金額的に高いものの、その受給者のアルバイト時間が長いことは、独立学院の高額な授業料負担に理由がある。図4-2-1（b）で考察した通りに、独立学院には、高額の授業料による家計の一時負担が高く、奨学金を受けても、一時負担を代替することができなかった。そのため、給付奨学金タイプ①を受給していても、経済面では決して余裕があるわけではなく、アルバイトの必要が生じると考えられる。

このように給付タイプ①の大学の受給者は学習時間が長く（仮説1-3-1支持）、娯楽時間が短い（仮説1-3-2支持）。給付タイプ②の受給者は娯楽時間が短い（仮説1-3-2支持）。これは、奨学金を受ける学生は娯楽活動に時間を回す議論の反論となる。確かに、給付奨学金タイプ①と②の受給と生活時間の配分の間に、調査の限界で因果関係を考察できないが、その受給者が娯楽活動に回す時間が短いことがいえる。また、家庭の経済状況の良くない学生は、アルバイトに従事する時間が長い。特に独立学院では給付タイプ①を受けてもアルバイトに時間を掛けている（仮説1-3-3支持しない）。高額の授業料負担は、家計に負担をかけるだけでなく、学生の生活パターンにも影響を与えている。

第3節　給付タイプ③奨学金の効果

給付奨学金①と②に続き、本節では給付奨学金タイプ③について、学生の収入構造、支出構造と時間配分にどのような役割を果しているのか、学生の生活にどう影響するのかを解明する。

1　収入構造への影響

学生の収入には仕送り、アルバイト収入、給付タイプ③の受給金額と一時負担（支出総額と収入総額の差額）が含まれている。

給付タイプ③受給者の収入構造について、まず大学の場合（図4-3-1（a））、仕送りの金額が高く、学生の主な収入源となっている。低所得層の学生は仕送りが少なく、高所得層の学生は仕送りが多い。家庭が裕福であれば、学生

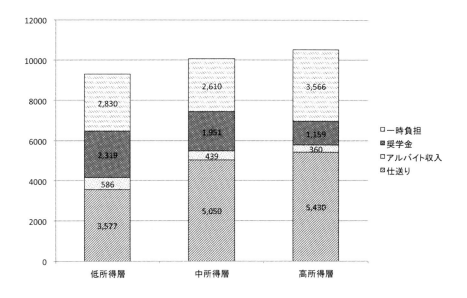

図4-3-1（a）　給付タイプ③奨学金受給者の収入－大学（元／年）
注）収入の各項目の定義は表4-1-1を参照する。金額は平均額である。
出所）大学生調査から算出

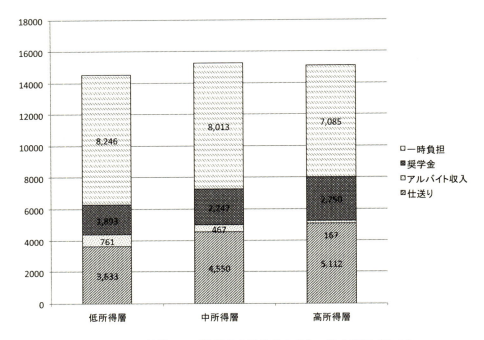

図4-3-1 (b)　給付タイプ③奨学金受給者の収入－独立学院（元／年）
注）収入の各項目の定義は表4-1-1を参照する。金額は平均額である。
出所）大学生調査から算出

への仕送り額も多いと見られる。また、アルバイト収入は金額的に低く、学生の主な収入源とはいえない。しかし、低所得層の学生はアルバイト収入が多く、高所得層の学生はアルバイト収入が少ない。低所得層の学生は、仕送りが少ない代わりに、アルバイトで収入を得ていると見られる。

　給付奨学金タイプ③の金額はタイプ①と②ほど高くないが、中高所得層学生より低所得層学生のほうは受給金額が高い。しかも、給付タイプ③奨学金が低所得層学生の収入総額に占める割合が高く、低所得層の学生にとって重要な収入源であることが分かる。

　給付タイプ③受給者のうち、どの所得層においても、一時負担がある。これは、仕送り、アルバイト収入と奨学金金額の収入合計と支出合計の差額であり、家計の負担分である。低所得層学生の一時負担額は、高所得層学生と

比べて若干低い。給付タイプ③による家計負担の緩効果がある程度見られたものの、必ずしも大きいとはいえない。給付タイプ③による家計負担の軽減効果が小さいと見られる。

給付タイプ③を受けても、家計の一時負担が依然として重い。特に低所得層の学生にとっては、そもそも家庭の経済状況が良くないため、仕送りと仕送り以外の一時負担という双方からの圧力がさらに家計を苦しめる。また、このような困窮度の高い家庭にとって、返済能力が低いため、貸与奨学金の利用が可能であっても、かなり慎重であると考えられる。家計が無理して子どもに学業を続けさせる家庭像が浮かび上がる。

次に独立学院の場合（図4-3-1（b））に、大学と同様に仕送りが学生の主な収入源であり、アルバイト収入が収入総額に占める割合が高くない。また、低所得層の学生は仕送りが少なく、アルバイト収入が多い。高所得層の学生は仕送りが多く、アルバイト収入が少ない。家庭の経済状況が良くない学生は、家庭からの仕送りが少ない分、アルバイトで収入を得ていると見られる。

低所得層の学生は受ける給付タイプ③の金額が比較的低い。また、独立学院の授業料支出が高いため、仕送り、アルバイト収入と給付タイプ③の収入だけでは、支出総額を補うことはできない。一時負担額はどの所得層においてもかなり高額であることが分かる。特に低所得層の学生にとっては、給付タイプ③を受けても、一時負担が重い。

次は重回帰分析を通して、給付タイプ③奨学金は学生の生活にどのような役割を果たしているのかの点について検討する。給付タイプ③奨学金の金額は給付タイプ①と②奨学金ほど高いわけではないが、収入源の一つとしては給付タイプ①と②奨学金と同じような効果が期待されている。従って、以下の三つの仮説が考えられる。

　　仮説2-1-1　給付タイプ③奨学金を受給する学生は仕送りが少ない。
　　仮説2-1-2　給付タイプ③奨学金を受給する学生は一時負担が少ない。
　　仮説2-1-3　給付タイプ③奨学金を受給する学生はアルバイト収入が少ない。

表4-3-1 (a)　収入の規定要因の重回帰分析－大学

	仕送り		アルバイト収入		一時負担	
（定数）				+		*
男性ダミー	0.047		−0.028		0.059	
農村出身ダミー	0.005		−0.074		0.003	
きょうだい数	−0.136	**	0.135	**	−0.036	
親の月収（対数変換）	0.318	***	−0.093	+	0.026	
給付タイプ③受給ダミー	−0.170	***	0.036		−0.190	***
調整済みR2乗	0.236		0.025		0.041	
F値	32.981	***	3.671	**	4.754	***
N	518		521		439	

***P<.001　**P<.01　*P<.05　+P<.1
注）①従属変数＝収入の各項目の定義は表4-1-1を参照する。
　　②独立変数＝表3-2-1を参照する。
　　③係数値は標準化偏回帰係数（β）である。
出所）大学生調査から算出

表4-3-1 (b)　収入の規定要因の重回帰分析－独立学院

	仕送り		アルバイト収入		一時負担	
（定数）				**		***
男性ダミー	−0.033		−0.035		0.141	+
農村出身ダミー	0.102		−0.036		0.039	
きょうだい数	−0.167	+	0.066		0.029	
親の月収（対数変換）	0.172	*	−0.228	**	−0.120	
給付タイプ③受給ダミー	−0.150	+	0.226	**	−0.316	***
調整済みR2乗	0.091		0.133		0.089	
F値	4.377	**	6.204	***	3.766	**
N	169		170		143	

***P<.001　**P<.01　*P<.05　+P<.1
注）①従属変数＝収入の各項目の定義は表4-1-1を参照する。
　　②独立変数＝表3-2-1を参照する。
　　③係数値は標準化偏回帰係数（β）である。
出所）大学生調査から算出

分析モデルの従属変数には仕送り、アルバイト収入と一時負担が別々に投入し、独立変数には男性ダミー、農村出身ダミー、きょうだい数、親の月収と給付タイプ③受給ダミーが投入した（表4-3-1）。

まず大学の場合（表4-3-1（a））に、仕送りを従属変数として投入した分析では、きょうだい数（−）、親の月収（＋）と給付タイプ③受給ダミー（−）が統計的に有意な結果を得た。きょうだい数の多い、親の月収の少ない、給付タイプ③受給の学生は仕送りが少ない。きょうだい数が多い、かつ親の月収が少ないことは、家庭の経済状況が良くないことを意味する。これは家計に学生を十分に支援できるような経済能力がないと考えられる。また、きょうだい数と親の月収をコントロールしたうえで、給付タイプ③の受給ダミーがマイナスの結果を得た。これは、給付タイプ③の受給が仕送りを減らすことを意味する。給付タイプ③は、家計の仕送り負担を軽減する効果があると見られる（仮説2-1-1支持）。ただし、給付タイプ③の金額が比較的低いため、その軽減効果がかなり限定されていると考えられる。

また、アルバイト収入を従属変数として投入した分析では、きょうだい数（＋）と親の月収（−）が統計的に有意な結果を得た。きょうだい数の多い、親の月収の少ない学生は、アルバイト収入が高いという結果となっている。家庭の経済状況が良くない分、学生がアルバイトで収入を得ると見られる。奨学金変数が有意な結果が見られなかった。

一時負担を従属変数として投入した分析では、給付タイプ③受給ダミー（−）が統計的に有意である。給付タイプ③を受給すればするほど、一時負担が下がる結果となっている。給付タイプ③の受給は、家計の一時負担を軽減する効果が見られる（仮説2-1-2支持）。ただし金額的が低いため、その効果は大きくないと考えられる。

次に独立学院の場合（表4-3-1（b））に、仕送りを従属変数として投入した分析では、きょうだい数（−）、親の月収（＋）と給付タイプ③受給ダミー（−）が統計的に有意な結果を得た。きょうだい数の多い、親の月収の少ない、給付タイプ③受給の学生は、仕送りが少ない。これは大学と同様な結果となっている。つまり、独立学院において、給付タイプ③による仕送りの軽

減効果が認められる（仮説2-1-1支持）。ただし、給付奨学金タイプ③の金額が低いため、その効果が大きくないと考えられる。

また、アルバイト収入を従属変数として投入した分析では、親の月収（-）と給付タイプ③受給ダミー（+）が統計的に有意である。親の月収が少なければ少ないほど、学生はアルバイトをして収入を得る。家計の経済状況が良くない代わりに、学生がアルバイトで経済面の不足を補うと考えられる。また、親の月収変数をコントロールしたうえで、給付タイプ③受給ダミーがプラスの結果を得た。これはいわゆる、給付タイプ③を受けても、アルバイトで収入を得ると見られる（仮説2-1-3支持しない）。

一時負担を従属変数として投入した分析では、男性ダミー（+）と給付タイプ③受給ダミー（-）が統計的に有意な結果を得た。給付タイプ③を受給するほど、一時負担が減少する結果となっている。給付タイプ③が家計の一時負担を軽減する効果が統計的に確認できる（仮説2-1-2支持）。金額が比較的低いため、その効果がかなり限定されていると見られる。

以上の分析結果について図4-1-2を参照しながら説明すると、低所得層の学生はそもそも負担可能額が必要額を下回ったため、その差額（②）を給付奨学金タイプ③の受給によってある程度補うようになった（線L（B））。しかし、給付奨学金タイプ③の金額が低く、それを受けても負担可能額が必要額を下回り、その差額（④）がまだ残っている。従って、その不足額（④）は家計の負担によって吸収しなければならず、給付奨学金タイプ③の効果が限られていると考えられる。

2 支出構造への影響

支出項目には、給付タイプ①と②の考察と同様に授業料、寮費、食費、勉学費と娯楽費が含まれている。

給付タイプ③奨学金の受給者の支出構造について、まず大学の場合（図4-3-2（a））に、授業料の支出が高く、寮費はそれほど高くない。また、日常生活の支出に関わる食費、勉学費と娯楽費の支出のうち、食費の支出が最も高い。しかも、低所得層の学生は食費が低く、高所得層の学生は食費の支

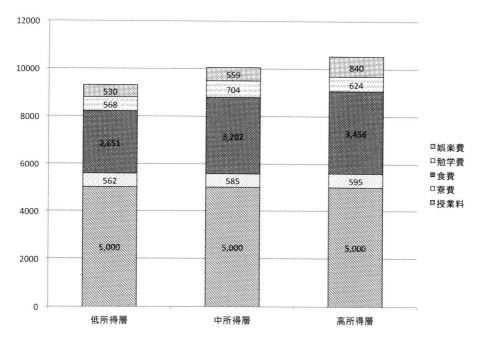

図4-3-2（a）　給付タイプ③奨学金受給者の支出－大学（元／年）
注）支出の各項目の定義は表4-1-1を参照する。金額は平均額である。
出所）大学生調査から算出

出が高い。学生の食生活が家庭の経済状況と関連していると見られる。

　勉学費の支出は高くないが、中高所得層学生と比べて低所得層学生の勉学費の支出が低い。また、娯楽費についても、低所得層学生の支出は低く、高所得層学生の支出は高い。支出総額から見ても、低所得層学生のほうが低く、高所得層学生の支出総額が高い。学生の支出が家庭の経済状況と関連していると見られる。

　次に独立学院の場合（図4-3-2（b））は、授業料の支出額が最も高いことが分かる。寮費の支出はどの所得層においても年額700元前後である。また、学生の日常支出のうち、大学と同様に食費の支出が最も高く、しかも低所得層学生の食費支出が中高所得層の学生より低い。勉学費と娯楽費については、低所得層学生の支出額が低いことが分かる。

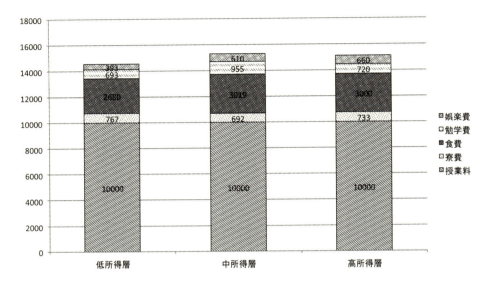

図4-3-2（b） 給付タイプ③奨学金受給者の支出－独立学院（元/年）
注）支出の各項目の定義は表4-1-1を参照する。金額は平均額である。
出所）大学生調査から算出

　給付タイプ③奨学金は学生の支出に与える影響を考察するために、重回帰分析を行う（表4-3-2）。給付タイプ③奨学金が食費、娯楽費と勉学費に与える影響は、以下のように推測できる。

　　仮説2-2-1　給付タイプ③奨学金を受給する学生は食費支出が多い。
　　仮説2-2-2　給付タイプ③奨学金を受給する学生は娯楽費支出が少ない。
　　仮説2-2-3　給付タイプ③奨学金を受給する学生は勉学費支出が多い。

　これらの仮説を検証するために、食費、勉学費と娯楽費をそれぞれ従属変数とし、独立変数には男性ダミー、農村出身ダミー、きょうだい数、親の月収と給付タイプ③受給ダミーを投入した。
　分析結果については、まず大学の場合（表4-3-2（a））に、食費を従属変数として投入した分析では、男性ダミー（＋）、親の月収（＋）と給付タイプ

表4-3-2 (a) 支出の規定要因の重回帰分析－大学

	食費		勉学費		娯楽費	
（定数）				*		
男性ダミー	0.303	***	0.028		0.090	*
農村出身ダミー	－0.004		－0.026		－0.120	*
きょうだい数	－0.032		－0.046		0.001	
親の月収（対数変換）	0.281	***	－0.006		0.103	*
給付タイプ③受給ダミー	－0.127	**	－0.099	*	－0.053	
調整済みR2乗	0.235		0.009		0.049	
F値	33.294	***	2.016	＋	6.565	***
N	527		536		536	

***P<.001　**P<.01　*P<.05　＋P<.1
注）①従属変数＝支出の各項目の定義は表4-1-1を参照する。
　　②独立変数＝表3-2-1を参照する。
　　③係数値は標準化偏回帰係数（β）である。
出所）大学生調査から算出

表4-3-2 (b) 支出の規定要因の重回帰分析－独立学院

	食費		勉学費		娯楽費	
（定数）		***		＋		
男性ダミー	0.263	**	0.042		0.069	
農村出身ダミー	－0.056		0.092		－0.010	
きょうだい数	－0.126		－0.034		－0.137	
親の月収（対数変換）	－0.067		－0.083		0.028	
給付タイプ③受給ダミー	－0.164	*	0.024		－0.081	
調整済みR2乗	0.110		0.011		0.017	
F値	5.074	***	0.632		1.599	
N	166		172		171	

***P<.001　**P<.01　*P<.05　＋P<.1
注）①従属変数＝支出の各項目の定義は表4-1-1を参照する。
　　②独立変数＝表3-2-1を参照する。
　　③係数値は標準化偏回帰係数（β）である。
出所）大学生調査から算出

③受給ダミー（−）が統計的に有意な結果を得た。親の月収の少ない、給付タイプ③を受給する、女子学生は、食費が低い。親の月収が学生の食費生活に影響を与えることは統計的に確認できた。また、給付タイプ③を受給する学生は、食費支出が少なくなっている（仮説2-2-1支持しない）。給付タイプ③を受けても、食費を切り詰めており、生活面での余裕が見られなかった。

また、勉学費が従属変数としての分析では、給付タイプ③受給ダミー（−）が統計的に有意な結果を得た。給付タイプ③を受ける学生は、勉学費を切り下げる結果となった（仮説2-2-3支持しない）。給付タイプ③の受給が、勉学費用の上昇につながらないと考えられる。

娯楽費が従属変数としての分析では、男性ダミー（＋）、農村出身ダミー（−）と親の月収（＋）が統計的に有意である。都市出身、親の月収の多い、男子学生は娯楽費が高い結果となっている。都市出身と高所得層家庭の学生は、生活面に余裕があるため、娯楽にかける支出が多いと見られる。奨学金の受給は統計的に有意な結果が得られなかった（仮説2-2-2支持しない）。

次に独立学院の場合（表4-3-2（b））は、食費が従属変数とした分析モデルだけ有意であり、男性ダミー（＋）と給付タイプ③受給ダミー（−）が統計的に有意な結果を得た。大学と同様に給付タイプ③受給の女子学生は、食費の支出が低い。給付奨学金タイプ③の受給は、必ず学生生活の改善につながらなかった。給付タイプ③が家計負担を緩和できるような金額ではないため、給付タイプ③を受けても、図4-1-2に示したように、負担可能額が必要額を下回り、その不足額は学生本人の消費を切り詰めることによって吸収しなければならない。給付タイプ③は機会均等性の推進に必ずしも寄与しているわけではないと考えられる。

3　生活時間への影響

給付タイプ③奨学金受給者の生活時間の配分（表4-3-3）については、大学の場合には、中高所得層の学生と比べて、低所得層学生の学習時間（3.6時間）とアルバイト時間（0.8時間）が長く、娯楽時間（1.4時間）が短い。独立学院も同じような傾向が見られ、低所得層学生のアルバイト時間が最も長い

表4-3-3　給付タイプ③奨学金受給者の生活時間（時間/日）

		学習	娯楽	アルバイト
大学	低所得層	3.6	1.4	0.8
	中所得層	3.3	1.5	0.5
	高所得層	3.0	2.0	0.4
独立学院	低所得層	3.7	0.9	1.3
	中所得層	3.5	1.2	0.6
	高所得層	2.9	1.7	1.0

出所）大学生調査から算出

（1.3時間）。

　学生の生活時間に与える給付タイプ③奨学金の影響を考察するために、重回帰分析を行う。給付タイプ①と②奨学金への考察と同様に、以下の三つの仮説が考えられる。

　　仮説2-3-1　給付タイプ③奨学金を受給する学生は学習時間が長い。
　　仮説2-3-2　給付タイプ③奨学金を受給する学生は娯楽時間が短い。
　　仮説2-3-3　給付タイプ③奨学金を受給する学生はアルバイト時間が短い。

　学習時間、娯楽時間とアルバイト時間をそれぞれ従属変数として投入し、独立変数には男性ダミー、農村出身ダミー、きょうだい数、親の月収と給付タイプ③受給ダミーを独立変数として投入した。分析結果を見ると、まず大学の場合（表4-3-4（a））に、学習時間を従属変数とした分析では、親の月収（－）が統計的に有意である。親の月収の少ない学生は学習時間が長い。奨学金は統計的に有意ではなかったため、給付タイプ③による学習時間への影響が見られなかった（仮説2-3-1支持しない）。
　娯楽時間を従属変数とした分析では、農村出身ダミー（－）と給付タイプ③受給ダミー（－）が統計的に有意である。農村出身、給付タイプ③を受給

表 4-3-4（a） 生活時間の規定要因の重回帰分析－大学

	学習時間		娯楽時間		アルバイト時間	
（定数）		***		**		**
男性ダミー	0.061		0.051		0.058	
農村出身ダミー	－0.043		－0.092	＋	－0.017	
きょうだい数	－0.016		－0.015		0.040	
親の月収（対数変換）	－0.143	**	－0.014		－0.165	**
給付タイプ③受給ダミー	－0.072		－0.103	*	0.095	*
調整済みR2乗	0.010		0.019		0.045	
F値	2.044	＋	3.053	*	6.059	***
N	522		524		532	

***P<.001　**P<.01　*P<.05　+P<.1
注）①独立変数＝表3-2-1を参照する。
　　②係数値は標準化偏回帰係数（β）である。
出所）大学生調査から算出

表 4-3-4（b） 生活時間の規定要因の重回帰分析－独立学院

	学習時間		娯楽時間		アルバイト時間	
（定数）						**
男性ダミー	－0.061		0.061		0.053	
農村出身ダミー	0.016		－0.154	＋	－0.032	
きょうだい数	0.031		0.008		0.110	
親の月収（対数変換）	0.128		0.001		－0.253	**
給付タイプ③受給ダミー	0.145	＋	－0.138	＋	0.201	*
調整済みR2乗	0.006		0.024		0.148	
F値	1.215		1.831		6.887	***
N	174		173		171	

***P<.001　**P<.01　*P<.05　+P<.1
注）①独立変数＝表3-2-1を参照する。
　　②係数値は標準化偏回帰係数（β）である。
出所）大学生調査から算出

する学生ほど、娯楽時間が短くなるという結果となった（仮説2-3-2支持）。農村出身の学生と給付タイプ③を受ける学生も娯楽にあまり時間をかけていないことが分かった。

また、アルバイト時間を従属変数とした分析では、親の月収（−）と給付タイプ③受給ダミー（＋）が統計的に有意な結果を得た。親の月収の少ない、給付タイプ③を受ける学生ほど、アルバイト時間が長くなる（仮説2-3-3支持しない）。親の月収が少なければ、学生は家計からの支援が少ない代わりに、アルバイトに時間をかけ、収入を得ていると考えられる。また、給付タイプ③は金額的に低いことから、それを受給しても不足分を補えないために、アルバイト収入に頼らざるを得ないと考えられる。

次に独立学院の場合（表4-3-4（b））に、統計的に有意な分析モデルは、アルバイト時間を従属変数として分析したモデルだけである。親の月収（−）と給付タイプ③受給ダミー（＋）が統計的に有意な結果を得た。親の月収の少ない、給付タイプ③を受ける学生は、アルバイト時間が長いという結果となった。これは大学での分析結果と同様に、独立学院においても給付タイプ③を受けても、アルバイトで収入を得ざるを得ないことが確認できた（仮説2-3-3支持しない）。

給付奨学金タイプ③は、低所得層の出身者に経済負担を緩和する政策であり、教育機会の均等性の推進を目標としている。学生の収入、支出と時間配分に対する給付タイプ③奨学金の効果を分析した結果、家庭負担をある程度緩和したことを明らかにした。しかし、給付タイプ③を受けても、学生がアルバイトに時間をかけ、学生の生活面での改善が見られなかった。

第4節　貸与奨学金の効果

貸与奨学金には返済義務があり、在学中の教育費負担を軽減できたとしても、将来の返済負担が重い。それでもあえて貸与奨学金を利用する学生は、家庭所得の低い学生であると想定される。本節ではこれを立証するために、貸与奨学金を利用する学生がどのような時間配分で生活しているのか、収入

構造と支出構造にいかなる特徴があるのか、の分析を通じて論ずる。

1 収入構造への影響

学生の収入構造は図4-4-1のように、まず大学の場合には、低所得層の学生は仕送りが極めて少なく、アルバイト収入が多い。中所得層の学生は仕送りが比較的多いが、アルバイト収入が少ない。また、低中所得層学生にとって貸与奨学金の金額が高く、収入総額に占める割合が高い。一時負担がないことから、貸与奨学金の金額が一時負担をカバーしていることが分かる。従って、貸与奨学金が、家計の一時負担を代替したと見られる。

次に独立学院の場合には、貸与奨学金が低所得層の学生にしか利用されていない。仕送りが極めて少なく、アルバイト収入が多い。貸与奨学金の金額が高いが、一時負担をカバーできるような金額ではなく、家計の一時負担を代替することができない。独立学院の授業料が高額であるため、貸与奨学金

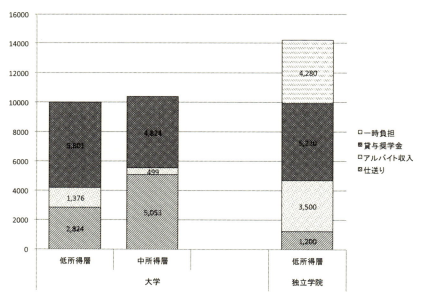

図4-4-1　貸与奨学金利用者の収入（元／年）
注）収入の各項目の定義は表4-1-1を参照する。金額は平均額である。
出所）大学生調査から算出

を受けても、それの費用をカバーできず、アルバイトせざるを得ないと考えられる。将来の返済負担を加えると、貸与奨学金の利用が学生、及びその親の経済面をさらに圧迫する恐れがある。

貸与奨学金の効果を統計的に検討するために、重回帰分析を行う。貸与奨学金は経済面で教育機会の均等性を確保するという政策意図から、以下の三つの仮説が考えられる。

仮説3-1-1　貸与奨学金を利用する学生は仕送りが少ない。
仮説3-1-2　貸与奨学金を利用する学生は一時負担が少ない。
仮説3-1-3　貸与奨学金を利用する学生はアルバイト収入が少ない。

仮説を検証するために、仕送り、アルバイト収入と一時負担をそれぞれ従属変数として投入し、男性ダミー、農村出身ダミー、きょうだい数、親の月収と貸与奨学金利用ダミーを独立変数として投入したモデルを用いて重回帰

表4-4-1（a）　収入の規定要因の重回帰分析－大学

	仕送り		アルバイト収入		一時負担	
（定数）		*		*		
男性ダミー	0.055		－0.025		0.048	
農村出身ダミー	－0.009		－0.076		－0.017	
きょうだい数	－0.154	**	0.132	**	－0.026	
親の月収（対数変換）	0.367	***	－0.095	+	0.060	
貸与利用ダミー	－0.051		0.099	*	－0.325	***
調整済みR2乗	0.215		0.034		0.117	
F値	29.263	***	4.599	***	12.575	***
N	517		520		438	

***P<.001　**P<.01　*P<.05　+P<.1
注）①従属変数＝収入の各項目の定義は表4-1-1を参照する。
　　②独立変数＝表3-2-1を参照する。
　　③係数値は標準化偏回帰係数（β）である。
出所）大学生調査から算出

表4-4-1 (b)　収入の規定要因の重回帰分析－独立学院

	仕送り		アルバイト収入		一時負担	
(定数)				**		**
男性ダミー	-0.018		-0.034		0.168	*
農村出身ダミー	0.101		-0.046		0.003	
きょうだい数	-0.206	*	0.152	+	-0.044	
親の月収（対数変換）	0.184	*	-0.213	**	-0.048	**
貸与利用ダミー	-0.102		0.377	***	-0.103	*
調整済みR2乗	0.081		0.238		0.003	
F値	3.933	**	11.493	***	1.097	***
N	168		169		142	

***P<.001　**P<.01　*P<.05　+P<.1
注）①従属変数と独立変数は表4-4-1 (a) と同様である。
　　②係数値は標準化偏回帰係数（β）である。
出所）大学生調査から算出

分析を行う。

　分析結果を見ると、まず大学の場合（表4-4-1 (a)）に、仕送りを従属変数として分析した結果では、きょうだい数（−）と親の月収（＋）が統計的に有意な結果を得た。きょうだい数の少ない、親の月収の多い学生は仕送りが多い。家庭の経済状況が学生の生活にも影響を与えると見られる。貸与奨学金の利用が仕送りに与える影響は統計的に確認できなかった（仮説3-1-1支持しない）。

　アルバイト収入についての分析結果では、きょうだい数（＋）、親の月収（−）と貸与利用ダミー（＋）が統計的に有意である。きょうだい数の多い、親の月収の少ない、貸与奨学金を利用する学生はアルバイト収入が多い。貸与奨学金を利用してもアルバイトしている（仮説3-1-3支持しない）。家庭の経済状況が良くないので、経済面で生活を維持するために、アルバイトせざるを得ないと考えられる。また、貸与奨学金が教育費用をカバーできても、将来には返済義務があるため、在学中にアルバイトで収入を稼げざるを得ないと考えられる。

一時負担を従属変数として分析した結果では、貸与奨学金利用ダミー（−）が統計的に有意な結果を得た（仮説3-2-2支持）。貸与奨学金を利用する学生は、一時負担が少なくなる。図4-4-1のグラフから見たように、貸与奨学金が家計の一時負担を充当した結果、家計の一時負担を代替した。しかし、これはあくまでも大学在学期間中に限定した効果で、大卒後に利子を加えて返済しなければならない。結局、貸与奨学金は就学期間中の家計負担を緩和したが、大卒後の返済負担が学生、及びその家庭にとって大きな負担となる。

次に独立学院の場合（表4-4-1（b））には、仕送りとアルバイト収入の分析モデルのみ統計的に有意である。大学と同様に、仕送りに影響を与えるのはきょうだい数（−）と親の月収（+）で、アルバイト収入に影響を与えるのはきょうだい数（+）、親の月収（−）と貸与利用ダミー（+）である。独立学院においても、家庭の経済状況が良ければ良いほど、仕送りが多く、アルバイト収入が少ない。貸与奨学金を受けても、アルバイトから収入を得ている（仮説3-1-3支持しない）。

2 支出構造への影響

貸与奨学金を利用する学生の支出状況（図4-4-2）については、まず大学の場合、授業料が高く、寮費は金額的に高くない。

日常生活においては食費の支出が高い。しかし低所得層の学生の食費支出は最も低い。

次に独立学院の場合には、授業料が最も高く、その金額が大学授業料の倍に相当する。寮費と食費は大学の学生と変わらないが、娯楽費は大学の学生より若干高い。

統計的に貸与奨学金の効果を考察するために、以下のような学生の支出傾向が考えられる。貸与奨学金が教育機会の保障であるという政策意図を踏まえて推測すると、学生の基本的な生活環境が確保され、勉学できるような生活ができると考えられる。ただし、家計状況がそもそもよくないため、金銭が娯楽に回る余裕はあまりないと予測する。この考えに従って、以下の仮説を提示する。

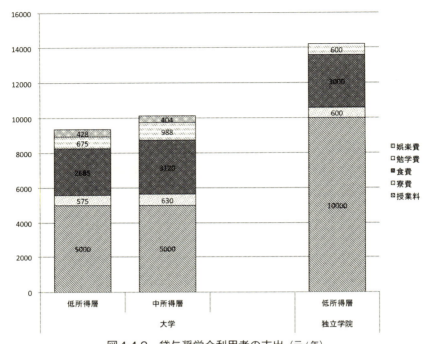

図4-4-2　貸与奨学金利用者の支出（元／年）
注）支出の各項目の定義は表4-1-1を参照する。金額は平均額である。
出所）大学生調査から算出

仮説3-2-1　貸与奨学金を利用する学生は食費支出が多い。
仮説3-2-2　貸与奨学金を利用する学生は娯楽費支出が少ない。
仮説3-2-3　貸与奨学金を利用する学生は勉学費支出が多い。

　これらの仮説を検討するために、食費、勉学費、娯楽費をそれぞれ従属変数として入れ、男性ダミー、農村出身ダミー、きょうだい数、親の月収と貸与奨学金利用ダミーが独立変数として入れたモデルを使って重回帰分析を行う。
　まず大学の場合（表4-4-2（a））に、食費を従属変数とした分析では、男性ダミー（＋）と親の月収（＋）が統計的に有意な結果を得た。親の月収の高い、男子学生は食費の支出が高い結果を得た。貸与奨学金の利用が食費の支出に与える影響は見られなかった（仮説3-2-1支持しない）。

表4-4-2（a） 支出の規定要因の重回帰分析－大学

	食費		勉学費	娯楽費	
（定数）					
男性ダミー	0.306	***	0.035	0.091	*
農村出身ダミー	−0.009		−0.039	−0.122	*
きょうだい数	−0.051		−0.064	−0.003	
親の月収（対数変換）	0.315	***	0.030	0.114	*
貸与利用ダミー	−0.030		0.061	−0.050	
調整済みR2乗	0.219		0.005	0.049	
F値	30.504	***	1.572	6.503	***
N	526		535	535	

***P<.001　**P<.01　*P<.05　+P<.1
注）①従属変数＝支出の各項目の定義は表4-1-1を参照する。
　　②独立変数＝表3-2-1を参照する。
　　③係数値は標準化偏回帰係数（β）である。
出所）大学生調査から算出

表4-4-2（a） 支出の規定要因の重回帰分析－大学

	食費		勉学費	娯楽費	
（定数）	**		+		
男性ダミー	0.279	***	0.035	0.077	
農村出身ダミー	−0.070		0.097	−0.011	
きょうだい数	−0.160	+	−0.033	−0.156	+
親の月収（対数変換）	−0.033		−0.095	0.036	
貸与利用ダミー	−0.008		−0.038	−0.054	
調整済みR2乗	0.087		0.010	0.014	
F値	4.115	**	0.649	1.468	
N	165		171	170	

***P<.001　**P<.01　*P<.05　+P<.1
注）①従属変数＝支出の各項目の定義は表4-1-1を参照する。
　　②独立変数＝表3-2-1を参照する。
　　③係数値は標準化偏回帰係数（β）である。
出所）大学生調査から算出

娯楽費を従属変数とした分析では、男性ダミー（＋）、農村出身ダミー（－）と親の月収（＋）が統計的に有意である。都市出身、親の月収が高い、男子学生は娯楽費の支出が多い。貸与奨学金は統計的に有意ではなかった（仮説3-2-2支持しない）。

勉学費の分析モデルは統計的に有意ではなかった（仮説3-2-3支持しない）。

次に独立学院の場合（表4-4-2（b））に、食費の分析モデルのみが統計的に有意である。男性ダミー（＋）ときょうだい数（－）が統計的に有意である。きょうだい数の少ない男子学生は食費の支出が高い。貸与奨学金の受給による食費への影響は統計的に見られなかった（仮説3-2-1支持しない）。

以上の分析では、貸与奨学金による日常の支出構造への影響は統計的に確認できなかったが、授業料に相当する一時負担を代替し、貸与奨学金は授業料として支払われている。貸与奨学金による生活費支出や日常生活への影響が極めて少ないと考えられる。

3　生活時間への影響

収支構造のような経済面での考察に続き、次に時間配分の面から貸与奨学金の効果を論ずる。

貸与奨学金利用者の時間配分は**表4-4-3**のように、低所得層学生のアルバイト時間が長い（大学0.8時間、独立学院2.5時間）。貸与奨学金を利用しても、アルバイトで収入を得ている。特に大学と比べて独立学院の学生は学習時間・娯楽時間が短く、アルバイト時間が長い。

貸与奨学金は学生の生活環境を支援する役割が期待されるため、その利用

表4-4-3　貸与奨学金利用者の生活時間（時間／日）

		学習	娯楽	アルバイト
大学	低所得層	3.6	1.3	0.8
	中所得層	3.8	1.3	0.5
独立学院	低所得層	3.2	0.5	2.5

出所）大学生調査から算出

者は学習に専念できるような生活を送っていると推測する。これに沿って、三つの仮説が考えられる。

仮説3-3-1　貸与奨学金を利用する学生は学習時間が長い。
仮説3-3-2　貸与奨学金を利用する学生は娯楽時間が短い。
仮説3-3-3　貸与奨学金を利用する学生はアルバイト時間が短い。

　生活時間を従属変数とした重回帰分析では、まず大学の場合（表4-4-4(a)）に、娯楽時間の分析では、農村出身ダミー（－）が統計的に有意である。都市出身の学生は娯楽時間が長い。また、アルバイト時間の分析では、親の月収（－）が統計的に有意である。親の月収が少ない学生はアルバイト時間が長い。家庭の経済状況が良くない代わりに、学生がアルバイトに時間をかけて収入を得ていると考えられる。しかし、貸与奨学金の受給は統計的に娯楽時間とアルバイト時間に対する影響が確認できなかった（仮説3-3-2と

表4-4-4 (a)　生活時間の規定要因の重回帰分析－大学

	学習時間		娯楽時間		アルバイト時間	
（定数）	***		**		***	
男性ダミー	0.059		0.056		0.055	
農村出身ダミー	－0.040		－0.099	＋	－0.010	
きょうだい数	－0.033		－0.026		0.053	
親の月収（対数変換）	－0.124	＊	0.014		－0.190	***
貸与利用ダミー	0.013		－0.035		0.022	
調整済みR2乗	0.006		0.012		0.038	
F値	1.613		2.234	＊	5.228	***
N	521		523		531	

***P<.001　**P<.01　*P<.05　+P<.1
注）①独立変数＝表3-2-1を参照する。
　　②係数値は標準化偏回帰係数（β）である。
出所）大学生調査から算出

表4-4-4 (b)　生活時間の規定要因の重回帰分析－独立学院

	学習時間	娯楽時間	アルバイト時間
（定数）			**
男性ダミー	－0.082	0.070	0.049
農村出身ダミー	0.029	－0.160 +	－0.025
きょうだい数	0.059	－0.032	0.177 *
親の月収（対数変換）	0.098	0.012	－0.274 **
貸与利用ダミー	－0.004	－0.095	0.147 *
調整済みR2乗	0.012	0.017	0.147
F値	0.597	1.588	6.803 ***
N	173	172	170

***P<.001　**P<.01　*P<.05　+P<.1
注）①独立変数＝表3-2-1を参照する。
　　②係数値は標準化偏回帰係数（β）である。
出所）大学生調査から算出

仮説3-3-3支持しない）。学習時間の分析モデルは統計的に有意ではない。

　次に独立学院の場合（表4-4-4 (b)）に、アルバイト時間についての分析のみ統計的に有意である。きょうだい数（＋）、親の月収（－）と貸与利用ダミー（＋）が統計的に有意な結果を得た。きょうだい数の多い、親の月収の少ない、貸与奨学金を受ける学生ほど、アルバイト時間が長くなるという結果を得た。きょうだい数が多い、かつ親の月収が少ない学生は、家庭の経済状況が良くない代わりに、アルバイトに時間をかけ、収入を得ることが考えられる。また、貸与奨学金を受けても、アルバイト時間が長い（仮説3-3-3支持しない）。貸与奨学金が授業料として家計の一時負担をカバーしたが、生活面での改善にはつながっていない。

　以上のよにあえて貸与奨学金を利用するのは、授業料のような一時負担を支払えない学生である。貸与奨学金には在学中の家計の一時負担を代替する効果があるが、それが学生の生活面に必ず寄与しておらず、学生の生活水準と生活時間の改善には結びついていない。貸与奨学金が学生の進学機会を確

保したものの、学業を継続する上での教育機会まで必ずしも確保しているとはいえない。

第5節　将来期待への影響

　教育経済学における人的資本論によると、人間は教育投資によって付加価値を高め、経済効果を高めていく（Shultz 1963=1964：83；金子・小林 2000：72）。矢野（2001：89）は家族が積極的に教育費用を負担している動機の一つは、教育がもたらす経済効果だろうと指摘されている。特に貸与奨学金利用の場合、学生は将来の経済力を見込んだ上でお金を借りて高等教育に投資するため、将来の収益について最も関心を持っている。この点に関してはすでに検討した。先行研究では、エリート大学を対象とする調査から、給付奨学金を受ける学生は大卒後に進学の希望率が高く（王 2008：149）、貸与奨学金を利

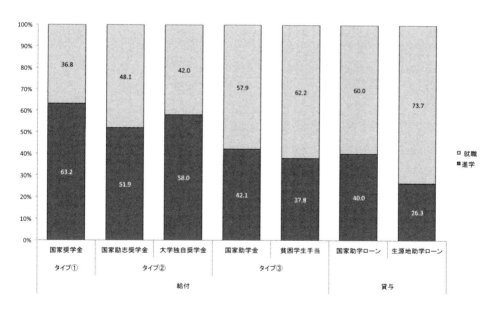

図4-5-1　奨学金プログラム別の大卒後進路（%）
出所）大学生調査

表4-5-1 大学院進学志望の規定要因のロジスティック回帰分析

	大学		独立学院	
男性ダミー	0.218		−0.896	*
農村出身ダミー	0.307		−0.034	
きょうだい数	−0.317	*	−0.572	+
親の月収（対数変換）	0.442	**	0.193	
成績	0.296	*	0.206	
給付タイプ①受給ダミー	1.574	+	0.717	
給付タイプ②受給ダミー	0.677	*	0.111	
給付タイプ③受給ダミー	−0.053		0.657	
貸与利用ダミー	−0.292		−21.902	
定数	−4.100	**	−1.727	
-2対数尤度	555.733	***	166.054	+
Cox & Snell R 2乗	0.085		0.103	
N	429		140	

***P<.001　**P<.01　*P<.05　+P<.1
注）①従属変数＝大卒後の大学院進学希望…希望1、希望しない0．
　　②独立変数＝表3-2-1を参照する。
　　③係数値は標準化偏回帰係数である。
出所）大学生調査から算出

用する学生は就職の希望率が高い（Li 2012：323）という傾向が示されている。これに対して地方の非エリート大学においては、奨学金利用者が大卒後の進路についてどのような希望を持っているのか。本節では、大卒後の進路選択に着目して、奨学金の大卒後の進路選択への影響を考察していく。これを考察するために、奨学金受給別の進路希望を把握する上で、ロジスティック回帰分析を行う。

　まず奨学金タイプ別に大卒後の進路希望（図4-5-1）については、給付奨学金の受給者は貸与奨学金の利用者より、進学を希望する学生の比率が高い。給付奨学金のうち、給付タイプ①、②、③の順に、進学を希望する学生の比率が下がっていく。特に国家奨学金のような学業を奨励する給付奨学金の受

給者ほど、大学卒業後に進学する傾向が強くなる。

　一方、貸与奨学金の場合には、国家助学ローンの利用者は、貧困学生手当の受給者より進学希望者の比率が若干高いものの、4割にとどまっている。生源地助学ローン利用者の中においても、進学を希望する学生が3割以下にとどまっている。貸与奨学金利用者は大卒後に進学より就職を選ぶ学生が多い。

　統計的に大卒後進路選択の規定要因をロジスティック回帰分析で解明する。表4-5-1のように大学と独立学院のそれぞれのモデルに、従属変数は大卒後に進学ダミーを投入し、独立変数は男性ダミー、農村出身ダミー、きょうだい数、親の月収、成績、大学ダミー、給付タイプ①受給ダミー、給付タイプ②受給ダミー、給付タイプ③受給ダミーと貸与奨学金利用ダミーを投入して分析を行った。

　結果から見ると、まず大学の場合に、きょうだい数（−）、親の月収（＋）、成績（＋）、給付タイプ①受給ダミー（＋）と給付タイプ②受給ダミー（＋）が統計的に有意な結果を得た。きょうだい数の少ない、親の月収の高い、成績よい、給付タイプ①とタイプ②受給の学生は進学希望が強い。家計状況が良いことは経済面で進学を可能にし、成績が優秀であることは学業面で進学を可能にしたと考えられる。

　また、奨学金の利用が、大卒後の進路選択にも影響を与えている。給付タイプ①、②の卓越基準の奨学金は、学習へのインセンティブを生じさせることによって、大卒後に大学院への進学に導いたと考えられる。また、教育経済学の進学選択モデルから解釈すると、給付タイプ①とタイプ②は、収入を得ることで在学中の教育コストを切り下げると同時に、その受給者の成績が優秀であることは教育で更なる便益を得る可能性を高めた。従ってそれらの学生は、大卒後の進学から見込んだ便益が教育コストを上回った結果、進学を選ぶ傾向が強いと考えられる。

　次に独立学院の場合、男性ダミー（−）ときょうだい数（−）が統計的に有意な結果を得た。きょうだい数の少ない、女子学生は、大卒後に進学するという結果となった。きょうだい数の少ない家庭では、経済面で学生の進学

可能性を高めたと考えられる。

　また、大学でも独立学院でも、給付タイプ③と貸与奨学金は統計的に有意な結果を得られなかった。給付タイプ③を受ける学生は、家庭の困窮度が高く、勉学に専念できないため、大学院への進学が経済的にも成績的にも有利ではないと考えられる。また、貸与奨学金については、図4-5-1のように就職希望が高いという傾向を確認したにもかかわらず、統計的に有意な結果を得られなかったのは、調査サンプルが少ないからであると考えられる。貸与奨学金の利用者は、在学中の教育費負担が貸与奨学金によって充当され、家計の一時負担をなくしたが、生活面での困窮と将来の返済負担に大学院進学の教育費用を加えると、コストが極めて高く、進学が不可能であると考えられる。

　以上の分析から、奨学金タイプ別に将来期待への違いが見られた。給付タイプ①と②は、学習へのインセンティブを生じさせることによって、優秀な学生を、大卒後に大学院への進学の可能性を高めた。そうした意味で、学習の高度化に給付タイプ①と②が寄与すると見られる。一方、給付タイプ③と貸与奨学金は、学習の高度化や大卒後の進学選択に与える影響が限定されていると見られる。

小　括

　本章では奨学金の効果について、学生の収入、支出と生活時間の面から考察した。学生の収入には仕送りが学生の主な収入源であり、家庭の経済状況が学生の生活に影響を与える。また、学生の支出には授業料と寮費のような固定支出が日常生活の支出を上回り、授業料の家計負担が重いことが分かる。日常生活の支出については学生の家計状況に影響される。特に食費の支出がその影響を受けやすい（第1節）。

　奨学金の効果については、想定される機能の経路に従い、学生の収入、支出と生活時間の各項目について重回帰分析を通して、奨学金の効果を考察した。実際に奨学金が果たした機能を以下の図で説明する（図4-6-1と図4-6-2）。

第4章　入学後の奨学金の効果　235

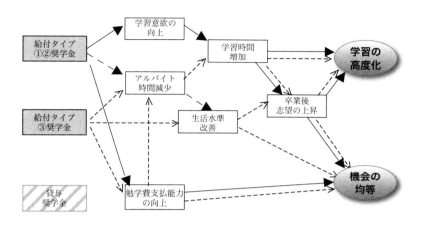

　　→ 給付タイプ①と②奨学金の効果ある　--→ 給付タイプ③奨学金の効果ある
　--→ 給付タイプ①と②奨学金の効果なし　　→ 給付タイプ③奨学金の効果なし

図4-6-1　給付奨学金の機能経路図

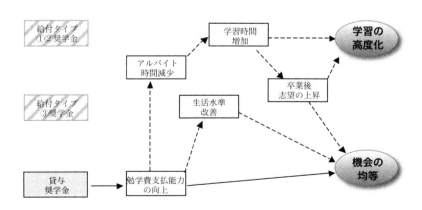

　　→ 貸与奨学金の効果ある　　--→ 貸与奨学金の効果なし

図4-6-2　貸与奨学金の機能経路図

ここで示す矢印は直接効果や間接効果ではなく、それぞれの項目の関係を示している。直線の矢印は想定された機能が分析から確認されたもので、点線の矢印は想定された機能が分析から確認できなかったことを意味する。

まずは給付タイプ①と給付タイプ②奨学金（図4-6-1）について、給付タイプ①は、受給金額が高く、家庭負担への代替効果が確認できた。給付タイプ①を受けると、家庭の負担可能額が必要額を上回る。その差は家庭負担を減らし、消費支出を増やすことによって吸収される。これは教育機会の均等性に寄与する。給付タイプ②は、受給金額が給付タイプ①奨学金ほど高くないが、家庭負担を軽減する効果が見られた。給付タイプ②の受給は、家庭の負担可能額を上げ、必要額に近づくようになった。ただし、必要額を下回るため、家庭負担の一部しか軽減できなかった。

給付タイプ①と②は、学生に経済面での余裕をもたらしたといっても、勉学以外の嗜好費を増やしたわけではなかった。学習への専念を経済面で確保した結果、学習へのインセンティブを生じさせ、その受給者の学習時間が長く、娯楽時間が短い傾向が見られた（第2節）。それは大卒後に大学院への進学の可能性を高め、学習の高度化及び教育機会均等の促進に効果を果たす（第5節）。ただし、アルバイト時間の減少や支出の増加が確認できず、給付タイプ①と②奨学金の受給は必ずしも生活水準を高めたわけではなかった。

一方、給付タイプ③を受ける学生は、困窮度が高い学生層である。給付タイプ③の金額が低いため、それを受けても、学生及びその家庭の負担可能額が標準必要額を下回る。その不足額は、家計負担の増加、あるいは学生本人の消費を切り詰めることによって吸収せざるを得ない。給付タイプ③は家計負担を緩和できるような効果を持たず、在学中の教育機会均等の促進には結びついていない（第3節）。受給者の生活水準が低い。家庭所得がそもそも低く、家庭の借金能力も低いため、学生がアルバイトに時間をかけ、アルバイト収入が多い。生活面の困難を解消できないため、学習時間の増加及び卒業後志望の上昇が見られず、学習の高度化に寄与する効果が確認できなかった（第5節）。

次に図4-6-2には貸与奨学金の機能経路を示した。貸与奨学金を利用する

学生は、授業料に相当する一時負担をできない学生である。貸与奨学金は在学中の負担可能額が必要額を上回り、家計の一時負担を補う効果を持つため、大学の教育機会の均等性に寄与する。しかし、貸与奨学金は授業料として支払われるため、学生の生活水準と生活時間の改善には結びついていない（第4節）。アルバイト時間の減少及び学習時間の増加が見られず、大卒後には就職を選ぶ学生が多く、学習高度化への効果が限られている（第5節）。

【注】

1　授業料を払えず、大学進学を断念せざるを得ない学生または親の自殺事例が多い。また、1999年に北京師範大学の新入生1378名を対象とする心理調査では、「たまに自殺を思う」と答えた学生は25％、「常に自殺を思う」と答えた学生は7％である。その理由の一つは経済負担が大きいことである（紀1999）。

第5章　奨学金政策の評価

　本章では、これまで行われてきた実証調査の分析結果を踏まえたうえで、中国における奨学金政策を総合的に評価し、その効果と特性を論じることを目的とする。まずは給付奨学金がどのような配分構造になっているのか（第1節）、また貸与奨学金がどのような配分構造になっているのか（第2節）を総合的に考察し、その上で授業料負担との関係で奨学金がどのような意味を持っているかを検討する（第3節）。最後に中国の奨学金政策の特質を論ずる（第4節）。

第1節　給付奨学金

　給付奨学金は、大学に進学してからの受給となっている。給付奨学金制度には「育英」と「奨学」の政策意図が含まれ、学業の奨励と生活の補助を目的とする。本節では給付奨学金の配分構造に関する検討を通して、政策面から給付奨学金制度の役割を考察する。

　奨学金の分配に関わる主な要素は学生の成績と家庭所得であり、その両要素のクロス集計に基づいてそれぞれのグループにおける奨学金の受給状況を検討することによって、奨学金の配分構造を検討する。

1　大学

　まず大学について、表5-1-1のように奨学生の家庭所得と成績のそれぞれの階級に応じて分け、それぞれのグループの学生のうち、どれだけの割合が給付奨学金（すべてのタイプを含む）を受けているかを算出した。これは属性

表5-1-1　家庭所得層と成績のクロス集計（人（%））

成績	家庭所得層	低	中	高	計
大学	上位	94（16.8）	131（23.4）	54（9.7）	279（49.9）
	中位	59（10.6）	102（18.2）	42（7.5）	203（36.3）
	下位	19（3.4）	39（7.0）	19（3.4）	77（13.8）
	計	172（30.8）	272（48.7）	115（20.6）	559（100.0）
独立学院	上位	23（12.4）	52（28.0）	22（11.8）	97（52.2）
	中位	6（3.2）	41（22.0）	20（10.8）	67（36.0）
	下位	3（1.6）	13（7.0）	6（3.2）	22（11.8）
	計	32（17.2）	106（57.0）	48（25.8）	186（100.0）

カイ2乗検定：有意ではない。
注）（　）の数字は総数に占める確率である。
出所）大学生調査

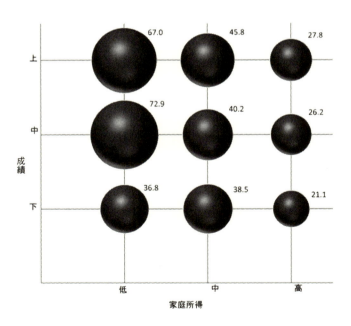

図5-1-1　給付奨学金の受給率－大学（%）（N=559）
出所）大学生調査から算出

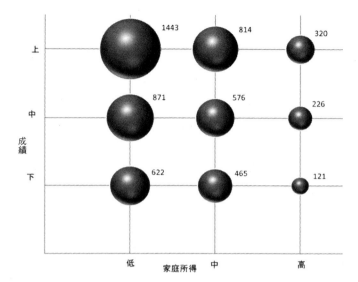

図5-1-2　給付奨学金の受給額平均値－大学（元）（N=559）
出所）大学生調査から算出

グループ別の受給率である。これを横軸に所得階級、縦軸に成績階級を取った平面でのバブル図として示した（図5-1-1）。

また各属性グループについて、給付奨学金の有無にかかわらず、グループに属する学生全員を分母として受給額の平均値を算出し、これは全学生にとっての給付奨学金の平均値と考えることができる。これを先と同様にバブルチャートに示した（図5-1-2）。

ここから以下の点を指摘することができる。

まず受給率（図5-1-1）について、高所得層学生の受給率は3割以下であるが、他のグループの学生の受給率は3割を上回っている。給付奨学金の配分が低中所得層、かつ成績水準が比較的高い学生層に集中している。例えば、低所得層学生のうち、成績上位の67.0％と成績中位の72.9％の学生が給付奨学金を受けている。中所得層学生のうち、成績上位学生の45.8％が給付奨学金を受けている。すなわち、成績が優秀、かつ家計困難な学生は給付奨学金を受ける割合が高い。低所得層かつ成績中位の学生の受給率が最も高い

(72.9％)理由は、第3章でも述べたような給付タイプ③奨学金の高受給率に引っ張られたと解釈できる。

しかし、低所得層の学生は成績があまり優秀ではないのであれば、給付奨学金の受給率が低い傾向がある。例えば、低所得かつ成績下位の学生のうち、36.8％の学生しか給付されず、中所得層かつ成績下位の学生のが38.5％にすぎない。これは、それぞれの同じく家庭所得層で成績が優秀な学生グループと比べて、受給率が低い結果となった。

次に、給付奨学金の受給額の平均値（図5-1-2）については、家庭所得層のみを見ると、低所得層の学生は高所得層の学生より、受給額の平均値が高い。家庭所得が低い代わりに、給付奨学金からの給付額が多い。また、成績水準のみを見ると、成績水準が上、中、下の順に受給額の平均値が下がっていく。成績優秀者に対する給付奨学金の給付額が多い。

家庭所得と成績によって分けられた学生グループでは、低所得層かつ成績上位学生の受給額の平均は最も高く、1,443元である。低所得層かつ成績下位の学生は成績上位の学生ほどではないが、受給額が比較的高く、622元である。一方、高所得層かつ成績上位の学生の受給額は320元にすぎない。家庭所得層の高い学生は、成績水準の上位にもかかわらず、受給額が必ず高いわけではない。つまり、給付奨学金の受給額の分配は低所得層の学生を配慮しつつ行われたと見られる一方、成績優秀者はやはり給付金額の分配にも有利な学生層であることが分かる。全体としてみれば、低所得層の学生でも特に成績優秀者に配分が大きく傾いている。

2　独立学院

独立学院については、大学の分析と同様に家庭所得と成績によって学生を分け、それぞれのグループの受給率と受給額の平均値を算出し、バブルチャートに示した。

まず給付奨学金の受給率（図5-1-3）については、低所得層と成績上位のグループの受給率が3割を上回っている。特に低所得層かつ成績上位の学生のうち、69.6％の学生が給付奨学金を給付されている。また、成績優秀者は

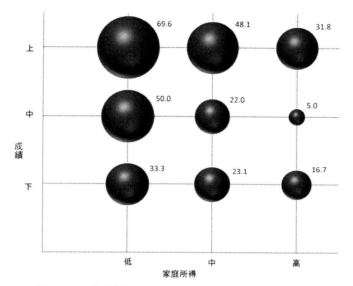

図5-1-3 給付奨学金の受給率－独立学院（%）（N=186）
出所）大学生調査から算出

家計所得が高くても、31.8％の受給率となっている。つまり、給付奨学金は成績優秀者に偏って分配されていることが分かる。しかも独立学院は大学と比べて、給付奨学金の分配構造が成績優秀者に偏る傾向がさらに強い。

　低所得層かつ成績下位の学生のうち、33.3％の学生は給付奨学金を受けているが、同所得層の成績優秀者と比べて、その受給率が低い。成績下位かつ中所得層の学生の受給率も23.1％にすぎない。経済的な支援が必要であっても、成績が良くないのであれば、給付奨学金の配分において不利であることが分かる。

　次に、給付奨学金の受給額の平均値（図5-1-4）については、成績上位の学生は受給額が比較的高く、成績下位の学生は受給額が低い。低所得層の学生のうち、成績上位の学生は受給額の平均値が最も高く、1,174元に上り、成績中位の学生も受給額が高く、1,000元である。しかし、同じく低所得層で成績水準が低ければ、受給額も低く、167元にすぎない。つまり、独立学院においては、成績水準が優秀ではない限り、受給額の分配にも不利である。

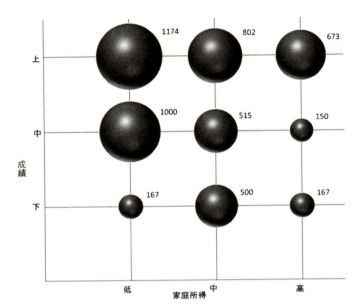

図5-1-4　給付奨学金の受給額平均値－独立学院（元）（N=186）
出所）大学生調査から算出

　成績優秀者を中心に給付する構造は、大学と比べて独立学院のほうがさらに鮮明になっている。
　以上のように給付奨学金の配分は、大学にも独立学院にも、成績の良い学生に集中していることが分かった。成績優秀者を対象に給付奨学金の高受給率・高受給額の配分構造が見られる。
　給付奨学金は給付型の特質を持つため、成績優秀者に給付しがちである。資金配分の効率性の面から見ても、給付奨学金の成績優秀者への給付は最も効率性の高い配分形式であり、学習奨励及び学業促進という政策目標の実現につながり、「育英」の政策意図と一致する。
　給付奨学金の政策目標には学習奨励（育英）のほかに、貧困学生支援の目標（奨学）も含まれている。低所得層の学生に給付奨学金を給付することは、学生の就学機会を保障する役割が期待されている。しかし、実際の配分では、低所得層の学生は確かに給付奨学金を給付されているが、必ずしも給付奨学

金の配分に有利なグループであるとはいえない。家庭所得層の低い、かつ成績水準の低い学生は、経済面での支援が最も必要であるものの、彼らに対する低受給率・低受給額の配分構造は、経済面の困難を解決できず、機会均等の政策目標からますます遠ざかることとなる。

特に独立学院の場合に、大学より成績優秀者に偏った配分構造の傾向が強いため、経済面で支援が最も必要な学生を見落としてしまい、学生間の格差が拡大する恐れがある。

第2節　貸与奨学金

貸与奨学金政策は授業料の上昇を補い、家計困難による進学への経済面の影響を最小限に抑える政策意図が含まれた。大学進学前にも利用可能であるが、第2章で分析したように、返済負担や心理的な抵抗などによって、進学前に貸与奨学金の利用が極めて少なかったことが分かった。大学在学中にしても貸与奨学金の利用率は必ずしも高くなかった。前述の分析結果を踏まえ、本節では貸与奨学金の配分構造の分析を通して、貸与奨学金政策の役割を考察する。

具体的には給付奨学金の分析と同様に、家庭所得と成績のそれぞれの階級に応じて学生を分け、それぞれのグループの学生のうち、どれだけの割合が貸与奨学金を受けているかを算出した。その利用率を横軸に所得階級、縦軸に成績階級を取った平面でのバブルチャートとして示した（図5-2-1）。

結果から見ると、高所得層の学生は貸与奨学金を利用しておらず、利用者が低中所得層の学生に集中している。これは高所得層のように経済面でのニーズがなければ、貸与奨学金を利用しないことを説明できる。

また、貸与奨学金が必要とみられる低中所得層の学生のうち、成績上位のグループの利用率が高い（低所得層11.7％、中所得層6.1％）。成績優秀な学生はより貸与奨学金を利用している。これはなぜならば、貸与奨学金の返済の本質と関わっていると考えられる。貸与奨学金はあくまでも一時的な借入金であり、将来のある時点から元本と利子を返済しなければならない。学生は

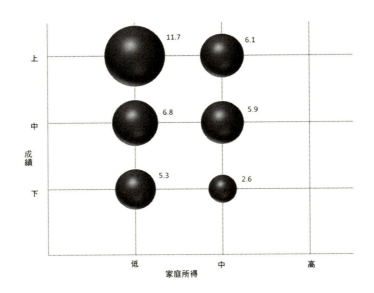

図5-2-1　貸与奨学金の利用率－大学（%）（N=559）
出所）大学生調査から算出

　将来に返済能力があれば、貸与奨学金による資金の調達が可能であるが、そうでなければ、貸与奨学金の利用は極めてリスクの大きい選択である。将来の返済能力があるかどうかの見通しが極めて難しいが、現段階の成績水準が上位であれば、将来により良い就職先に就く確率が高く、返済の可能性も高まる。費用便益分析に従うと、成績上位の学生にとっては、貸与奨学金利用の便益が費用より上回り、成績下位の学生にとっては、貸与奨学金利用の費用が便益より上回る可能性が高いと解釈できる。従って、成績上位の学生の貸与奨学金利用は、長期的に見れば経済面で効率的であると考えられる。

　以上の考え方に基づくと、成績下位の学生にとって貸与奨学金は、リスクが大きく、便益が小さいため、利用の価値があまりないと推測できる。実態としては、低中所得層の成績下位の学生は貸与奨学金を利用するが、利用率（低所得層5.3％、中所得層2.6％）が極めて低い。成績下位の学生は給付奨学金を給付されていないため（表略）、貸与奨学金を利用せざるを得ないと考え

られる。

　前述のように給付奨学金の分配が低所得層かつ成績上位な学生を優先した結果、低所得層かつ成績下位の学生は必ず給付奨学金の分配に有利ではないと述べた。結局これらの学生は経済面の困難を乗り越えるために、大きなリスクを背負いながら、貸与奨学金を利用せざるを得ない状況に陥った。経済困窮に貸与の返済負担を加えると、生計のために勉学の時間を削ってアルバイトから補わざるを得ず、学業成績を下がり、給付奨学金の審査枠からさらに遠ざかるという悪循環が生じる可能性が高い。

第3節　奨学金額の水準

　奨学金政策は授業料の上昇を補うために位置づけられた政策である。しかし、奨学金の金額は授業料のどこまで補うか、現行の制度設計は政策目標の実現につながるのか。本節では、奨学金金額の配分に関する考察を通して、授業料との関係で奨学金がどのような意味を持っているかを、給付奨学金と貸与奨学金を分けて論ずる。

1　給付奨学金

　給付奨学金については、家庭所得層別に算出した受給比率と累計が**表5-3-1**（大学）と**表5-3-2**（独立学院）に示した。その累計の部分はグラフで示したのは、**図5-3-1**（大学）と**図5-3-2**（独立学院）である。

　まずは大学の場合（表5-3-1）に、家庭所得層が低中高の順に給付奨学金を受けない学生の割合（低所得層34.5％、中所得層58.8％、高所得層78.3％）が高くなる。低所得層の学生は、給付奨学金の受給比率が高い。また、低所得の学生ほど、高金額の給付奨学金を受ける学生の割合が高い。例えば受給比率から見ると、5,000元以上を受ける学生の割合は、低所得層（2.9％）が中高所得層（中所得層2.1％、高所得層0.9％）より高い。

　給付奨学金の金額別に受給比率の分布を見ると、受給比率が最も高いのは、低金額の奨学金である。特に低所得層の学生のうち、2,000元以下の奨学金

表5-3-1　家庭所得層別に給付奨学金給付年額の受給比率－大学 (%)(N=563)

所得層	奨学金(元)	なし	0-500	501-1000	1001-2000	2001-3000	3001-5000	5001以上	計
比率	高	78.3	12.2	5.2	1.7	0.0	1.7	0.9	100.0
	中	58.8	13.5	10.6	9.5	4.0	1.5	2.1	100.0
	低	34.5	13.2	17.8	17.2	9.8	4.6	2.9	100.0
累計	高	78.3	90.5	95.7	97.4	97.4	99.1	100.0	－
	中	58.8	72.3	82.9	92.4	96.4	97.9	100.0	－
	低	34.5	47.7	65.5	82.7	92.5	97.1	100.0	－

カイ2乗検定：0.1％水準で有意である。
出所）大学生調査から算出

　を受ける学生の割合は約5割（「500元以下」の13.2％、「501-1,000元」の17.8％と「1,001-2,000」元の17.2％の合計）、2000元以上をもらう学生は1割強（「2,001-3,000元」の9.8％、「3,001-5,000元」の4.6％と「5001元以上」の2.9％の合計）にすぎない。これは累計別に見ると、図5-3-1のように、低所得層のうち、給付額2,000元以下の受給比率が最も高く、ほぼ半数の学生（47.7％）が500元以下の給付額を受けている。大学の授業料は5,000元程度であるから、給付額の500元は授業料負担の十分の一しかすぎない。半数の低所得層の学生にとっては、給付奨学金を受けても、授業料負担のごく一部しか軽減できず、高額の授業料負担と家計の負担可能額の間のギャップを埋めることができない。さらに第4章で学生の収支状況を検討した際に、支出の基本項目である食費は低所得層の場合に年間の支出平均が2,779元であると示した（図4-1-3(a)）。500元の給付額を授業料に当てなくても、学生の基本生活をカバーできるほどの金額ではないことが分かる。

　次に独立学院の場合（表5-3-2）は、大学と同様に、家庭所得層が低中高の順に給付奨学金を受けない学生の割合（低所得層51.5％、中所得層73.6％、高所得層81.3％）が高くなり、低所得層の学生の受給比率が高い。低所得層の学生のうち、3,000元以上の受給者は学生全体の9.1％にすぎず、多数の学生

第5章 奨学金政策の評価　249

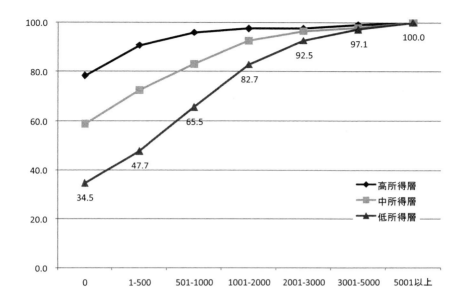

図5-3-1　給付奨学金給付年額別の受給累計－大学（%）(N=174)
出所）大学生調査から算出

表5-3-2　家庭所得層別に給付奨学金給付年額の受給比率－独立学院（%）(N=187)

所得層	奨学金(元)	なし	0-500	501-1000	1001-2000	2001-3000	3001-5000	5001以上	計
比率	高	81.3	2.1	4.2	6.3	4.1	2.0	0.0	100.0
	中	73.6	5.7	3.8	4.7	5.7	2.8	3.7	100.0
	低	51.5	6.1	9.1	12.1	12.1	9.1	0.0	100.0
累計	高	81.3	83.4	87.6	93.9	98.0	100.0	100.0	－
	中	73.6	79.3	83.1	87.8	93.5	96.3	100.0	－
	低	51.5	57.6	66.7	78.8	90.9	100.0	100.0	－

カイ2乗検定：有意ではない。
注）（　）の数字は総数に占める確率である。
出所）大学生調査

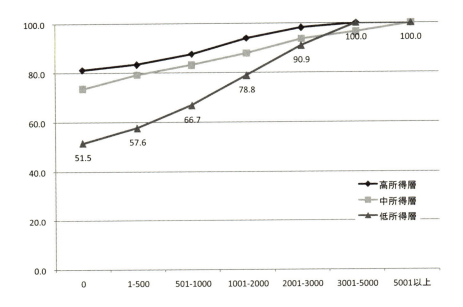

図5-3-2　給付奨学金給付年額別の受給累計－独立学院（%）（N=33）
出所）大学生調査から算出

は3,000元以下の奨学金を受けている。これは累計値（図5-3-2）で見ると、低所得層の場合には、78.8%の学生に与えられる奨学金は2,000元以下であり、57.6%の学生は500元以下の奨学金を受けている。独立学院の年間授業料は10,000元であるから、そもそも給付奨学金の最高金額でも授業料に充当できず、半数以上の低所得層学生が給付される給付奨学金は、金額としては不十分である。

　また、独立学院は大学と比べて給付奨学金を受けていない学生の割合が高く、給付奨学金の恩恵に恵まれていない。従って、独立学院においては、授業料の上昇からもたらす家庭負担が給付奨学金のみで解消できないと考えられる。

　このように給付額別の受給比率についての考察から得られた知見は、大学

にも独立学院にも、低所得層学生の給付奨学金の受給率が高いものの、その受給金額が比較的低いことである。低所得層の学生にとっては、給付奨学金を受けても、高額の授業料負担を軽減できず、基本の生活費用をカバーできず、経済格差からもたらす教育機会の不均等が解消できないと考えられる。

2 貸与奨学金

貸与奨学金の利用額については、**表5-3-3**のように、家庭所得層別に利用率を算出した。独立学院の貸与奨学金を受ける学生は少ないため、大学のみの表となった。

結果を見ると、貸与奨学金は主に低中所得層の学生に利用されている。ただし、低中所得層の学生が貸与奨学金を利用しても、その利用率がいずれも低いことが共通である。低所得層の91.1％と中所得層の94.5％の学生が貸与奨学金を利用せず、利用者が1割を下回っていることが分かる。

また、利用金額については5,000元の利用率が最も高く、低中所得層がそれぞれ5.3％と2.9％の割合となっている。この5,000元の貸与額は年間平均の授業料（5,000元）に相当する。特に低所得層の農村出身の学生にとっては、授業料の現金5,000元を一度に支出することは極めて困難であり、これを補うことが貸与奨学金の重要な機能となっていることを示している。従って、経済困難で授業料を支払えない学生にとっては、貸与奨学金を利用することによって、進学の教育機会を保障できる。

しかし、貸与奨学金は授業料の支払いとして使われても、生活費への寄与

表5-3-3　家庭所得層別の貸与奨学金利用年額の比率－大学 (%) (N=556)

奨学金 所得層	なし	5000元未満	5000元	5001-6000元	計
高	100.0	0.0	0.0	0.0	100.0
中	94.5	1.5	2.9	1.1	100.0
低	91.1	2.4	5.3	1.2	100.0

カイ2乗検定：有意ではない。
出所）大学生調査から算出

があまり果たされていない。第4章で生活費の支出を検討したように、生活費の年間平均は約4,000～5,000元が必要となっている。貸与奨学金を利用して教育機会を手に入れても、それが生活費までカバーできず、継続的に勉強できるような就学機会は保障されていない。Johnstone（2005：15）は貸与奨学金政策がコストシェアリングの一部であれば、授業料の全額と最低生活費用の大部分（およそ8割）を負担できるような金額であるべきであると提言した。しかし、中国における現行の貸与奨学金政策は、コストを負担する、あるいは軽減するほどの効果までには及ばなかった。奨学金政策の役割を発揮するために、学生の生活状況を把握する上で、適正な利用金額水準の設定や配分構造の改善は必要である。

第4節　中国の奨学金政策の特性

　コストシェアリング理論は70年代の後半から、Johnstoneを代表とする研究者によって展開され、貸与奨学金政策の実施が提唱されてきた。アメリカをはじめ、貸与奨学金が多数の国で実施された。中国では、80年代後半から貸与奨学金が実施されたが、奨学金政策構成の一部に過ぎず、政策の主体ではなかった。90年代からコストシェアリング理論に従い、授業料の徴収と上昇によって高等教育が拡大し、貸与奨学金政策が再び導入された。貸与奨学金実施の成功経験があまりない中国では、アメリカなどの先進国を参考しながら、試行錯誤の果てに貸与奨学金政策が成り立った。貸与奨学金の実施は、世界的な傾向でありながら、中国の高等教育の諸改革に必要な対策であったと見られる。従来の給付奨学金を含めて奨学金政策が一見多様化したように見えるが、採用基準の不透明性と制度上の不合理性が存在し、奨学金の政策目標の実現に際して必ずしも制度上の保証は提供されなかった。

　中国の奨学金政策は、授業料の上昇に伴って、プログラムの充実と多様化が実現されてきた。エリート大学を調査対象とした多数の先行研究では、奨学金が学生の学業向上に効果があり、貸与奨学金の利用率が比較的高いという調査結果が得られた。これに対して、本書のような地方の教育機関を対象

とした分析からは、より多くの学生が奨学金の恩恵を受けたものの、実施の実態は必ずしも期待通りの効果は見られないという結果を得た。

給付奨学金の配分は成績優秀な学生に集中し、金額の配分も成績優秀者が有利な構造となった。もちろん、給付奨学金を受ければ、確実に収入が増加する。しかし、受給金額の高低は、学生生活へ影響を及ぼす。成績優秀な学生に支給する高額の奨学金は、学生の経済面で余裕をもたらし、勉学のインセンティブを与えたのに対し、経済困難な学生に支給する低額の奨学金は、生活面での改善と勉学面での促進効果があまり見られなかった。奨学金政策の目的は基本的に育英と奨学であるが、実際に成績に偏った給付奨学金の分配構造は、奨学の政策目的より、むしろ育英の観点が入り込んでいる。このような配分構造は、成績優秀者を奨励してインセンティブを与えるものの、低所得層の学生に対して十分に機会均等の保障にはなっていない。

なぜ、このような分配構造となったか。それは受給者の選抜基準の曖昧さに理由がある。学業成績は比較的に客観的な指標であることから、参考にしやすい基準となった。また、給付奨学金は基本的に学生を奨励する給付型の奨学金であるため、特に給付タイプ①と②の場合に学業成績への注目度が高い。

中国では制度の不完備で家庭所得収入の追跡が不可能であり、学生の家計状況や経済状況を証明できる客観的な指標がない。例えば、給付タイプ③のような経済困難な学生を対象とする奨学生の選抜では、家計状況の自己申告のほか、指導教員と同級生の推薦及び投票は、中国で最も一般的な給付奨学金受給者の選抜方法である。このような選抜方法は、主観的な評価が多いため、選抜プロセスの客観性と透明性が保障できない問題がある。

同じような問題は、貸与奨学金の利用者の選抜にも存在している。貸与の採用基準がなく、家庭収入に関する明確な基準の設定が不可能であるため、量的指標で測れない要因が混雑した結果、採用プロセスの不明確化を導いた。

また、中国の貸与奨学金は政府によって作られた制度であり、政策性が強い一方、その実施が営利性を重視する銀行に委ねられている。政府は在学期間中の利子を補助するが、その滞納リスクは銀行と大学によって分担されて

いる。政府・銀行・大学の利害関係の矛盾が、貸与奨学金の実施プロセスの不透明化を増し、採用率の低下を引き起こした。

貸与奨学金政策はスローガンとして「申請者全員のニーズを満たす」と掲げているが、実際に本研究の調査では採用率が低く、申請者の一部しか対応していなかった。中央所属のエリート大学にしても、採用率が若干高いが、申請者全員が採用される程度までには至らない。これに対して日本の第二種奨学金(有利子)の場合には、基準適格者全員を採用し、第一種奨学金(無利子)の場合には、採用率が79.1％まで達した(2010年)。ほぼ申請者全員のニーズを満たす日本に対して、中国の貸与奨学金制度の採用枠はまだ小さい。

また、日本の奨学金(第二種)の金額は五つの段階を設け、自由選択であるほか、専攻によって若干の増額も可能となっている[1]。利用可能な最高金額が授業料をカバーできるだけでなく、生活費も補充できる。しかも、貸与基準は申請の前年度一年間の家庭収入を目安とするなど明確であり、支給枠も大きい。このように申請基準と採用基準の透明化、及び支給枠と支給金額の合理化は、日本の奨学金制度のスムーズな拡充に、制度的な保障をもたらした。一方、中国の貸与奨学金は、前述の通りに貸付の最高金額が大学の授業料をカバーできても、生活費の補充にはならない。貸付金額が大学の種類や専攻によって増額の余地がなく、授業料の高い独立学院においては、授業料すらカバーできず、適正な奨学金の額とはいえない。奨学金制度の不透明性と不合理性は、中国の貸与奨学金政策の推進を妨げた。

このように合理性と透明性が乏しい制度設計に基づいた奨学金実施の結果は、成績上位の学生により分配され、経済的困難かつ成績が芳しくない学生にとっては、奨学金の受給に不利な構造となり、低所得層学生の教育機会は保障されないことになる。

貸与奨学金は、Johnstoneのコストシェアリング理論に従って、国際的に貸与奨学金の有効性が提唱され、またアメリカや日本等の先進国で実施の実績が蓄積された。特にアメリカでは、機会均等の実現を目指して公立大学の拡大や、奨学金の拡充など福祉国家的な高等教育が積極的に展開された(金子1988：104；犬塚2006：42)。このような背景で、中国でも貸与奨学金政策

を作り上げ、後には高等教育のマス段階で教育機会均等の実現に必要な政策となった。

しかし、アメリカ高等教育においては、奨学金の存在が高授業料の構造を支え（丸山1999：89）、授業料と常に連動することで機能を果たした。一方、中国では授業料政策が先行して行われ、授業料の上昇が及ぼす教育機会の不平等を補うために、奨学金制度が発足した。しかも、授業料が定額であるため、授業料と奨学金が連動して機能していない。中国の奨学金政策は、あくまでも授業料の上昇による弊害を補うための対策であり、アメリカのように授業料と組み合わせて学生募集戦略の一環として機能するような役割を持っていない。

さらに、地域格差や家庭所得格差が広がり、個人の財産と信用情報の管理が不完備な中国においては、貸与奨学金の実施に限界がある。例えば、格差が大きい中国では、一律な制度設計は多元な現実に対応しきれないほか、返済期間が短く、利子率が高いというような制度規定は貸与奨学金利用の足を引っ張った。特に選抜基準の不在や、採用プロセスの不透明は、新入生の奨学金利用の判断に役立たず、今後経済面で確実な保障を提供できない。従って、経済理由で進学を断念するのであれば、奨学金に期待される役割が発揮できないだけでなく、教育の機会均等を阻害する結果となる。中国の現状に基づいた制度設計が行わなければ、奨学金は授業料の上昇による教育機会均等を損なう可能性も出てくる。中国の政策コンテクストの中で、学生の経済需要に対応できるような奨学金政策の模索と改善、及び税収システムや個人信用情報システムのような社会制度の完備が必要である。

小 括

本章では、奨学金の配分構造を考察した。得られた主な知見は以下の通りである。

給付奨学金（第1節）は、大学でも独立学院でも、成績の良い学生に集中し、成績水準に偏った配分構造となっている。特に成績優秀者を対象に給付

奨学金の高受給率・高受給額の配分構造が見られ、学習奨励の政策目標が実現されていた。低所得層の学生は確かに給付奨学金の恩恵を受けているが、成績が低いと、受給率・受給額ともに低く、経済的困難を克服することができない。結果としてアルバイトなどに時間を要し、成績低下との悪循環を形成する可能性がある。また、低所得層の学生が受給を受ける確率が高いといっても、約半数が受け取る金額は500元以下であり、授業料の1割に満たない。給付金額の水準が低いことから、高授業料を奨学金で補うという政策転換がまだ実現されていない。特に独立学院は、大学より成績優秀者を中心に配分する傾向が強い。

　一方、貸与奨学金（第2節）は、低中所得層かつ成績上位の学生によく利用されている。これは成績上位の学生にとって、便益が費用を上回るため、経済的な選択であると解釈した。成績下位の学生にとっては貸与利用のリスクが高いにもかかわらず、あえて利用していることは、給付奨学金の恩恵を受けられず、貸与奨学金を利用せざるを得ないためである。成績がそれほど目立たないが、経済困難な学生へのさらなる配慮が必要である。

　ほとんどの利用者が授業料と同額の5,000元の貸与奨学金を利用している。高授業料による一時的な現金負担が、いかに低所得学生にとって大きな負担となっているかを示している。また、貸与奨学金の利用できる金額が低いため、学生の進学機会を保障しても、就学に必要な生活保障にはなっていない。結局貸与奨学金は教育機会の均等に寄与する効果が限られていることになる（第3節）。

　貸与奨学金に関する理念や一連のプロセスはアメリカから発展してきたものであり、中国風土には必ずしも馴染んでいるわけではない。制度自体の不透明さ及び不完備によって貸与奨学金利用の拡大が進んでおらず、給付奨学金も偏った配分構造となっている。本来の奨学金制度の政策意図と現実とのギャップは、適正な現状把握と制度設計によって改善していくべきものであると考えられる（第4節）。

【注】

1 第二種奨学金（利子付）の貸与月額は、3万円・5万円・8万円・10万円・12万円から選択できる。私立大学の医・歯学課程と薬・獣医学課程が12万円を選択した場合に限り、それぞれ4万円と2間年の増額が可能である（日本学生支援機構『奨学金ガイドブック2013』4頁）。

終章　結論と課題

　本書は中国の奨学金が大学進学前にどのように認知され、進学選択の意向にいかなる影響を与えたのか、また大学在学中にどのように配分され、学生生活の経済面と時間面にいかなる効果を与えたのか、その実態を明らかにするため、高校生調査と大学生調査のデータを用いて、これまでの各章で考察を行ってきた。

　この終章では、まず実証分析結果をまとめ（第1節）、地方教育機関における奨学金の政策的インプリケーションを検討し（第2節）、その上で今後に残された研究課題を提起する（第3節）。

第1節　実証分析の結果

　奨学金政策は授業料の上昇を補うために位置づけられたが、実際に奨学金がどのように分配され、どのような効果を果たしたのかを明らかにすることが、本書の目的であった。この目的を達成するために、奨学金の種別や利用時期によって政策意図が異なることを鑑み、地方地域を対象に、大学進学前と大学在学中の二時点に着目し、給付奨学金と貸与奨学金を分けてそれぞれの分配と効果を考察した。このような地方の教育機関における奨学金に関する詳細な分析は、奨学金制度を評価する際に必要な作業であると同時に、本書の独自性でもある。政策自体の変遷から出発し、奨学金プログラムの内容と特徴、及び受給の流れなどについて第1章で整理した。そして、第2、3、4、5章では調査データの分析を通して、主に三つの課題について検討した。すなわち、序章にも提示したように、(1) 奨学金が高校生の進路選択への効

果、(2) 大学在学中に奨学金の分配、及び (3) 奨学金の役割と効果である。主な分析結果と知見は以下の通りにまとめた。

1 高校生の進学希望への奨学金効果

第一の課題は大学進学前における奨学金の効果に関する考察であり、本書の第2章の内容が該当する。

先行研究では、高校生の奨学金認知に関する研究（羅・宋・魏 2011b）があるものの、進路選択への効果という視点が欠けている。本研究では、調査の限界で高校生の進路選択を行う際に奨学金がどう影響するかを考察することができないが、実際の進路選択の代わりに、進路選択の希望について奨学金の効果を考察した。大学進学前に利用可能なのは貸与奨学金であるため、貸与奨学金のみの考察となった。

調査から得られた知見の一つは、貸与奨学金の認知度が低いことである。この結果は本研究対象と違う地方地域で行った羅・宋・魏（2011b）の調査結果よりさらに低い認知度の結果となった。家計状況の異なる学生の間で情報入手のルートに格差があり、情報ギャップが存在することが分かった。情報ギャップの問題については、アメリカで低所得層学生の情報量が少ない（Horn, Chen and Chapma 2003；Long 2008；Olson and Rosenfeld 1984）と言われるが、中国にもそういう問題が存在している。

また、貸与奨学金の利用者は極めて少なく、奨学金の必要度が知識とつながらない。貸与奨学金の必要性は、学業成績や家庭所得などの変数と重要な関係を持つと同時に、進学オプションの組み合わせによっても異なる。ランクの高い大学に進学する際に、進学先から得られる純利益の見通しが高いため、貸与奨学金が利用される。一方、［本科Ⅲ］対［専科］の選択では、成績優秀や将来の所得にある程度見込みがあれば（例えば、都市出身の男子学生）、「本科Ⅲ」のような費用の高い進学先を選ぶのに対して、家計困難で教育費用が将来の収入を上回ると見込んだのであれば（例えば、農村出身の女子学生）、教育費用の低い進学先を選ぶと解釈できる。Johnstone and Maucucci（2010）が指摘した通り、進学の機会があっても望ましい進学先を選べなければ、教

育機会の平等を損なう。第1ステップの進学機会だけでなく、第2ステップの高等教育機会の選択や第3ステップの学生生活の選択に関して、所得階層間格差の是正が奨学金政策の課題である（小林 2009：238）。中国においても奨学金制度が導入されているが、地方の教育機関を対象とした本研究の結果を見る限り、高等教育の進学機会に不平等が生じている。地方教育機関の学生にとって現行の貸与奨学金制度は必ずしも就学機会の保障に有効な手段とは言えない。

　もちろん、高校生の将来への見込みがどれぐらいの正確性を持っているのかには検討の余地がある。ただし、貸与奨学金は一部の家計困難、かつ成績優秀な学生の進学選択に影響を与えており、貸与奨学金が一部の学生に教育機会の保障に役立つことで評価できる。

2　奨学金の配分と選択

　第二の課題は、大学在学中における奨学金の分配と選択であり、本書の第3章でこの課題について考察した。

　奨学金は大学の進学前より在学中の利用が中心であるが、貸与奨学金の利用率が低く、特に独立学院では貸与奨学金があまり利用されていないことが分かった。これは、経済発展地域での調査から貸与奨学金の利用率が比較的高いと指摘された李（2006a）の分析結果と異なる。経済発展の進んだ地域あるいは重点大学を対象とする先行研究においては、奨学金が充実され、貸与奨学金の利用率が比較的高い（李 2004、2006a、2006b；王 2008）。しかし、地方大学は拡大した大学教育の需要を吸収したが、地方経済発展の限界及び貸与奨学金の重い返済負担があるため、奨学金政策が必ずしもうまく機能しない。貸与奨学金の低い利用率は実際に及ぼす効果が限られていることを意味する。これは高い利子率と短い返済期間からもたらされる大きな返済負担、信用システムと社会文化の未熟さ（Ziderman 2004）が理由として挙げられる。

　また、貸与奨学金は家計困難な学生に利用されているが、申請者のうちでも一部の学生しか採用されていなかった。その理由は統計的に確認できず、親の月収のような量的な指標で測れない部分があり、その採用プロセスが複

雑であることが分かる。従って、家庭経済状況の判定が困難であり、情報の伝達が十分に行われておらず、採用基準等には制度的な不透明性があるため、膨大な管理コストが貸与奨学金の非効率性を招く可能性が生じる。

　一方、貸与奨学金と比べれば、給付奨学金の申請率は高く、受給者が多い。そのうち、ニードベース奨学金（家計要因重視：給付タイプ③）の受給者が最も多いが、受給金額は低い。これに対してメリットベース奨学金（成績要因重視：給付タイプ①と②）の受給者は少ないが、受給金額は高い。限られた財源で、すべての学生のニーズを満たすことはできず、採用枠を狭めるか、あるいは支援額を抑えるかの形で一部学生の需要にしか応えていない。しかしながら、ニードベース奨学金とメリットベース奨学金に個別の申請者の規定要因の分析では、申請者の属性と奨学金プログラムの趣旨の間に大きな乖離はないことが確認された。これは羅・宋・魏（2011a）の分析結果と同じような結果となっている。

3　家計負担と学生生活への奨学金効果

　第三の課題は、在学中の奨学金がいかに学生生活に影響するかの問題であり、本書の第4章の内容が該当する。奨学金の種類が多様にもかかわらず、それを考慮した分析が少ないことから、本書は統計の手法を使い、奨学金の種類別に学生生活への効果を考察した。

　学生の収支については、仕送りが主な収入源であり、授業料と寮費のような固定支出が日常生活の支出より上回り、授業料の家計負担が重い。

　貸与奨学金は授業料の支払いや家計負担の軽減に寄与しているが、学生生活にまで効果を及ぼすには至っていない。生活面に余裕がなく、返済負担がさらに経済的困窮のリスクを高めており、家庭による格差及び機会不均等を是正する効果は見られなかった。日本では貸与奨学金が娯楽に使われる研究（伊藤・鈴木 2003；小黒・渡部 2008）もあるものの、アルバイト時間の軽減と勉学時間の増加という研究（藤森 2009b）もある。いずれも貸与奨学金が学生の生活に影響を与えることが、共通しているところである。本研究の結果を見る限り、貸与奨学金の利用者は、卒業後に進学より就職希望が強い。貸

与奨学金が家計困難な学生に進学機会を与えたものの、間接的に学生やその家計に返済の負担をかけるというJohnstone（2005）の指摘が、中国にも通用すると見られる。

一方、返済義務のない給付奨学金については、メリットベース奨学金（給付タイプ①と②）の受給金額が高く、授業料の家計負担を軽減できるだけでなく、勉学環境の安定と学習インセンティブの向上に寄与している。また、大卒後に進学を希望する学生が多い。これに対してニードベース奨学金（給付タイプ③）は、受給金額が低く、授業料の家計負担の軽減と生活面の改善に寄与する効果がそれほど高くない。

このように奨学金の種類と金額によって、学生の家計負担と生活に対する効果が異なり、奨学金が果たしている効果は無視できないものの、その効果がかなり限定されていることが分かった。家庭の経済状況による学生生活状況への影響が最も大きい。奨学金は教育機会の均等に寄与することには限界がある。金子（1987：49）から日本の学生生活調査を通して、「進学が次第に主体的な「選択」の結果として映ずるようになる「豊かな」社会においても、その選択が進学費用の家計への実効コストを通じて家計水準に規定されるという意味で、教育機会の不均等は残存する」という結論を出された。この結論は中国高等教育の進学選択、及び在学中の就学機会においてもあてはまると考えられる。

奨学金の選択、採用と効果への考察を踏まえた上で、配分及び中国の奨学金政策を総括したのは第5章である。明らかになったのは、給付奨学金が低所得層の学生に配慮しつつ、成績水準に基づく配分構造となっていることである。給付奨学金は、成績優秀者に高受給率・高受給額の形で配分し、勉学のインセンティブを与える。他方で、成績下位の学生に低受給率・低受給額の構造で配分し、奨学金が学生の経済困難の解決に必ずしも寄与しているとはいえない。低所得層学生の給付奨学金の受給率が高いといっても、多くの学生の受給金額が授業料の1割にも満たず、奨学金の金額水準自体が適正とはいえない。

一方、貸与奨学金の利用選択は、基本的に個人融資の行為であるため、そ

れなりのリスクを覚悟した上で、利用するかどうかの判断を行う。実際には貸与奨学金は家計困難な学生のうち、リスクが比較的低い成績優秀者に利用されている。成績が良くない学生の一部は、リスクが大きくても、利用していることが確認できた。これは、低所得層かつ成績下位の学生は給付奨学金が給付されず、貸与奨学金を利用せざるを得ないためである。

多くの利用者が大学の授業料と同額の5,000元の貸与奨学金を利用しており、高授業料という一時的な現金負担を、貸与奨学金で賄っている。授業料負担は家計にとって極めて大きい。

高額の授業料を奨学金で補うという政策意図が、現行の中国ではまだ完全に実現されていない。政策意図と実態のギャップを埋めるために、適正な現状把握及び柔軟な制度設計によって奨学金政策の見直しが必要であると提言した。

以上のように、奨学金政策の充実は高等教育の拡大と授業料の上昇という背景から発展してきた支援策であり、家計の影響を取り除き、教育機会の均等を保障するという政策意図で作られたものである。しかし、本研究の結果を見る限り、奨学金の質と量を十分考慮していない制度設計と不透明な選抜プロセスによって、より多くの学生が奨学金を受けるようになったものの、かなり限定された効果しか発揮されなかったことが分かった。その結果、奨学金政策は教育機会均等の促進及び学習高度化の達成として高等教育政策の中で位置づけられた一方、その政策意図の達成には程遠いと考えられる。

第2節　地方教育機関における奨学金の政策的インプリケーション

中国の地方大学は高等教育の拡大期に多数の学生を吸収し、高等教育の拡大に大きな役割を果たした一方、その奨学金の利用実態が決して明らかになっていないことである。

実証研究を通じて、奨学金の分配について地方大学は中央所属の大学より優位性が低いことが分かった。なぜこのような問題が生じたのか。これは教育財政と奨学金の財源分配構造と関わる。例えば、給付奨学金のうち、国家

奨学金は中央政府が負担し、国家励志奨学金と国家助学金は中央政府と地方政府が共同負担する形となっている。地方の大学にとって地方政府が主な財源となっている。また、国家の政策文書（『普通本科大学、高等職業学校、及び中等職業学校の家計困難な学生への経済支援政策に関する意見』国発［2007］13号）の中では、大学事業収入の4〜6％を奨学金資金に当てられなければならないと規定されている。従って、大学独自奨学金や貧困学生手当などの奨学金を支給する際に、大学独自の財政力が問われている。

今回の調査では、大学独自奨学金や貧困学生手当の奨学金が確実に支給されているものの、金額が少なく、受給者が多いため、生活改善や勉学促進の効果が限られていることが明らかになった。これは財政力の強い中央所属大学と鮮明な違いが出てきた。地方大学の財源不足による奨学金の供給（支給金額と支給人数）低下の問題を解決するために、多元的なルートから財源を調達する必要がある。

一方、貸与奨学金の場合、返済が滞納されると、大学の信用度が落ちると同時に、新規の貸付にも影響を与える。地方大学の学生は大都市の学生と比べ、就職状況が決して有利ではない。地方大学学生の滞納リスクが高く、銀行にとって決して信用度の高い顧客層ではない。このような不利を克服するために、地方大学が貸与奨学金の返済管理や学生の金融信用教育に力を入れる必要がある。

本研究の対象には大学のほかに独立学院も含まれた。独立学院は高等教育の拡大政策に従い、急増した学生数を吸収するために作り上げた高等教育セクターである。独立学院が大学よりさらに高額の授業料を徴収するが、制度的にも実施の実態にも奨学金配分の優位性が見られなかった。特に貸与奨学金の利用者が極めて少ないことは、独立学院の特徴である。大学と独立学院で一律的な貸与奨学金制度が実施されれば、独立学院の学生がさらに不利な状況に陥る恐れがある。独立学院の特殊性を考慮しながら、独立学院の授業料をカバーできるような制度設計が必要であると考えられる。

現段階の貸与奨学金は利子率が高く、利用金額が低く、返済期間が短い。このような制度設計は貸与奨学金の利用拡大のネックとなる。利用金額をど

のレベルに設定すればいいのかについては、学生ごとの家計状況や生活習慣が異なるため、設定自体が極めて難しい。少なくとも低所得層学生の授業料負担と生活費負担の両方を考慮した上で利用金額を決めていくべきである。

また、本研究の調査地域は、序章で述べたように中国各省のうち、収入基準が中レベルの省である。しかし、普通高等教育機関の年間授業料は全国共通の金額となっている。省ごとの経済状況及び所得格差を考慮すると、奨学金の充実より、地域に応じた授業料水準の調整が最も確実な方策であると考えられる。

当然、本研究は一つの地方地域で行った調査結果であり、全国の地方地域の状況をカバーすることはできない。また、広大な国土を有する中国では地域発展のバラツキが大きいため、本研究の結果は一般性があるものの、一つの地方教育機関に限った事例分析の結果にすぎない。ただし、一つの地方地域での考察は全体の状況を把握する一つのルートでもあり、中央所属のエリート大学との違いを表し、実証研究の蓄積として十分な意義を持っていると考えられる。さらに、奨学金政策の効果を考察する際に、各奨学金の政策意図が異なるため、その種類別に考察する手法が重要である。奨学金の種別に行った本研究の分析枠組みは、ほかの地域での奨学金研究も応用でき、汎用性の広い枠組みであると考えられる。

第3節　残された課題

以上、中国の地方教育機関に焦点を当て、大学進学前の進学選択と大学在学中の奨学金の分配と効果、特に貸与奨学金の役割と特性について、実証調査のデータを用いて検討してきた。ただし、奨学金政策に関するすべての課題に言及したわけではない。ここで、今後に残された課題を提起しておきたい。

1　実証研究の蓄積

本研究の分析地域が一般性を持つものの、研究対象と調査時期が限定され

ているため、中国全国における奨学金実施動向の把握と効果の考察までは及ばなかった。また、本研究は高校生や大学生を対象に調査を行ったが、需要側の学生の両親や供給側の大学と銀行を対象とする調査やインタビュー調査を通じて数量化できない要因の考察が必要となる。

中国では奨学金研究が90年代後半から急増したが、全国レベルのデータ収集が欠落している。個人信用情報システムが完備するにつれ、信頼性の高い所得情報を把握すれば、一層精度の高い分析ができる。奨学金の実証調査が奨学金政策の改善に有力な情報を与えるため、今後全国にわたる大規模な調査が不可欠であり、実証研究を積み重ねていくことが残された第一の課題である。

2　国際比較研究の可能性

中国の奨学金政策の設計にあたって、奨学金政策が比較的完備されたアメリカや日本のような先進国の奨学金モデルを参考に立案された。特にその設立過程で、給付奨学金から貸与奨学金へシフトするという国際的な傾向に倣うことにした。アメリカでは70年代から奨学金の充実、及び貸与奨学金拡大の政策が打ち出され、大規模な実証調査と国際比較研究が蓄積された。日本でも、近年、貸与奨学金の利用者が増加し、文部科学省や日本学生支援機構が定期的に学生の経済状況と保護者の意見について調査し、現状を把握している。このような実証研究の蓄積が政策立案や効果検証などに有益な情報を提供できる。また、中国と同様に多くのアジア諸国において、高等教育に対する社会的需要の高まりと財政的制限によって、高等教育の拡大と構造改革が行われ、学生への経済的支援が充実されている。例えば、マレーシア政府は国立高等教育基金を設立し、経済援助を必要とする学生に対して奨学金を支給している。ベトナム政府は優秀学生向けの奨学金と経済困難な学生向けの奨学金という二種類が設けられている。また、カンボジアは貧困学生への奨学金制度も提案されている（Altbach and Umakoshi 2006）。各国高等教育の事情が異なるものの、奨学金の教育機会均等を促進する政策意図、及び奨学金政策への期待は共通している。本書は、学生の支出と生活時間の観点から

奨学金の効果を考察したが、国際比較研究を通じ様々なアプローチから中国における奨学金の独自性を解明し、今後の改善の見込みを把握することが残された第二の課題である。

3 奨学金政策の体系的評価

本書は主に学生の立場から、奨学金の分配と効果を考察した。貸与奨学金に関する考察では、需要側の学生はなぜ利用したくないのか、貸付理念不在のような主観的な理由があるかどうか、また供給側の利害関係などについて分析が必要である。需給のバランスを取れた奨学金システムの構築や、収益とコストを正確に把握する上での政策設計が残された第三の課題である。

奨学金政策は高等教育政策の中で、機会均等の教育理念を実現するための政策として位置づけられた。今回の調査では、奨学金政策は一部の学生の教育機会を保障でき、学習や生活に一定の効果が確認できた。しかし、たとえ奨学金を受けても、その受給額が少ないため、家庭の経済状況が学生生活の状況を規定してしまう。教育機会の保障及び家計の経済的制約による進学格差の縮小は奨学金政策だけでは解決できず、その効果もかなり限定されている。その理由の一つとしては、不適切な制度設計及び不透明な選抜プロセスが挙げられる。学生のニーズ及び地方大学の特殊性を踏まえ、適正な金額の設定と受給者の拡大など、奨学金の質と量を十分考慮した制度設計が必要となる。

以上の課題に取り組むと同時に、実証研究を通じて奨学金の在り方について今後も引き続き研究していきたい。

参考文献

英語

Altbach. P. G., and Toru Umakoshi, 2004, *Asian Universities: Historical Perspectives and Contemporary Challenges*, Johns Hopkins University Press,（= 2006, P. G. アルトバック・馬越徹編　北村友人監訳『アジアの高等教育改革』玉川大学出版部）.

Callender, C., 2003,"Student Financial Support in Higher Education: Access and Exclusion," *Access and Exclusion*, Vol.2, pp.127-158.

Callender, C., 2006,"Access to Higher Education in Britain," In Teixeira, Pedro N., D. Bruce Johnstone, Maria J. Rosa, and Hans Vossensteyn(eds.), *Cost-Sharing and Accessibility in Higher Education: A Fairer Deal?* Springer, pp.105-132.

Clotfelter, C. T., R. G. Ehrenberg, M. Getz, and J. J. Siegfried, 1991, *Economic Challenges in Higher Education*. The University of Chicago Press.

Ellwood, D. and Kane, T. J., 2000,"Who is getting a college education? Family background and the growing gaps in enrollment," in S. Danziger and J. Waldfogel, eds, *Securing the Future: Investing in Children from Birth to College*, Russell Sage Foundation.

Gary S. Becker., 1975, *Human Capital: A Theoretical and Empirical Analysis, with Special Reference to Education*,（= 1976, 佐野陽子訳『人的資本：教育を中心とした理論的・経験的分析』東洋経済新報社）.

Heller, D. E., 2001, *The Effects of Tuition Prices and Financial Aid on Enrollment in Higher Education*, EdFund.

Henry, G. T., Rubenstein, R., and Bugler, D. T., 2004,"Is Hope Enough? Impacts of Receiving and Losing Merit-Based Financial Aid," *Educational Policy*, Vol.18, No.5, pp.686-709.

Horn, L. J. and Chen, X. L. and Chapma, C., 2003, *Getting ready to pay for college: What student and their parents know about the cost of college tuition and what they are doing to find out.*, National Center for Education Statistics, Washington, DC.

Johnstone, D. B., 1986, *Sharing the Costs of Higher Education: Student Financial Assistance in the United Kingdom, the Federal Republic of Germany, France, Sweden, and the United States*, New York: College Board.

Johnstone, D. B., 2000, *Student Loans in International Comparative Perspective: Promises and Failures, Myths and Partial Truths*, The International comparative Higher Education Finance and Accessibility Project, Center for Comparative and Global Studies in Education,

Graduate School of Education, State University of New York at Buffalo.

Johnstone, D. B., and Preeti shroff-Mehta., 2000,"Higher Education Finance and Accessibility: An International Comparative Examination of Tuition and Financial Assistance Policies", The International comparative Higher Education Finance and Accessibility Project, Center for Comparative and Global Studies in Education, Graduate School of Education, State University of New York at Buffalo.

Johnstone, D. B., 2001,"The Economics and Politics of Cost Sharing in Higher Education:Comparative Perspectives," *The International Conference on the Economics of Education*, Peking University, Beijing China in May 2001, (= 2002b, 李紅桃・沈紅訳「高等教育成本分担中的財政与政治」『比較教育研究』Vol.1、26-30頁).

Johnstone, D. B., 2002a,"Chinese Higher Education in the Context of the Worldwide University Change Agenda", Presentations to 2002 Chinese-Foreign University Presidents Forum.

Johnstone, D. B., 2002b,"Challenges of Financial Austerity: Imperatives and Limitations of Revenue Diversification in Higher Education," *The Welsh Journal of Education[Special International Issue]*, Vol.11, No.1, 2002, pp.18-36.

Johnstone, D. B., 2003,"Cost-Sharing in Higher Education: Tuition, Financial Assistance, and Accessibility," *Czech Sociological Review*, Vol.39, No.3, pp.351-374.

Johnstone, D. B., 2005,"Higher Education Accessibility and Financial Viability: the Role of Student Loans," In Tres, Jaoquim and Francisco Lopez Segrera, Eds., Higher Education in the World 2006: The Financing of Universities (pp.84-101). Barcelona: Global University Network for Innovation(GUNI) pubilshed by Palgrave Macmillan, (= 2005, 趙燕・孫鳳琴訳「高等教育入学機会与財政可能性：学生貸款的角色」).

Johnstone, D. B., 2006,"Cost-Sharing and the Cost Effectiveness of Grant and Loan subsidies to Higher Education," *Cost-sharing and Accessibility in Higher Education: A Fairer Deal?* Springer Netherlands, pp.51-77.

Johnstone, D. B., and Maucucci, P. N., 2010, *Financing Higher Education Worldwide-Who pays? Who Should Pay?*, Johns Hopkins University Press.

Kesterman, Frank., 2006,"Student Borrowing in America," *Journal of Student Financial Aid*, Vol.36, No.1, pp.34-52.

Kirkpatrick D. L., 1959,"Techniques for Evaluating Training Programes," *Journal of American Society of Training Directors*, Vol.13, No.3, pp.21-26.

Li, Wenli, 2012,"Achieving Equity and Efficiency in the Student Aid System: An Overview of Chinese Experience," International Forum on Economics of Education, Beijing Forum, pp.317-331.

Long, B. T., and Erin K. Riley., 2007,"Financial Aid: A Broken Bridge to College Access?" *Harvard Educational Review*, Vol.77, No.1, Spring, pp.39-63.

Long, B. T., 2008, *The effectiveness of financial aid in improving college enrollment : lessons for policy.*, Havard graduate school of education NBER and NCPR.

OECD, 2012 *Education Policy Analysis*, Paris.

Olson, L., and Rosenfeld, R. A., 1984,"Parents and the Process of Gaining Access to Student Financial Aid," *Journal of Higher Education.*, Vol.55, No.4, pp.455-480.

Prashant, L., et. al., 2012, *Information, College Deccisions and Financial Aid: Evidence from a Cluster-Randomized Controlled Trial in China*, China Institute for Educational Finance Reserch.

Schultz, Theodore W, 1963, *The Economic Value of Education.* New York: Columbia University Press, (＝1964, 清水義弘訳『教育の経済価値』日本経済新聞社).

Shen, H., 2008,"The social and political impacts of college student aid: An analysis based on three surveys," Paper presented at the 2008 Annual Conference for the chinese association of economics of education, Shanghai, P. R. China.

Shen. H., 2009,"Access to Higher Education by Student Aid in China : results from the national survey of 100,000 students," *Evaluation & Research in Education*, Vol.22, Issue 2-4, pp.145-166.

Shi, T. J., et. al., 2007,"Taking the nest step: are information and finance holding poor rural students back?" *Northwest Socioeconomic Development Research Center working paper*, E4.

Stampen, J. O., and A. F. Cabrera., 1988,"The Targeting and Packaging of Student Aid and Its Effect on Attrition," *Economics of Education Review.* Vol.7, No.1, pp.29-46.

St. John, E. P., Kishstein, R. J., and Noell, J., 1989,"The Effects of Student Financial Aid on Access to Higher Education: An Analysis of Progress with Special Consideration of Minority Enrollment," *Research in Higher Education*, Vol.30, No.6, pp.563-581.

Trow, M., 1973, *Problems in the transition from elite to mass higher education*, CarnegieCommission on Higher Education. Berkeler., California: McGraw-Hill, (＝1976, 天野郁夫・喜多村和之訳『高学歴社会の大学―エリートからマスへ』東京大学出版会).

Vossensteyn, J. J., 2005, *Perceptions of Student Price-responsiveness: A Behavioural Economics Exploration of the Relationships Between Socio-economic Status, Perceptions of Financiao Incentives and Student Choice*, Universiteit Twente.

Woodhall, M., 1983, *Student Loans as a Means of Financing Higher Education:Lessons from International Expericence*, World Bank Staff Working Papers Number 599.

Woodhall. M., 1995,"Student Loans", In M. Carnoy(ed.), *International Encyclopedia of Economics of Education*, Second Edition. Oxford: Pergamon.

Woodhall. M, 2004, *Cost-benefit analysis in educational planning*, Fundamentale of educational planning No.80, OECD, Paris.

Ziderman, A., and Douglas Albrecht, 1995, *Financing University in Developing Countries*. Washington, DC: The Falmer Press.

Ziderman, A., 2002,"Alternative Objectives of National Student Loans Schemes: Implications for Design, Evaluation and Policy," *Welsh Journal of Education*, July, pp.23-47.

Ziderman, A., 2004, *Policy options of student loan schemes: lessons from five Asian case studies*, International Institute for Educational Planning, United Nations Educational, Scientific and Cultural Organisation, Paris.

日本語

伊藤由樹子・鈴木亘, 2003,「奨学金は有効に使われているか」データアーカイブ研究センター『全国大学生活協同組合連合会「学生生活実態調査」の再分析（1991年〜2000年）』Vol.58, 86-96頁。

市川昭午, 1975,『教育行政の理論と構造』教育開発研究所。

市川昭午, 2001,「高等教育費拡充の必要性と可能性」文部科学省科学研究費補助金最終報告書『高等教育政策と費用負担—政府・私学・家計』（研究代表者　矢野眞和）, 1-20頁。

犬塚典子, 2006,「ユニバーサル・アクセスと経済格差—アメリカ学生経済支援政策の構造と課題」日本教育学会編『教育学研究』目黒書店, Vol.73, No.4, 41-53頁。

浦田広朗, 2007,「奨学金と大学生の経済生活」『大学と学生』時評社, No.47, 22-29頁。

王傑, 2008,『中国高等教育の拡大と教育機会の変容』東信堂。

王帥, 2011,「中国における大学生への経済支援制度—地方A大学の事例」『東京大学大学院教育学研究科紀要』第50巻, 101-110頁。

王帥, 2013a,「中国における大学生経済支援の先行研究のレビュー」『東京大学大学院教育学研究科紀要』第52巻, 307-316頁。

王帥, 2013b,「中国における貸与奨学金の効果—高校生の進学選択に着目して」『大学経営政策研究』第3号, 37-52頁。

大塚豊, 2007,『中国大学入試研究:変貌する国家の人材選抜』東信堂。

金子元久, 1987,「教育機会均等の理念と現実」日本教育社会学会編『教育社会学研究』東洋館出版社, 第42集, 38-50頁。

金子元久, 1988,「高等教育機会の選択と家庭所得—選択モデルによる規定要因分析」広島大学 大学教育研究センター『大学論集』第18集, 101-126頁。

金子元久・小林雅之, 2000,『教育の政治経済学』放送大学教育振興会。

喜多村和之, 2000,『高等教育と政策評価』玉川大学出版部。

楠山研, 2010,『現代中国初中等教育の多様化と制度改革』東信堂。

小黒一正・渡部大, 2008,「1999年奨学金制度改革とそれ以降の効果分析」財務省財務総合政策研究所。

小林雅之・濱中義隆・島一則, 2002,『学生援助制度の日米比較』文教協会研究刊行成果報告書。

小林雅之, 2008,『奨学金の社会・経済効果に関する実証研究』東京大学大学総合教育研究センター。

小林雅之, 2009,『大学進学の機会—均等化政策の検証』東京大学出版会。

小林雅之編著, 2012,『教育機会均等への挑戦—授業料と奨学金の8カ国比較』東信堂。

黄福涛, 2009,「中国（1）」文部科学省先導的大学改革推進経費による委託研究報告書『ACTS(ASEAN Credit Transfer System)と各国の単位互換に関する調査研究』（研究代表者　堀田泰司）, 23-37頁。

島一則, 2008,「日本学生支援機構の奨学金に関わる大学教育投資の経済的効果とコスト―ベネフィット分析―大学生を対象とした貸与事業に注目した試験的推計」小林雅之編著・大総センターものぐらふ『奨学金の社会・経済効果に関する実証研究』東京大学大学総合教育研究センター, No.9, 19-38頁。

末富芳, 2005,「教育費スポンサーとしての保護者モデル再考―高校生・大学生保護者質問紙の分析から」日本教育社会学会『教育社会学研究』第77集, 5-25頁。

銭小英, 1989,「教育機会均等化の実態と奨学金政策」日本教育社会学会編『教育社会学研究』東洋館出版社, 第44集, 101-117頁。

南部広孝, 2009,『中国高等教育独学試験制度の展開』東信堂。

田中敬文, 1989,「高等教育における「補助」概念について」早稲田大学大学院経済学研究科経済学研究会『経済学研究年報』、第29号, 43-48頁。

東京大学大学院教育学研究科大学経営・政策研究センター編, 2007,『高校生の進路追跡調査　第1次報告書』。

日本教育社会学会編, 1986,『新教育社会学辞典』東洋館出版社。

濱中義隆, 2009,「情報ギャップと高校・大学における金融教育」文部科学省先導的大学改革委託事業報告書『高等教育段階における学生への経済的支援の在り方に関する調査研究報告書』（研究代表者　小林雅之）, 127-140頁。

藤村正司, 2007,「教育家族の学費負担と愛他的行動」大学経営・政策研究センターワーキングペーパー。

藤森宏明, 1998,「学生生活に及ぼす日本育英会奨学金の有効性についての一考察」『東京大学大学院教育学研究科紀要』第38巻, 383-392頁。

藤森宏明, 2001,「文部省「学生生活調査」見らみた日本育英会奨学金の検討課題―「貸与」の是非をめぐって」『東京大学大学院教育学研究科教育行政学研究室紀要』第20号, 93-105頁。

藤森宏明・小林雅之, 2001,「学費援助が学生生活に与える影響」文部科学省研究費補助金最終報告書『高等教育政策と費用負担―政府・私学・家計』（研究代表者　矢野眞和）, 334-377頁。

藤森宏明, 2008,「奨学金が学生生活に与える影響」小林雅之編著・大総センターものぐらふ『奨学金の社会・経済効果に関する実証研究』東京大学大学総合教育研究センター, No.9, 49-66頁。

藤森宏明, 2009a,「奨学金拡大政策の帰結―誰が新たに奨学金を受給するようになったのか」『神奈川大学人間科学年報』神奈川大学, No.3, 50-71頁。

藤森宏明, 2009b,「奨学金が生活時間におよぼす影響―アルバイトと学習時間に着目して」文部科学省先導的大学改革委託事業報告書『高等教育段階における学生への経済的支援の在り方に関する調査研究報告書』（研究代表者　小林雅

之), 279-296頁。
藤森宏明, 2012,「奨学金が学生生活に与える影響」小林雅之編著『教育機会均等への挑戦―授業料と奨学金の8カ国比較』, 393-401頁。
古田和久, 2006,「奨学金政策と大学教育機会の動向」日本教育学会『教育学研究』第73巻, 第3号, 207-217頁。
古田和久, 2007a,「教育機会の不平等生成メカニズムの研究」日本教育社会学会大会発表要旨収録(59), 137-138頁。
古田和久, 2007b,「教育費支出の動機構造の解明にむけて―教育意識の決定木分析」日本教育社会学会『教育社会学研究』第80集, 207-225頁。
丸山文裕, 1994,「奨学金は機会均等のPanaceaか?―アメリカの経験から」『高等教育費の費用負担に関する政策科学的研究』文部科学研究費補助金総合研究(A)研究成果報告書(研究代表者 矢野眞和), 113-122頁。
丸山文裕, 1999,『私立大学の財務と進学者』東信堂。
矢野眞和, 1996,『高等教育の経済分析と政策』玉川大学出版部。
矢野眞和, 1997,「奨学金の社会経済学」国立情報学研究所『大学と学生』No.388, 10-15頁。
矢野眞和, 2001,『教育社会の設計』東京大学出版会。
矢野眞和, 2007,「誰が教育費を負担すべきか―教育費の社会学」『IDE―現代の高等教育』IDE大学協会, No.492, 10-16頁。

中国語

陳明遠, 2006,『知識分子与人民幣時代』上海文匯出版社。
陳暁宇・閔維方, 1999,「成本補償対高等教育機会均等的影響」『教育与経済』1999年第3期, 1-6頁。
陳暁宇・陳良琨・夏晨, 2003,「20世紀90年代中国城鎮教育収益率的変化与啓示」『北京大学教育評論』Apr., Vol.1, No.2, 65-72頁。
紀宏, 1999,「高師院校大学生心理素質調査及究及自殺危機干預」『北京師範大学学報(社会科学版)』1999年第1期, 26-33頁。
焦美芝, 2009,「浅談国家助学貸款償返風険与防範対策」論文中心 (http://www.studa.net/)。
哈巍, 2002,『高等教育機会均等与学生資助』北京大学教育学院修士学位論文。
廖娟, 2010,「人力資本投資風険与教育選択―基於個体風険態度的研究」『北京大学教育評論』Vol.8, No.3, 150-164頁。
廖茂忠・沈紅, 2007,「公正訴求―中国学生資助制度百年変遷」2007年中国教育経済学年会会議論文『美国福特基金資助項目(学生貸款回収機制)、及び全国教育科学規劃項目(高校学生貸款制度実施効益)研究成果集』5-17頁。
劉溜, 2004,「国家助学貸款為何大面積停貸」『新聞週刊』2004年5月, 38-39頁。
劉志忠, 2011,「基於収入差異的我国国家助学貸款還款負担率的計量研究」『高等教育

研究』Vol.28, No.1, 12-17頁。
李慶豪・沈紅, 2004,「我国大学生資金助政策的優化与重構」『清華大学教育研究』Jun., Vol.25, No.3, 84-89頁。
李文利・閔維方, 2001,「我国高等教育発展規模的現状和潜力分析」『高等教育研究』Vol.22, No.2, 27-39頁。
李文利, 2002,「解決高教経費供求矛盾需要注意的幾個問題」『中国高等教育』2002年第6期, 28-31頁。
李文利, 2004,「国家助学貸款的理論探討和実証分析」『教育与経済』2004年第2期, 43-46頁。
李文利, 2006a,「高等教育私人支出、家庭貢献与資助需求分析」『教育与経済』2006年第1期, 14-17頁。
李文利, 2006b,「高等教育財政政策対入学機会和資源分配公平的促進」『北京大学教育評論』Vol.4, No.2, 34-46頁。
李文利・魏新, 2003,「論学生資助対高等教育入学機会的影響」『北京大学教育評論』Vol.1, No.3, 83-89頁。
李文利, 2001,「高等教育成本補償政策対社会公平的促進作用」『江蘇高教』2001年第3期, 54-56頁。
羅朴尚・宋映泉・魏建国, 2011a,「中国現行高校学生資助政策評估」『北京大学教育評論』Jan., Vol.9, No.1, 68-79頁。
羅朴尚・宋映泉・魏建国, 2011b,「高中学生対大学成本和学生資助信息的知暁状況分析―基于対我国西部41個貧困県的調研」『教育発展研究』No.21, 7-13頁。
沈華・沈紅, 2004,「我国教育個人収益率研究的回顧与展望」『現代大学教育』No.5, 92-94頁。
沈華・沈紅, 2008a,「国家助学貸款対高等教育個人収益率的影響」『教育与経済』Vol.2, 14-17頁。
沈華・沈紅, 2008b,「国家助学貸款償還和回収効率的計量分析」『北京大学教育評論』Oct., Vol.6, No.4, 146-157頁。
沈華・沈紅・黄維, 2004,「学生貸款償還負担的国際及較及我国的実証研究」『比較教育研究』No.10, 38-43頁。
沈紅, 2010,「華中科技大学教育科学研究院学生貸款研究十年評述」『高等教育研究』Sep., Vol.31, No.9, 65-73頁。
宋飛瓊, 2009,「国家助学貸款学生返款負担率的実証分析」『南陽師範学院学報（社会科学版）』Vol.8, No.10, 102-106頁。
孫佳・湯暁俐, 2011,「我国助学金制度的歴史変遷与分析」『人民論壇』2010年第36期, 102-103頁。
魏建国・羅朴尚・宋映泉, 2009,「家庭背景与就読大学機会関係的実証研究」『教育発展研究』2009年第21期, 15-20頁。
楊钋, 2009a,「大学生資助対学業発展的影響」『清華大学教育研究』Oct.,Vol.30, No.5,

101-108頁。
楊钋, 2009b,「高校学生資助影響因素的多水平分析」『教育学報』Vol.5, No.6, 80-90頁。
蔵興兵・沈紅, 2011,「生源地助学貸款規模影響因素研究」『中国人民大学教育学刊』2011年第1期, 91-105頁。
蔵興兵・沈紅・呉迎春, 2011,「生源地助学貸款中的政府職能辺界」『高教発展与評估』Vol.27, No.2, 60-67頁。
占盛麗・雷万鵬・孔繁盛・鐘宇平, 2003,「香港地区高等教育学生貸款的経験与啓示」『比較教育研究』No.154, 23-29頁。
占盛麗・鐘宇平, 2005,「中国大陸高中生需求民弁高等教育的実証研究」『民弁教育研究』No.16, 57-63頁。
鐘一彪・頼東菲, 2005,「国家助学貸款政策対学生的影響効果分析—広東省高校国家助学貸款資助効果的評估研究」『中国青年研究』2005年第9期, 60-62頁。
鐘宇平・雷万鵬, 2005,「風険偏好対個人高等教育需求影響的実証研究—於高中生対農業、林業和師範院校需求為例」『高等教育研究』Vol.26, No.1, 19-24頁。
鐘宇平・陸根書, 1997,「成本回収—中国高等教育財政的另類選択」『上海高教研究』1997年第12期, 39-45頁。
鐘宇平・陸根書, 1999,「収費条件下学生選択高校影響因素分析」『高等教育研究』Vol.2, 31-42頁。
鐘宇平・陸根書, 2003a,「高等教育成本回収対公平的影響」『北京大学教育評論』Vol.1, No.2, 52-64頁。
鐘宇平・陸根書, 2003b,「中国大学生価格反応行為的基本特徴」『清華大学教育研究』Vol.24, No.2, 35-44頁。
河北省人民政府編『河北経済年鑑』(2008～2011年)。
全国資助管理中心編 (2012)『中国学生資助発展報告 (2007～2011年)』。
人民日報出版社編『人民日報』(1952年～2013年)。
中国教育部編『中国教育報』2006年版, 2009年版。
中国青年報社編『中国青年報』(2013年)。
中華人民共和国国家統計局編『中国統計年鑑』(1989年～2013年), 中国統計出版社。
中華人民共和国国家教育委員会計劃建設司編『中国教育統計年鑑』(1991年～2010年), 人民教育出版社。
中華人民共和国国家統計局編 (2011)『2010年第六次全国人口普査主要数据公報』。

付表1　中国における主な奨学金の実証研究

番号	文献	調査概要			調査結果	問題点
		年月	対象	サンプル数		
1	鐘宇平・陸根書（1999）「収費条件下学生選択高校影響因素分析」	1998	北京、南京、西安に立地する大学14校	13,511	①低所得層の学生は奨学金の受給率が低い。②奨学金が進学選択に影響する。	①給付奨学金と貸与奨学金を分けずに、進学選択に対する影響を検討した。②進学選択を検討するのであれば、大学生調査には限界がある。
2	鐘宇平・陸根書（2003b）「中国大学生価格反応行為的基本特徴」	同上（1）			給付奨学金は学業継続を促進する。	
3	李文利（2004）「国家助学貸款理論探討和実証分析」	2003.6	北京、広東、広西、湖南、陝西、山西、雲南と山東の8省	18,722	①貸与奨学金の受給率は、東部の大学が中西部の大学より高い。②貸与奨学金の受給率は、中央所属大学が9.4％、地方所属大学が5.04％である。貸与奨学金の採用率は、中央所属大学が58.3％、地方所属大学が38.4％である。	
4	鐘一彪・頼東菲（2005）「国家助学貸款政策対学生的影響効果分析－広東省高校国家助学貸款資助効果的評估研究」	2004	広東省の大学5校	1,312（農村出身者が76.8％）	①貸与奨学金を利用して在学中の生活費を支払う学生は46.9％である。②貸与奨学金は、授業料と食費の支払いとして使われている。③貸与奨学金利用者の50％は、心理的負担があると答えた。	

5	占盛麗・鐘宇平(2005)「中国大陸高中生需求民弁高等教育的実証研究」	2002	北京、陝西、江蘇と湖北に立地する高校の三年生	10,513	貸与奨学金は私立大学への進学を促進する効果が見られたが、効果が極めて小さい。	分析方法は単純集計のみである。
6	李文利(2006b)「高等教育財政政策対入学機会和資源分配公平的促進」	2004.6	全国にわたり、中央所属大学10校、地方所属大学8校	15,294	大学の知名度が高ければ高いほど、奨学金の受給率が高くなる。	①サンプルが東部に偏る。②奨学金が大学入学への影響を検討する際に、大学生調査には限界がある。
7	李文利(2006a)「高等教育私人支出、家庭貢献与資助需求分析」	同上(6)			①食費の支出が、家計所得によって異なる。②貸与奨学金の受給が、家計所得とマイナスの関係が見られた。③低所得層学生の奨学金ニーズを満たしていない。	
8	沈華・沈紅(2008a)「国家助学貸款対高等教育個人収益率的影響」	2004.5	武漢と広州に立地する5大(四年生)	1,765	貸与奨学金の利用には、私的収益率を高める効果がある。	
9	王傑(2008)『中国高等教育の拡大と教育機会の変容』	2003.2	北京市、上海市、江蘇省、山東省と湖北省に立地する4大学		①給付奨学金は低所得層出身者を中心に支給されている。②給付奨学金の受給者は大卒後に進学意欲が強い。	①調査対象はエリート大学である。②貸与奨学金の大卒後への影響が検討されなかった。③奨学金の学生生活への効果を検討しなかった。
10	楊釘(2009a)「大学生資助対学業発展的影響」	2008.9	甘粛省、湖南省と江蘇省の大学3校(私立大学と専科大学)	9,989	①38％の学生が奨学金を受けている。②低所得層学生の43％は奨学金を受けていない。③奨学金の金額が高ければ高いほど、課外活動の時間が長くなる。④奨学金は教育機会均等を促進する効果がある。	奨学金の種別に分析が行われたが、給付奨学金と貸与奨学金がそれぞれ勉学にどのような影響を及ぼすのか、が検討されていない。

付　表　279

11	楊钋（2009b）「高校学生資助影響因素的多水平分析」	2008	北京市の大学54校（重点大学、普通本科大学、専科大学）	16,058	①重点大学の学生は、奨学金の受給者数が多く、受給金額が高い。②奨学金は低所得層学生に支給しているが、支援金額が少なく、授業料の51％と年間生活費の24％に相当する。	給付奨学金と貸与奨学金がそれぞれ学生の生活にどう影響を与えるのか、が検討されていない。
12	Shen. Hong (2009) "Access to Higher Education by Student Aid in China"	2006	全国の貸与奨学金利用者（大学生）	71,818	①65％の学生は、家計困難で就学継続が難しいと答えた。②貸与奨学金は進学機会の保障に役立つ。	
13	魏建国・羅朴尚・宋映泉（2009）「家庭背景与就読大学機会関係的実証研究」	2008年4月に第一回調査、2008年12月に第二回調査（追跡調査）。	国家レベル貧困県41県にそれぞれ1高校を抽出し、高校三年生を対象とした調査	4,986（第一回調査）4,630（第二回調査）	①一部の学生は家計要因で進学を断念した。②高校3年生に奨学金の情報を与えることは、大学進学後に奨学金受給の可能性を高めた。	
14	羅朴尚・宋映泉・魏建国（2011b）「高校生対大学成本和学生資助信息的知暁情況」		同上（13）		①グリーンチャンネルの認知度が低く、30％の学生しか知らない。それ以外の奨学金の認知度が高い。②奨学金の主な情報源が学生の親である。	
15	羅朴尚・宋映泉・魏建国（2011a）「中国現行高校学生資助政策評估」	2008	西北地域の本科大学生（四年生）	8,521	①奨学金が政策設計通りに実施している。②奨学金が低所得層の学生によく利用されている。③60％の学生が奨学金を受けている。しかし、低所得層出身の学生の2割が利用していない。④大学の間に、奨学金受給の違いがある。	大学種類別に奨学金の分配が検討されたが、奨学金の種類別に学生生活への影響について検討されなかった。
16	蔵興兵・沈紅（2011）「生源地助学貸款規模影響因素研究」	2010.1	甘粛省と安徽省に立地する大学	9,091	①貧しい地域や人口数の多い地域では、生源地助学ローンを申請する学生が多い。②生源地助学ローンを利用する際に、地域格差が大きい。	

付表2　授業料政策文書の変遷

年月	政策文書	内容
1949～1977	―	授業料を徴収せず、学生に助学金を支給する。
1977.10	『関於1977年高等学校招生工作的意見』	授業料無償、かつ人民助学金支給
1984.6	『高等学校接受委託培養学生的試行弁法』（[84]教計字110号）	委託培養学生の募集が始まる。委託培養学生の教育経費は委託側が負担する。
1985.5	『中共中央関於教育体制改革的決定』	計画枠内の学生募集と委託培養学生の募集以外に、計画枠外の自費学生も募集するようになった。
1989.8	『関於普通高等学校収取学雑費和住宿費的規定』	1989年から学雑費の徴収が開始された。大学費用の無償化時代が終わった。学雑費の年間平均基準は100元で、寮費の年間平均基準は20元とした。
1992.6	『関於進一歩完善普通高等学校収費制度的通知』（教財［1992］42号）	高等教育費負担の理念は公的負担から私的負担へ転換するべきである。
1993.2	『中国教育改革和発展網要』（中発［1993］3号」）	高等教育の授業料基準を高める。
1994.3	『関於核定委属高校弁学収費標準的通知』（教財庁［1994］3号）	全国の37校は自費生と公費生両立の教育費負担制度を統一し、教育費徴収の一元制度へ転換した。教育費徴収の基準は、広東と上海以外の地域で、年間1000元～1500元である。そのうち、学雑費が600元～1000元、寮費が400元～500元である。
1995.3	『中華人民共和国教育法』	第29条：教育機関は国の規程に従い、教育費を徴収し、徴収項目を公開する義務が要求された。
1995.3	『関於1995年深入進行普通高等学校招生和畢業生就業制度改革的意見』（教学［1995］8号）	教育費の徴収が一元となった大学においては、1995年の学雑費基準は8％まで上がった。
1996.12	『高等学校収費管理暫行弁法』（教財［1996］101号）	授業料徴収の基準は地域、専攻と大学ランクによって異なる。授業料は学生1人当たり教育費に占める比率が25％を超えてはいけない。

付　表　281

1997.2	全国高等学校招生工作会議	全国高等教育機関の学生募集は一元制度になる。計画枠内、委託培養学生と自費生の区別を廃止する。政策上で私的負担の正当性を認め、授業料徴収制度が正式に確立された。
1998.8	『中華人民共和国高等教育法』	第54条：国の規定に従い、授業料を支払うべき。家計困難な学生は、奨学金と授業料免除を申請できる。
1999.6	『関於深化教育改革、全面推進素質教育的決定』	授業料基準額の見直し。
2000.6	『関於2000年高等学校招生収費工作若干意見的通知』（教電［2000］188号）	高等教育の授業料は学生1人当たり教育費の25％の水準で徴収する。寮費の年間平均基準は800元～1200元であると定められた。
2001.2	『関於2001年高等学校招生収費工作有関問題的通知』（教電［2001］45号）	2001年の授業料と寮費は2000年の水準で徴収すると定められた。
2001.12	『関於重申高等学校招生収費管理工作有関要求的通知』（教財［2001］21号）	国が規定した授業料と寮費基準を、徹底的に実行するよう規定された。
2002.5	『教育収費公示制度的通知』（計価格［2002］792号）	徴収費用明細の情報開示が義務化された。
2003.5	『関於2003年学校収費工作有関問題的通知』（教財［2003］4号）	恣意的判断による授業料の値上げ、及び費用の追加徴収が禁止される。
2005.5	『関於2005年高等学校収費工作有関問題的通知』（教財［2005］10号）	授業料と寮費は現状の基準で徴収すると定められた。
2006.5	『関於進一歩規範高校教育収費管理若干問題的通知』（教財［2006］2号）	授業料と寮費の基準は大学所管部門が設定・管理する。
2007.5	『関於教育部直属師範大学師範生免費教育実施弁法（試行）的通知』（国弁発［2007］34号）	2007年から、中央所属師範大学6校（北京師範大学、華東師範大学、東北師範大学、華中師範大学、陝西師範大学と西南大学）の新入生を対象に無償化教育制度を実施する。学生の在学期間中の授業料と寮費を免除し、生活費を補助する。
2007.7	『関於中央所属高校学費標準的通知』（発改価格［2007］1434号）	2006年以降の五年間においては、現行の基準で授業料を徴収すると定められた。

付表3　個人信用情報データベース

　市場経済の発展に従って、個人信用情報データベースの構築が重要となってきた。中国共産党第16回全国人民代表大会（2002年11月8～14日）、及び中国共産党第16期中央委員会第3回全体会議（2003年10月11～14日）にて、「健全かつ現代市場経済に即した社会信用体制」を構築することが明記された。

付表3　中国における個人信用情報データベース構築の経緯

年月	主な変遷
1999.7	中国人民銀行が、個人情報データベースの構築に着手。
2004.12	全国7都市にわたる商業銀行15社と都市商業銀行8社が有する個人情報をデータベース化し、ネットワーキングを形成する。
2005.8	すべての商業銀行と一部の農業信用社が有する個人情報のデータベース化、及びネットワーキングの形成。
2006.1	個人信用情報データベースが正式に稼働開始。
2008.9	約6億件の個人情報が集約され、そのうち、貸付情報が含まれるのが約1億件であると発表。
2013.3.27～2013.9.30	個人信用情報データベース・オンライン検索サービスのテスト運営が開始。江蘇・四川・重慶の3省の個人を対象にし、個人信用情報データベース・オンラインサービスの提供が開始。

出所）中国人民銀行信用基準センターHP（http://www.pbccrc.org.cn/index.html）

　中国の個人信用情報データベースの主な変遷は、付表3に示した。1999年7月に中央銀行である中国人民銀行が個人情報データベースの構築に着手し始めた。2004年4月に「中国人民銀行信用貸付情報サービスセンター」（中国語名称「中国人民銀行信貸征信服務中心」）が個人信用情報システムの運営管理機関として設立された。2004年12月までに、全国規模の商業銀行15社と都市商業銀行8社が有する個人情報をデータベース化し、全国7つの都市でネットワーキングを形成した。2005年8月末までに、全国すべての商業銀行

と一部の農業信用社が、ネットワーキングを形成した。その後にテスト運営を経て、2006年1月に個人信用情報データベースが正式に稼働開始となった。個人信用情報の収集と蓄積により、2008年9月末に、約6億件の個人情報が集約され、そのうち、貸付情報が含まれるのが約1億件であると発表された。さらに、個人向けの検索サービスの本格稼働を開始する前に、2013年3月27日から2013年9月30日の間に、一部の地域（江蘇・四川・重慶）に限って個人信用情報データベース・オンライン検索サービスのテスト運営が始まった。

　個人の信用情報を調べる際は、個人信用情報サービストップページ（https://ipcrs.pbccrc.org.cn/）へアクセスし、登録された中国公民の身分証番号で調べる。個人信用情報データベースに含まれる情報には、氏名、婚姻状況、金融状況（住宅ローン、助学ローン、クレジットカードなど）と公共事業情報（脱税、裁判、行政処罰など）が含まれている。また、情報検索の日付、回数、及び検索機関（個人）名、検索用途も記録されている。

あとがき

　本書は、東京大学大学院教育学研究科で学位を授与された博士論文『中国における大学奨学金制度とその効果―地方高等教育機関に着目して―』を加筆修正したものである。

　筆者は学部の交換留学生として来日し、中日両国の大学教育における違いを感じたことをきっかけに、高等教育に関心を持ってきた。大学院入学後は、教育機会の均等と教育費負担の研究に取り組み、本書で考察した奨学金政策は、大学院の修士課程から一貫した研究テーマである。博士論文の提出、及び本書の出版にあたり、多くの方々のご支援とご指導を賜り、深く感謝の意を申し上げたい。

　修士課程の指導教官である金子元久先生にはいつも温かく見守っていただき、課題設定から論文のとりまとめに至るまで、辛抱強く指導してくださったおかげで、博士論文の完成に至ることができた。言葉をつくしても感謝の気持ちを表すことはできないほど、お世話になり、先生の広い視野に立って研究に取り組む姿を目指しながら、努力を重ねていきたい。また、博士課程の指導教官である山本清先生には終始適切な助言を賜り、細部にわたるご指導をいただいた。先生の研究に対する真摯な姿勢を見習い、一層の研鑽を積んできたい。ここに両先生に心より厚くお礼申し上げたい。

　小林雅之先生には統計分析の知識や調査方法を丁寧に教えていただいたほか、奨学金研究会や海外調査に参加させていただき、大変お世話になった。小方直幸先生には分析に際して途方に暮れる私に的確な助言と激励をくださって、両角亜希子先生には公私にわたり温かいご助言を賜り、心より感謝の意を申し上げたい。また、博士論文の審査にあたり、勝野正章先生と北村

友人先生より、今後の研究方向も含めて大変有益なコメントをいただいた。貴重な時間を割いて私の面倒を見てくださった佐藤香先生にも適切なコメントをいただいた。このほか、大学経営・政策コースの先輩、仲間と職員の方々にも、いつも温かく励ましていただいた。同じ学問への志を持つ先輩と仲間に出会い、日々の研究を通じて育んだ友情は私にとって一生の宝物である。現在の所属である東京大学社会科学研究所でも温かい先生方や職員の方々に囲まれ、素晴らしい研究環境に恵まれている。また、本書の調査にあたり、貴重な情報を提供してくださった中国の高等教育機関の先生方、質問票調査に協力して頂いた高校生と大学生の皆様に、心からお礼を申し上げたい。

　本書はまだまだ至らぬところが多く、考察すべき課題が多く残されている。奨学金の利用に関わるさまざまな要因、特に必ずしも計量分析だけで把握しきれない点について、今後調査を重ねながら、研究を深めていきたい。本書では中国の奨学金政策を対象に考察を行ったが、公財政の逼迫と貸与奨学金滞納者の増大という共通の課題に直面し、かつ国の実情に適した貸与奨学金制度の転換が求められる日本と中国においては、一国のみの議論では明らかにすることができない貸与奨学金の基本的特質と相対的な特徴を比較研究によって明らかにし、実証的に現状を検証していくことにも今後挑戦していきたい。

　本書は日本学術振興会平成27年度科学研究費補助金（研究成果公開促進費）の交付を受けて刊行されたものである。本書の刊行にあたって、東信堂の下田勝司さんに大変お世話になり、心から感謝を申し上げたい。また、大学院時代に奨学金及び研究助成を支援してくださった、ロータリー米山記念奨学会（東京福生ロータリークラブ）、旭硝子奨学会、東京大学社会科学研究所グローバルCOEプログラム、東京大学（国外学術奨励、博士課程学術研究業務委嘱奨励）にお礼を申し上げたい。

　最後に、支え続けてくれた家族に感謝したい。この本はいつも天国で見守ってくれた両親に捧げたい。

索 引

あ

粗就学率　　5, 6, 43
アルバイト　28-30, 64, 65, 181, 186-190, 193-196, 208-211, 228-230
　――時間　27, 180, 181, 192, 193, 205-208, 218-221, 228-230, 236, 237, 262
アルバイト収入　185-191, 193-199, 209-214, 221-225, 236
育英　9, 47, 141, 146, 148, 180, 239, 244, 253
委託生　49, 87
一時負担　185-187, 190, 191, 193-199, 208-214, 222-225, 228, 230, 234, 236, 237
一般銀行助学ローン　61, 63, 66, 178
一般商業性助学ローン　54
ウッドホール, M.　15, 19, 24, 26
エリート大学　21, 29, 31, 42, 48, 50, 143, 231, 252, 254, 266, 278
エリート段階　43, 47
親子一体の家族主義　22

か

改革開放政策　5, 15, 47
学業の促進　26, 27
学習時間　27, 32, 180, 192, 193, 196, 205-208, 218-220, 228-230, 236, 237
学習(の)高度化　180, 201, 234, 236, 237, 264
学習(へ)のインセンティブ　28, 180, 184, 233, 234, 236
学生経済支援管理センター　53, 57
学生支援センター　69-71, 74, 116
学生募集戦略　255
家庭負担　129, 182, 183, 185, 186, 191, 194-196, 221, 236, 250
金子忠久　14, 25, 95, 110, 111, 231, 254, 263

河北省　　　　　　38-42, 92, 93, 95, 135
機関補助　　　　　　　9, 13, 16, 44
期待収益　　　　　　　129, 131, 133
期待収入　　　　　　　129, 172, 173
985工程　　　　　　　　　94, 134
給付奨学金　　　4, 9, 10, 18, 32-37, 48, 52,
　　58-61, 65, 67-69, 72, 79-81, 137-139,
　　141-148, 150, 152-160, 181, 193, 209,
　　235, 239-253, 262-264
給付タイプ①　　141, 144-146, 150, 156,
　　159, 180, 193-208, 232-236, 262
給付タイプ②　　141, 145, 148, 151, 155,
　　179, 186, 193, 200, 205-208, 232
給付タイプ③　　141, 143-146, 151, 159,
　　181, 186, 209-221, 232-236
教育機会　8, 11, 12, 19, 22, 23, 28, 32, 33,
　　35, 51, 133, 178-179, 185, 225, 230,
　　251, 252, 260, 261, 267, 268
　──の均等　　4, 14, 16, 20, 44, 86, 179,
　　180, 221, 223, 236, 237, 256, 263, 264
教育経費　　　　　　　　38, 48, 280
教育投資の経済的効果　　　　　20
教育費負担　　12, 23, 185, 221, 234, 280
教育部　　7, 8, 40, 46, 47, 51, 53-59, 61-64,
　　68-72, 74, 75, 77, 78, 87, 94, 134
勤工助学　　　　48, 50, 51, 53, 59, 87
　──基金　　　　　　48, 50, 51, 64

グリーンチャンネル　　61, 63, 64, 279
計画経済　　　　　　　　　　6, 15
　──体制　　　　　　　　　　　6
経済改革開放政策　　　　　　　5
経済的支援　　　　12, 13, 40, 178, 267
経路図　　　　　　　　　　　180
高等教育の拡張　　　　　6, 7, 51, 60
高等教育の発展段階論　　　　　6
高等教育の無償化　　　　　　15
国立大学　　　　　6-8, 11, 12, 27, 31
個人信用情報システム　19, 255, 267, 282
個人信用情報データベース 79, 282, 283
個人補助　　　　　　　9, 13, 16, 17, 43
コストシェアリング（Cost-Sharing）　3,
　　14-16, 252, 254
国家奨学金　51-53, 58, 59, 61-63, 67-70, 72,
　　86, 88, 134, 141, 142, 148-150, 153-
　　155, 157, 158, 186, 232, 264
国家助学金　　52, 53, 59, 61-63, 67-69, 71,
　　72, 86, 141, 142, 149, 150, 153-155,
　　157, 158, 186, 68
国家助学奨学金　　　　　52, 59, 88
国家助学ローン　52-58, 61, 63, 65-67, 73,
　　74, 76-79, 82-84, 88, 113, 141, 142,
　　160-168, 177, 178, 186, 233

国家励志奨学金　53, 59, 61-63, 67-72, 86, 134, 141, 142, 148-150, 153-155, 157, 158, 186, 265
固定支出　186-188, 190, 191, 234, 262
固定利子型　55
小林雅之　9, 20, 22, 27, 28, 44, 67, 95, 178, 231, 261
娯楽時間　192, 193, 205-208, 218-220, 228-230, 236
娯楽（嗜好）費　28, 183, 186-191, 199-203, 205, 206, 214-218, 225-228

さ

採用率　55, 153-155, 164, 165, 167, 169, 175, 177, 254, 277
裁量支出　186
支出構造　199, 214, 225
市場型ローン　9, 10
シダーマン，A.　15, 18-20, 22, 28, 261
実質利子率　67, 89
私的負担　i, 3, 10, 12, 22, 26, 40, 50, 61
師範学生の費用免除　64, 65
自費（学）生　49, 50, 88, 280, 281
社会主義市場経済体制　6
収益率　14, 15, 20, 25, 32, 33
就職難　94
住宅積立金　67, 89
住宅ローン　66, 134, 283
収入構造　193, 209, 222
受益者負担　14, 15, 50, 61
受給率　141-145
授業料徴収　47-50, 59, 280, 281
授業料のディスカウント　20
授業料免除　43, 46-49, 51, 53, 58, 62, 80, 81, 84, 88
シュルツ，T. W.　13
純収益　98, 122, 129, 131, 133
純就学率　4, 43
純利益　98, 104, 131, 260
奨学　9, 22, 141, 146, 181, 239, 244, 253
奨学金制度　i, ii, 3, 4, 12, 13, 16-21, 27, 29, 30, 34, 36, 47, 49, 51, 58, 61, 85, 86, 99, 100, 113, 137, 175, 178, 254-256, 259, 261, 265, 267
奨学金の効果　16, 22, 27, 31, 37, 42, 129, 179, 181, 188, 192, 193, 209, 221, 234, 235, 260, 268
奨学金の政策意図　33, 266
奨学金の分配　4, 31, 239, 243, 260, 261, 264, 266, 268, 279
商業銀行助学貸款　9, 10
情報ギャップ　23, 24, 113, 119, 132, 174, 175, 260
情報入手ルート　116-120, 132

助学金　9, 10, 46, 48, 49, 59, 63, 80, 81, 84
助学貸款　9, 10, 88
職業技術学校　4, 5
食費　16, 28-30, 48, 80, 81, 84, 183, 186-191, 199-203, 205, 214-218, 225-228, 234, 248, 277, 278
食費手当　46
食費補助　48, 80, 81, 84
所得連動返済　19
ジョンストン, D. B.　3, 14, 15, 17-23, 26, 27, 29, 252, 254, 260
私立大学　6, 10-13, 22, 27, 29, 39, 62, 93, 257, 278
進学オプション　96, 99, 100, 104, 108, 131-133, 260
進学機会　15, 18, 21, 35, 91, 131, 132, 172, 178, 230, 256, 261, 263
進学高校　41, 42, 107, 111
進学選択　ii, 21, 25, 35, 91-93, 95, 106, 127
　──の理論モデル　94, 95, 104, 112, 122, 125, 129, 131, 132, 178
進学の選択　25, 29, 95, 119
申請率　55, 153-155, 164, 165, 172, 177, 262
人的資本　13, 15, 16, 231
人民奨学金　47-49
人民助学金　45-49, 87, 88, 280

進路希望　41, 43, 92, 94, 100, 104, 126, 127, 133, 232
進路選択　21, 25, 35-37, 42, 91, 106, 111, 112, 126, 127, 130, 132, 133, 179, 185, 232, 233, 259, 260
生活時間　192, 193, 204, 205, 207, 208, 218-220, 228-230, 234, 237, 267
生活の改善　26, 28, 188, 218
生源地助学ローン　53, 57, 58, 61, 63, 66, 67, 73-76, 78, 79, 82-86, 113, 141, 142, 160-168, 177, 178, 186, 233
政策（の）意図　22, 33, 34, 58, 86, 87, 148, 150, 152, 179, 205, 223, 225, 239, 244, 245, 256, 259, 264, 266, 267
専科　5, 7, 32, 39, 47-50, 55, 58, 59, 62, 64, 66, 93-98, 107-112, 127-133, 260, 278, 279
専攻奨学金　48-51, 87
全国学生資助管理中心　44, 63, 74, 75, 77, 78
全国学生助学ローン管理センター　54
全国統一入試　93
選　14, 17, 23, 25, 35-37, 91-93, 96, 106-112, 119, 174
　──メカニズム　137
選抜　17, 35, 96, 99, 153, 158, 168, 181, 253, 255, 264, 268

た

第一種奨学金　　　　　　　　　169, 254
第二種奨学金　　　　　　　169, 254, 256
大学独自奨学金　61-63, 86, 141, 142, 148-150, 153-155, 157, 158, 186, 265
大学無利子貸与奨学金　　　　　　82, 83
滞納　18, 19, 24, 55, 56, 59, 66, 67, 73, 79, 164, 253, 265
大躍進段階　　　　　　　　　　　46, 87
貸与奨学金　9, 10, 15, 17-29, 32-37, 48-61, 65-67, 73, 82-86, 98-100, 112-116, 119-129, 160-179, 183-186, 221-226, 228-237, 245-247, 251-256
　──（の）ニード　119-121, 133, 170, 171, 174
　──（の）認知　112-115, 120, 125, 126, 132, 260
卓越(性)基準　　　　　17, 138, 184, 233
地方教育機関　4, 12, 35, 259, 261, 264, 266
地方所属高等教育機関　　　　　　10, 37
中央所属高等教育機関　　　　　　10, 37
中国学生資助発展報告　　　44, 63, 80-85
中国工商銀行　　　　　　　　　54, 55, 88
中国人民銀行　　　　　54-56, 67, 88, 282
中国の教育制度　　　　　　　　　　4, 5
直接費用　　　　　　　95, 96, 104, 129
定向奨学金　　　　　　　　　48, 49, 87
特別貧困学生　　　　　　　　　　8, 43
独立学院　7, 12, 31, 34, 41-43, 93, 94, 154, 155, 159-165, 189-191, 195-205, 207, 212, 217, 230, 232-234, 240, 242-245, 247-251, 254, 261, 265
都市部　4, 7, 11, 12, 38, 41, 89, 102, 103, 114
トロウ, M.　　　　　　　　　　　6, 43

な

211工程　　　　　　　　　　　　94, 134
ニードベース　　　　　9, 10, 20, 262, 263
日本学生支援機構　10, 20, 169, 257, 267
農村信用社　　　　　　　　　55, 57, 79, 88
農村部　4, 7, 11, 12, 38-41, 88, 102, 103, 113, 114

は

バブル図　　　　　　　　　　　　　241
バブルチャート　　　　　　241, 242, 245
パンフレット　　　　　　　56, 116, 117
非エリート大学　　　　　　21, 29, 31, 232
必要性基準　　　　　　　　　　17, 138
1人当たり平均可処分所得　　　12, 38, 41
一人っ子政策　　　　　　　　　102, 103

費用負担能力　　　　　　　97, 98
貧困学生　8, 20, 29, 30, 48, 50, 51, 54, 57, 59, 64, 147, 155, 157, 179, 244, 265, 267
　——手当　61, 63, 64, 80, 81, 84, 86, 141, 142, 149, 150, 153-155, 157, 158, 186, 233, 265
普通高等教育機関 4, 5, 7, 8, 10, 11, 46-50, 58, 59, 61, 62, 65, 80, 82, 87, 88, 266
ブランド力　　　　　　　　144
文化大革命　　　　　　　　47
勉学のインセンティブ　　　253, 263
勉学費　8, 28, 29, 36, 183, 186-191, 199-203, 205, 214-218, 226-228
返済額　19, 26, 98, 99, 104, 122, 129, 131, 133, 134
返済期間 18, 19, 52, 56, 66, 67, 74, 86, 255, 261, 265
返済特別免除　　　　　19, 82, 83
返済猶予　　　　　　　　　55, 76
返済リスク　　　　　　　　i, 24
辺鄙地域　　　　　　53, 56, 58, 88
補助付ローン　　　　　　　9, 10
本科　5, 7, 10, 11, 32, 39, 41, 47-49, 53, 55, 58, 59, 64, 68-72, 93-99, 107-112, 127-135, 260, 265

ま

マス段階　　　　　　i, 4, 6, 43, 254
丸山文裕　　　　　　　13, 17, 255
メリットベース　　　9, 10, 262, 263

や

矢野眞和　　　　　　17, 22, 25, 26, 231
優秀学生奨学金　　　　　48, 49, 87
ユニバーサル化　　　　　i, 3, 14, 16
　——の段階　　　　　　　　14
ユニバーサル段階　　　　　　43
利子の返済　　　　　24, 56, 58, 67, 76
利子補助　　　　　　9, 18, 54, 73, 78, 79
利子率　　　　　55, 67, 89, 255, 261, 265
リスク回避　　　　　　　　25, 131
リスク補塡金　　　　　　52, 56, 73
利用回避　　　　　　　　22, 26, 133
利用（金）額　57, 58, 85, 251, 252, 265, 266
寮費　16, 19, 28, 48, 50, 53, 59, 63-66, 182, 186-188, 190, 191, 199, 200, 214, 215, 225, 234, 262, 280, 281
利用率　61, 142, 143, 160-163, 177, 245, 246, 251, 252, 261
利用を回避　　　　　　　24, 26, 175
緑色通路　　　　　　　　　64

歴史変遷	45
連帯保証人	66
連邦ペル給付奨学金	13, 44

わ

ワークスタディ　27, 51, 59, 61, 63-65, 80, 81, 84, 87

欧　字

| Alipay | 76-79 |

Cost-Sharing　→コストシェアリング

著者紹介

王　帥（おう　すい　WANG Shuai）

1982年	河北省生まれ
2005年	河北大学外国語学部卒業
2006年	杏林大学外国語学部卒業
2009年	東京大学大学院教育学研究科修士課程修了
2014年	東京大学大学院教育学研究科博士課程修了（Ph.D）
現　在	東京大学教育学研究員、東京大学社会科学研究所特任研究員

主要論文

「中国における学生への経済支援の配分と効果——地方高等教育機関の実態調査から」（『大学経営政策研究』第1号、2011年）、「中国における貸与奨学金の効果——高校生の進学選択に着目して」（『大学経営政策研究』第3号、2013年）、「中国における経済支援の先行研究レビュー」（『東京大学大学院教育学研究科紀要』第52巻、2013年）、「学生生活調査からみた学生生活の現状分析——奨学金を利用できなかった学生に着目して」（東京大学大学総合教育研究センターものぐらふN0.13、2015年）など。

中国における大学奨学金制度と評価

2016年2月28日　初版第1刷発行　　　　　　　　　〔検印省略〕
　　　　　　　　　　　　　　　　　　　　定価はカバーに表示してあります。

著者©王帥／発行者　下田勝司　　　印刷・製本／中央精版印刷株式会社

東京都文京区向丘1-20-6　郵便振替00110-6-37828
〒113-0023　TEL (03)3818-5521　FAX (03)3818-5514

発行所　株式会社 東信堂

Published by TOSHINDO PUBLISHING XO., LTD.
1-20-6, Mukougaoka, Bunkyo-ku, Tokyo, 113-0023 Japan
E-mail：tk203444@fsinet.or.jp　　http://www.toshindo-pub.com

ISBN978-4-7989-1341-4 C3037　　©WANG Shuai

東信堂

比較教育学事典	日本比較教育学会編	一二〇〇〇円
比較教育学の地平を拓く	森山田下肖稔子編著	四六〇〇円
比較教育学――越境のレッスン	M・ブレイ他編著 馬越徹・大塚豊監訳	三八〇〇円
比較教育学――伝統、挑戦、新しいパラダイム	馬越徹	三六〇〇円
国際教育開発の研究射程――「持続可能な社会」のための比較教育学の最前線	北村友人著	二八〇〇円
国際教育開発の再検討――途上国の基礎教育普及に向けて	西村幹子・小川啓一・北村友人編著	二四〇〇円
発展途上国の保育と国際協力	浜野隆編著	三八〇〇円
トランスナショナル高等教育の国際比較――留学概念の転換	三輪千明著	三六〇〇円
中国教育の文化的基盤	大塚豊監訳 顧明遠著	二九〇〇円
中国大学入試研究――変貌する国家の人材選抜	大塚豊	三六〇〇円
東アジアの大学・大学院入学者選抜制度の比較――中国・台湾・韓国・日本	南部広孝編著	三二〇〇円
中国高等教育独学試験制度の展開	南部広孝	三二〇〇円
中国の職業教育拡大政策――背景・実現過程・帰結	劉文君	五〇四八円
中国における大学奨学金制度と評価	王帥	五四〇〇円
中国高等教育の拡大と教育機会の変容	王傑	三九〇〇円
現代中国初中等教育の多様化と教育改革	楠山研	三六〇〇円
文革後中国基礎教育における「主体性」の育成	李霞	二八〇〇円
「郷土」としての台湾――郷土教育の展開にみるアイデンティティの変容	林初梅	四六〇〇円
戦後台湾教育とナショナル・アイデンティティ	山﨑直也	四〇〇〇円
ドイツ統一・EU統合とグローバリズム――教育の視点からみたその軌跡と課題	木戸裕	六〇〇〇円
教育における国家原理と市場原理――チリ現代教育史に関する研究	斉藤泰雄	三八〇〇円
中央アジアの教育とグローバリズム	嶺井明子編著	三二〇〇円
インドの無認可学校研究――公教育を支える「影の制度」	小原優貴	三六〇〇円
バングラデシュ農村の初等教育制度受容	日下部達哉	三六〇〇円
オーストラリアのグローバル教育の理論と実践――開発教育研究の継承と新たな展開	木村裕	三六〇〇円
[新版]オーストラリア・ニュージーランドの教育――グローバル社会を生き抜く力の育成に向けて	青木麻衣子・佐藤博志編著	二〇〇〇円
マレーシア青年期女性の進路形成	鴨川明子	四七〇〇円

〒113-0023 東京都文京区向丘1-20-6　TEL 03-3818-5521　FAX 03-3818-5514　振替 00110-6-37828
Email tk203444@fsinet.or.jp　URL:http://www.toshindo-pub.com/

※定価：表示価格（本体）＋税

東信堂

転換期を読み解く——潮木守一時評・書評集	潮木守一	二六〇〇円
大学再生への具体像	潮木守一	二二〇〇円
フンボルト理念の終焉？——現代大学の新次元 [第2版]	潮木守一	二五〇〇円
いくさの響きを聞きながら——横須賀そしてベルリン	潮木守一	二四〇〇円
「大学の死」、そして復活	潮木守一	二八〇〇円
大学教育の思想——学士課程教育のデザイン	絹川正吉	二八〇〇円
国立大学法人の形成	大﨑仁	二六〇〇円
国立大学・法人化の行方——自立と格差のはざまで	天野郁夫	三六〇〇円
大学は社会の希望か——大学改革の実態からその先を読む	江原武一	二〇〇〇円
転換期日本の大学改革——アメリカと日本	江原武一	三六〇〇円
大学の管理運営改革——日本の行方と諸外国の動向	杉本均編著	三六〇〇円
新自由主義大学改革——国際機関と各国の動向	細井克彦編集代表	三八〇〇円
新興国家の世界大学戦略——世界水準をめざすアジア・中南米と日本	米澤彰純監訳	四八〇〇円
東京帝国大学の真実——日本近代大学形成の検証と洞察	舘昭	二〇〇〇円
原理・原則を踏まえた大学改革を——場当たり策からの脱却こそグローバル化の条件	舘昭	一〇〇〇円
改めて「大学制度とは何か」を問う	舘昭	三八〇〇円
原点に立ち返っての大学改革	舘昭	三三〇〇円
大学の責務	D・ケネディ著 立川明・坂本辰朗・井上比呂子訳	四七〇〇円
大学の財政と経営	丸山文裕	四二〇〇円
私立大学マネジメント	(社)私立大学連盟編	六八〇〇円
私立大学の経営と拡大・再編——一九八〇年代後半以降の動態	両角亜希子	五六〇〇円
教育機会均等への挑戦——授業料と奨学金の8カ国比較	小林雅之編著	五四〇〇円
高等教育機会の地域格差——地方における高校生の大学進学行動	朴澤泰男	三八〇〇円
戦後日本産業界の大学教育要求——経済団体の教育言説と現代の教養論	飯吉弘子	
高等教育における監事委員制度の研究——認証評価制度のルーツを探る	林透	

〒113-0023 東京都文京区向丘1-20-6
TEL 03-3818-5521 FAX 03-3818-5514 振替 00110-6-37828
Email tk203444@fsinet.or.jp URL:http://www.toshindo-pub.com/

※定価：表示価格（本体）＋税

東信堂

大学の自己変革とオートノミー —点検から創造へ	寺﨑昌男	二五〇〇円
大学教育の創造 —歴史・システム・カリキュラム	寺﨑昌男	二五〇〇円
大学教育の可能性 —教養教育・評価・実践	寺﨑昌男	二五〇〇円
大学は歴史の思想で変わる —FD・評価・私学	寺﨑昌男	二八〇〇円
大学改革 その先を読む	寺﨑昌男	一三〇〇円
大学自らの総合力 —理念とFD そしてSD	寺﨑昌男	二八〇〇円
大学自らの総合力Ⅱ —大学再生への構想力	寺﨑昌男	二四〇〇円
アウトカムに基づく大学教育の質保証 —チューニングとアセスメントにみる世界の動向	深堀聰子編	三六〇〇円
高等教育質保証の国際比較	杉本和弘・米澤彰純・羽田貴史・山本眞一 編	三六〇〇円
学士課程教育の質保証へむけて —学生調査と初年次教育からみえてきたもの	山田礼子	三二〇〇円
主体的学び 創刊号	主体的学び研究所編	一八〇〇円
主体的学び 2号	主体的学び研究所編	一六〇〇円
主体的学び 3号	主体的学び研究所編	一六〇〇円
「主体的学び」につなげる評価と学習方法 —カナダで実践されるICEモデル	S.ヤング&R.ウィルソン著／土持ゲーリー法一 訳	二五〇〇円
ポートフォリオが日本の大学を変える —ティーチング／ラーニング／アカデミック・ポートフォリオの活用	土持ゲーリー法一	二〇〇〇円
ティーチング・ポートフォリオ —授業改善の秘訣	土持ゲーリー法一	二五〇〇円
ラーニング・ポートフォリオ —学習改善の秘訣	土持ゲーリー法一	二五〇〇円
アクティブラーニングと教授学習パラダイムの転換	溝上慎一	二四〇〇円
大学生の学習ダイナミクス —授業内外のラーニング・ブリッジング	河井亨	四五〇〇円
アカデミック・アドバイジング その専門性と実践 —日本の大学へのアメリカの示唆	清水栄子	二四〇〇円
CT（授業協力者）と共に創る劇場型授業 —新たな協働空間は学生をどう変えるのか	大山・筒井・以和子 編著	二〇〇〇円
「学び」の質を保証するアクティブラーニング —3年間の全国大学調査から	河合塾編著	二八〇〇円
「深い学び」につながるアクティブラーニング —全国大学の学科調査報告とカリキュラム設計の課題	河合塾編著	二八〇〇円
アクティブラーニングでなぜ学生が成長するのか —経済系・工学系の全国大学調査からみえてきたこと	河合塾編	二八〇〇円
初年次教育でなぜ学生が成長するのか —全国大学調査からみえてきたこと	河合塾編著	二八〇〇円

〒113-0023 東京都文京区向丘1-20-6　TEL 03-3818-5521　FAX 03-3818-5514　振替 00110-6-37828
Email tk203444@fsinet.or.jp　URL:http://www.toshindo-pub.com/

※定価：表示価格（本体）＋税

東信堂

アメリカ公立学校の社会史 ―コモンスクールからNCLB法まで	W・J・リース著 小川佳万・浅沼茂監訳	四六〇〇円
アメリカ 間違いがまかり通っている時代 ―公立学校の企業型改革への批判と解決法	D・ラヴィッチ著 末藤美津子訳	三八〇〇円
教育による社会的正義の実現 ―アメリカの挑戦（1945-1980）	D・ラヴィッチ著 末藤美津子訳	五六〇〇円
学校改革抗争の100年 ―20世紀アメリカ教育史	D・ラヴィッチ著 末藤・宮本・佐藤訳	六四〇〇円
[増補版]現代アメリカにおける学力形成論の展開 ―スタンダードに基づくカリキュラムの設計	石井英真	四六〇〇円
アメリカ公民教育におけるサービス・ラーニング	唐木清志	四八〇〇円
現代アメリカの教育アセスメント行政の展開 ―マサチューセッツ州（MCASテスト）を中心に	北野秋男編	三四〇〇円
アメリカ学校財政制度の公正化	竺沙知章	三四〇〇円
ハーバード・プロジェクト・ゼロの芸術認知理論とその実践 ―内なる知性とクリエイティビティを育むハワード・ガードナーの教育戦略	池内慈朗	六五〇〇円
アメリカにおける学校認証評価の現代的展開	浜田博文編著	二八〇〇円
アメリカにおける多文化的歴史カリキュラム	桐谷正信	三六〇〇円
EUにおける中国系移民の教育エスノグラフィ	山本須美子	四五〇〇円
現代ドイツ政治・社会学習論 ―「事実教授」の展開過程の分析	大友秀明	五二〇〇円
現代教育制度改革への提言 上・下	日本教育制度学会編	各二八〇〇円
現代日本の教育課題 ―二一世紀の方向性を探る	村田翼夫・上田学編著	二八〇〇円
人格形成概念の誕生 ―近代アメリカの教育概念史	田中智志	三六〇〇円
社会性概念の構築 ―アメリカ進歩主義教育の概念史	田中智志	三八〇〇円
グローバルな学びへ ―協同と刷新の教育	田中智志編著	二〇〇〇円
学びを支える活動へ ―存在論の深みから	田中智志編著	二〇〇〇円
教育の共生体へ ―ボディ・エデュケーショナルの思想圏	田中智志編	三五〇〇円
社会形成力育成カリキュラムの研究	西村公孝	六五〇〇円
社会科は「不確実性」で活性化する ―未来を開くコミュニケーション型授業の提案	吉永潤	二四〇〇円
君は自分と通話できるケータイを持っているか ―「現代の諸課題と学校教育」講義	小西正雄	二〇〇〇円
教育文化人間論 ―知の逍遥／論の越境	小西正雄	二四〇〇円

〒113-0023 東京都文京区向丘1-20-6　TEL 03-3818-5521　FAX03-3818-5514　振替 00110-6-37828
Email tk203444@fsinet.or.jp　URL:http://www.toshindo-pub.com/

※定価：表示価格（本体）＋税

東信堂

未曾有の国難に教育は応えられるか——「じひょう」と教育研究六〇年	新堀通也	三二〇〇円
新堀通也、その仕事——新堀通也先生追悼集刊行委員会編	新堀通也先生追悼集刊行委員会編	三六〇〇円
ポストドクター——若手研究者養成の現状と課題	北野秋男編著	三六〇〇円
日本のティーチング・アシスタント制度——大学教育の改善と人的資源の活用	北野秋男編著	二八〇〇円
「再」取得学歴を問う——専門職大学院の教育と学習	吉田 文編著	二八〇〇円
航行を始めた専門職大学院	橋本鉱市	二六〇〇円
学級規模と指導方法の社会学——実態と教育効果	山崎博敏	二二〇〇円
夢追い形進路形成の功罪——高校改革の社会学	荒川葉	二八〇〇円
進路形成に対する「在り方生き方指導」の功罪——高校進路指導の社会学	望月由起	三六〇〇円
教育から職業へのトランジション——若者の就労と進路職業選択の社会学	山内乾史編著	二六〇〇円
教育と不平等の社会理論——再生産論をこえて	小内 透	三二〇〇円

《シリーズ 日本の教育を問いなおす》

拡大する社会格差に挑む教育	西村和雄・大森不二雄倉元直樹・木村拓也編	二四〇〇円
混迷する評価の時代——教育評価を根底から問う	西村和雄・大森不二雄倉元直樹・木村拓也編	二四〇〇円
教育における評価とモラル	戸瀬信之・西村和雄編	二四〇〇円

《大転換期と教育社会構造：地域社会変革の社会論的考察》

第1巻 教育社会史——日本とイタリアと	小林甫	七八〇〇円
第2巻 現代的教養Ⅰ——生活者生涯学習の地域的展開	小林甫	六八〇〇円
第3巻 現代的教養Ⅱ——技術者生涯学習の生成と展望	小林甫	六八〇〇円
第3巻 学習力変革——地域自治と社会構築	小林甫	近刊
第4巻 社会共生力——東アジアと成人学習	小林甫	近刊

〒113-0023 東京都文京区向丘1-20-6
TEL 03-3818-5521　FAX 03-3818-5514　振替 00110-6-37828
Email tk203444@fsinet.or.jp　URL:http://www.toshindo-pub.com/

※定価：表示価格（本体）+税

東信堂

ハンス・ヨナス「回想記」	盛永審一郎・木下喬・馬渕浩二・山本達訳	四八〇〇円
責任という原理——科学技術文明のための倫理学の試み〔新装版〕	H・ヨナス／加藤尚武監訳	四八〇〇円
原子力と倫理——原子力時代の自己理解	H・ヨナス／尚武リット訳	四八〇〇円
科学の公的責任——科学者と私たちに問われていること	小笠原・野平編訳	一八〇〇円
生命科学とバイオセキュリティ——デュアルユース・ジレンマとその対応	小笠原・野平編訳	一八〇〇円
バイオエシックス入門〔第3版〕	河原直人編著	二二四〇〇円
医学の歴史	小川鼎三	二三八一円
死の質——エンド・オブ・ライフケア世界ランキング	今井道夫・香川知晶監訳	二六〇〇円
生命の神聖性説批判	H・クーゼ／飯田亘之・石川・小野谷・片桐・水野訳	四六〇〇円
医療・看護倫理の要点	水野俊誠	二〇〇〇円
概念と個別性——スピノザ哲学研究	朝倉友海	四六四〇円
〈現われ〉とその秩序——メーヌ・ド・ビラン研究	村松正隆	三八〇〇円
省みることの哲学——ジャン・ナベール研究	越門勝彦	三二〇〇円
ミシェル・フーコー——批判的実証主義と主体性の哲学	手塚博	三二〇〇円
カンデライオ（ジョルダーノ著作集・1巻）	加藤守通訳	三二〇〇円
原因・原理・一者について（ジョルダーノ著作集・3巻）	加藤守通訳	三二〇〇円
傲れる野獣の追放（ジョルダーノ・ブルーノ著作集・5巻）	加藤守通訳	四八〇〇円
英雄的狂気（ジョルダーノ著作集・7巻）	加藤守通訳	三六〇〇円
《哲学への誘い——新しい形を求めて》全5巻		
自己	松永澄夫編	三二〇〇円
世界経験の枠組み	松永澄夫編	三二〇〇円
社会の中の哲学	松永澄夫編	三二〇〇円
哲学の振る舞い	松永澄夫編	三二〇〇円
哲学の立ち位置	松永澄夫編	二九〇〇円
経験のエレメント——体の感覚と物象の知覚、質と空間規定	松永澄夫	四六〇〇円
画像と知覚の哲学——現象学と分析哲学からの接近	小熊正久・清塚邦彦編著	三九〇〇円
価値・意味・秩序——もう一つの哲学概論：哲学が考えるべきこと	松永澄夫	三九〇〇円
哲学史を読むⅠ・Ⅱ	松永澄夫	各三八〇〇円
食を料理する——哲学的考察	松永澄夫	二〇〇〇円
言葉の力（音の経験・言葉の力 第Ⅰ部）	松永澄夫	二五〇〇円
音の経験（音の経験・言葉の力 第Ⅱ部）——言葉はどのようにして可能となるのか	松永澄夫	二八〇〇円

〒113-0023 東京都文京区向丘1-20-6
TEL 03-3818-5521　FAX 03-3818-5514　振替 00110-6-37828
Email tk203444@fsinet.or.jp　URL:http://www.toshindo-pub.com/

※定価：表示価格（本体）＋税

東信堂

オックスフォード キリスト教美術・建築事典	P&L・マレー著 中森義宗監訳	三〇〇〇〇円
イタリア・ルネサンス事典	J・R・ヘイル編 中森義宗監訳	七八〇〇円
美術史の辞典	P・デューロ他 中森義宗・清水忠訳	三六〇〇円
書に想い 時代を讀む	河田 悌一	一八〇〇円
日本人画工 牧野義雄―平治ロンドン日記	ますこ ひろしげ	五四〇〇円

〔芸術学叢書〕

芸術理論の現在―モダニズムから絵画論を超えて	尾崎信一郎編著	四六〇〇円
美を究め美に遊ぶ―芸術と社会のあわい	谷川渥編著	三八〇〇円
バロックの魅力	小穴晶子編	二六〇〇円
新版 ジャクソン・ポロック	江藤光紀 萩野厚志 田中佳	二八〇〇円
美学と現代美術の距離―アメリカにおけるその乖離と接近をめぐって	藤枝晃雄編	二六〇〇円
ロジャー・フライの批評理論―知性と感受	藤枝晃雄	三八〇〇円
レノール・フィニ―境界を侵犯する性の間で	金 悠美	三八〇〇円
いま蘇るブリア=サヴァランの美味学	要 真理子	四二〇〇円
	尾形希和子	二八〇〇円
	川端晶子	三八〇〇円

〔世界美術双書〕

バルビゾン派	井出洋一郎	二〇〇〇円
キリスト教シンボル図典	中森義宗	二三〇〇円
パルテノンとギリシア陶器	関 隆志	二三〇〇円
中国の版画―唐代から清代まで	小林宏光	二三〇〇円
象徴主義―モダニズムへの警鐘	中村隆夫	二三〇〇円
中国の仏教美術―後漢代から元代まで	久野美樹	二三〇〇円
セザンヌとその時代	浅野春男	二三〇〇円
日本の南画	武田光一	二三〇〇円
画家とふるさと	小林 忠	二三〇〇円
ドイツの国民記念碑―一八一三年	大原まゆみ	二三〇〇円
日本・アジア美術探索	永井信一	二三〇〇円
インド、チョーラ朝の美術	袋井由布子	二三〇〇円
古代ギリシアのブロンズ彫刻	羽田康一	二三〇〇円

〒113-0023 東京都文京区向丘1-20-6
TEL 03-3818-5521　FAX 03-3818-5514　振替 00110-6-37828
Email tk203444@fsinet.or.jp　URL:http://www.toshindo-pub.com/

※定価：表示価格（本体）+税